名师工程

教育管理力系列

新课程·新理念·新教学

丛书编委会主任：马立 宋乃庆

mingxiao xuesheng guanli jiaodaoli

田福安 ◎ 主编

名校 学生管理

教导力

西南师范大学 出版社

SOUTHWEST CHINA NORMAL UNIVERSITY PRESS

《名师工程》
系列丛书

编者的话

当前，以人为本的教育理念正在逐步深化，素质教育以及基础教育课程改革不断推进。在这场深刻又艰苦的教育改革中，涌现了无数甘为人梯、乐于奉献的优秀教师。他们积极探索、更新观念、敢于创新、善于改革，在实践中创造性地发展、总结了很多先进的教育思想、教育理念；创造性地开发了很多新的教学模式、教学内容和教学方法。这些新思想、新模式、新方法在实践中极大地提高了教学质量，是教育改革实践中的新内涵和宝贵财富。这些优秀教师就是我们的名师，这些新内涵就是名师的核心教育力。整理、总结、发展、推广这些教育新内涵，是深化教育改革、完善教育体制、提高教育质量、提升教师水平的一件大事。

教育，是民族振兴的基石；教师，是教育发展的根基。

胡锦涛总书记在全国优秀教师代表座谈会上指出："教师是人类文明的传承者。推动教育事业又好又快发展，培养高素质人才，教师是关键。没有高水平的教师队伍，就没有高质量的教育。"十七大报告又进一步强调了必须加强教师队伍建设，不断提高教师的素质。当今世界，社会进步一日千里，科技发展日新月异，知识更新的周期越来越短。教师作为"文明的传承者"更要与时俱进，刻苦钻研、奋发过取，尽快提升自身素质和能力，为推动教育事业的健康发展贡献自己的力量。

基于以上，西南师范大学出版社策划、组织出版了大型系列教育丛书——《名师工程》。希望通过总结名师的创新经验、先进理念，宣传名师的核心教育力，为广大教师职业生涯提供精神源泉和实践动力，在教育实践层面切实推动从教者职业素养的提升。通过《名师工程》实现"打造名师的工程"。

丛书在策划、创作过程中力求实现以下特色：

一、理念创新，体现教育的人本精神

教师角色在以人为本的教育理念下发生了重大的变化，教师的素质和能力也面临更高的要求。如何弘扬、培植学生的主体性、增强学生的主体意识、发展学生的主体能力、塑造学生的主体人格等问题成为教师在目前教育中亟待解决的难题。丛书以教育管理者和教师为主要读者对象，通过教师综合素质的提高而将人本教育的思想落实到教育实践中，真正实现教育培养人、塑造人、发展人的本质要求。

二、全面构建，系统提升教师的教育能力

丛书选题的最大特点就是系统、全面地针对教师教育能力的提升而展开。施教者的能力决定教育的效果，教育改革的落实、教育效果的提高无不体现在教师身上。丛书针对不同教育能力、不同教学要求、不同教育对象，有针对性地设置选题。棘手学生、课堂切入、引导艺术、班主任的教导力、互动艺术、课堂效率、心灵教育等等，这些鲜明的主题从教育的细节出发，从教育实际情况出发，有针对性地解决问题，让教师在阅读中学有所指、读有所获。

三、科学权威，体现教育的时代前沿性

丛书邀请全国各地著名的教育工作者执笔，汇集在教育改革与实践中涌现的先进理念、成果和方法，经过专家认真遴选、评点总结而成，代表了目前教育实践中先进的教育生产力，具有时代前沿性，是广大一线教师学习、借鉴的好素材。

四、注重实践，突出施教的实用价值

丛书采用了通俗的创作方法，把死板的道理鲜活化，把教条的写法改变为以案例为主，分析、评点为辅，把最先进的教育理念和方法融入有趣的情境中。经典的案例，情境式的叙述，流畅的语言，充满感情的评述，发人深省的剖析，娓娓道来、深入浅出，让教师更充分地领会先进、有效的教育方法。

在诸多教育、出版界同仁的支持与努力下，《名师工程》陆续推出了《名师讲述系列》《教学提升系列》《教学新突破系列》《高中新课程系列》《教师成长系列》《大师讲坛系列》《教育细节系列》《创新语文教学系列》《教育管理力系列》《教师修炼系列》等系列，共60余个品种，后续图书也将陆续出版。

丛书在出版创作过程中得到各地、各级教育部门与教育工作者的大力支持与帮助，在此一并表示感谢！

教育事业是全社会共同的事业，本丛书的出版一方面希望能对广大教育工作者有所帮助，共缮先进成果；另一方面也是抛砖引玉，希望更多的教育工作者参与到出版创作中来，百家争鸣、百花齐放，为促进教育事业的发展共同努力！

目 录
CONTENTS

第一篇

学生德育管理的教导力

一、做好普法教育，培养遵纪守法好公民 /3

法制教育是学生成才的关键，是学校德育工作和全面实施素质教育的一项重要内容。学校要对学生开展多维度的法制教育，让他们知法、懂法、守法，并且学会用法。

二、规范言行举止，培养明礼新一代 /13

明礼是每个人的必修课。学校要从小事抓起，让学生做文明人，同时要开展多种形式的礼仪教育，让学生学会待人接物。

三、发掘优良传统，提升学生的道德素质 /22

学校应该发掘我国优良传统中的德育资源，通过开展国学教育、传统节日教育等形式，提升学生的道德素质。

四、注重爱国教育，培养学生的爱国情怀 /31

爱国教育是学校德育教育永恒的主题，学校应以校本教育为载体，结合时事，多渠道、全方位地开展爱国主义教育活动，以提高学生的思想道德素质，培养社会主义四有新人。

五、家校合力，铸造学生的诚信品德　/41

诚信是立身之本，是立校之根、强校之路。诚信教育是当前素质教育的重要组成部分，学校应与家长配合，努力营造诚信氛围，开展诚信教育，铸造学生的诚信品德。

六、加强感恩教育，让学生懂得回报　/51

懂得感恩是一个人最起码的道德品质。感恩教育是现代教育的必要组成部分，学校可以以校本课程为载体，并开展有益的活动将感恩教育延伸到校外，让学生常怀感恩之心，学会感激他人、感激社会、感激一切为自己的健康成长付出心血和汗水以及提供服务和帮助的人。

七、加强自律教育，培养学生的自律品德　/60

学校要构建新型德育机制，开展文明自律教育，让学生学会自律，让学生形成良好的道德品质，做"四有"新人。

八、齐抓共管，营造和谐校园　/69

校园暴力会严重地干扰正常的教学秩序，危害广大师生的安全，学校要采取有效的预防措施，并且要狠抓典型，消除校园暴力，建设安全校园。

第二篇

学生智育管理的教导力

一、善于积极评价，增强学生学习的动力　　　/81

　　教师应善于发现学生的优点，采取多种形式表扬学生，建立积极的评价机制，培养学生的学习兴趣，激发学生的学习积极性，促进学生全面发展。

二、注重传授方法，让学生学会学习　　　/89

　　教育学生掌握适合自己的学习方法是教师教学工作的重要组成部分。加强对学生学习方法的指导是培养学生学习兴趣的有效手段，组织学生运用恰当的方法学习是提高教学质量的基本途径。

三、建立竞争机制，让学生你追我赶　　　/99

　　学校要在课堂中、班级内建立多层次的竞争机制，时刻注意培养学生健康向上的竞争意识，以便全面激发出他们的学习兴趣，让他们在学习上你追我赶，最终达到发展智育的目的。

四、倡导合作学习，提高学生的整体成绩　　　/109

　　科学的合作学习模式是提高学生整体成绩的有力保障。学校应发挥教师主导作用，指导整个合作学习进程，让合作学习有效地开展。

五、加强创新思维培训，培养创新型人才　　　/118

　　创新是民族的灵魂，是科学发展的动力，是技术革命的生命。学校应从创造教育活动入手，有效地运用信息技术，提高学生的创新思维能力，培养创新型人才。

第三篇 学生身心健康管理的教导力

一、直面禁区，让学生了解健康的性 /131

性教育是学生成长历程中不可缺少的教育内容，是学校有待深入探讨的一个重要课题。学校应当从培养健全的人的认识高度来做好这一工作，去掉"性"的神秘外衣，还原科学的本来面目，给学生以健康的性教育，让他们走出困惑，在理智中成长，拥有一个健康的性心理。

二、正确疏防，让学生远离早恋 /140

早恋的发生，实际上是学生生理与心理成熟的标志，是对性意识的明晰和体验的结果，是个体发展的一种现象。让学生远离早恋，教师宜疏不宜堵，学校应加强青春期教育。

三、注重体能修炼，增强学生体质 /150

培养身心健康、体魄强健、意志坚强、充满活力的青少年群体，不仅关系青少年个人的健康成长和幸福生活，而且关系整个民族的健康素质，关系国家和民族的未来。学校必须重视学生体能的修炼。

四、加强心理教育，促进学生身心和谐发展 /160

心理健康教育是实施《面向21世纪教育振兴行动计划》，落实跨世纪素质教育工程，培养高质量人才的重要环节，是素质教育的重要组成部分。学校管理者必须将学校当成心理健康教育的主阵地，消除学生心理问题，促进学生良好心理品质的发展，提高其心理健康水平。

五、关爱贫困生，为他们解除后顾之忧 　／170

　　贫困生问题已成为政府高度重视、社会普遍关注、家长操心、学校担心、学生忧心的带有社会性的问题，甚至影响到了当前学校的稳定和发展。为了学校的发展，为了学生的身心健康，学校必须把贫困生管理作为学校学生管理的一项重要工作，加大力度保障贫困生能够顺利地完成学业，成长、成才。

第四篇　学生综合素质管理的教导力

一、利用多种渠道，让学生多才多艺 　／181

　　内容丰富、形式多样的第二课堂活动，能促进学生素质的全面优化及提高，学校对此必须要有清醒的认识。大力发挥第二课堂广泛的、深刻的、生动的教育效能，能够丰富学生的精神生活，陶冶其情操，培养他们的兴趣和爱好，发展他们的智能。

二、以社团为锻炼平台，提高学生的综合素质 　／190

　　学生通过参加各种形式的社团活动，会学到很多课堂上学不到的知识，提高自身的社会实践和社会交往能力，增进对社会的了解，增强角色意识和社会责任感，在与他人、社会的接触中，开阔视野，增强才干。

三、加强假期管理，充实学生生活 　／198

　　学校要调整视角，转换观念，提高认识，将假期作为学生校园生活的延伸，科学合理地安排他们的假期生活，尽力让学生在假期过得轻松、过得愉快、过得充实。

V

四、加强社会实践，让学生走向生活大舞台　/205

社会实践是学生走向社会的一个很重要的锻炼环节，也是教育与实践相结合的具体体现。学校要善于开展社会实践活动，使学生获取直接经验、发展实践能力、增强社会责任感，为其今后走向社会打下坚实的基础。

第五篇

学生行为习惯管理的教导力

一、加强住校生管理，促进学生形成良好的习惯　/215

住校生是特殊群体，同时也是学校的重要组成部分。学校要通过完善的制度、严格的管理和周到的服务，促进住校生形成良好的学习习惯和生活习惯。

二、增强主人翁意识，培养学生爱校的习惯　/225

为了培养学生的爱校行为，学校必须注意发挥学生的主体作用，调动他们的积极性，使他们认识到个人在学校建设中有着不可推卸的责任。学生有了这种责任感，就会产生极强的内驱力，激发出一种自我完善的欲望，由"他律"逐渐变为"自律"，形成良好的行为习惯。

三、加强节俭教育，培养学生的节俭习惯　/234

节俭是一种美德，是一种智慧，学校要加强节俭教育，引导学生合理消费，让学生树立节俭的观念，促使他们养成良好的节俭习惯。

四、因势利导，培养学生合理使用网络的习惯　／241

网络作为无法回避的现代技术，是时代进步的标志，它对于学生来讲是一把双刃剑。学校应该正确地引导学生，合理地使用网络，并且要用耐心和爱心挽救"网虫"学生。

五、疏堵结合，培养学生正确使用电子产品的习惯　／249

电子产品在校园中得到越来越广泛的使用，学校一方面要采取措施防止学生误用、滥用，另一方面要主动引导学生合理使用，做到疏堵结合。

第 一 篇
学生德育管理的教导力

教育的唯一工作与全部工作可以总结在这一概念之中——道德。

——赫尔巴特

德育是教育的一个重要组成部分。从某种意义上讲，素质教育所倡导的"以人为本"的发展观，即是以德育为核心的德、智、体、美、劳的全面发展，是学生自主个性发展，是学生素质的可持续发展。

名校之所以成为名校，学生德育管理工作往往是首当其冲，而且大都践行以下原则：其一，道德认知与道德实践并重；其二，严格要求与尊重信任相统一；其三，统一要求与个性发展相结合；其四，集体教育与个别教育并举；其五，学校教育和社会影响相联系。

本篇正是基于以上原则，从法制教育、明礼教育、优良传统教育、爱国主义教育、诚信教育、感恩教育、自律教育、安全教育等方面彰显名校风范，总结名校经验，以期为广大教育工作者和相关人士提供可借鉴、可操作的途径与方法。

一、做好普法教育，培养遵纪守法好公民

法制教育是学生成才的关键，是学校德育工作和全面实施素质教育的一项重要内容。学校要对学生开展多维度的法制教育，让他们知法、懂法、守法，并且学会用法。

据《南方都市报》报道，成都市某中学发生一起校园暴力案件，一位年仅 14 岁的学生小华，被 7 个同窗殴打和侮辱长达 1 年时间，最终变成了一个"低能儿"。

据调查，这 7 名学生常以各种名义向生性胆小、内向的小华要钱，若不给便将其暴打一顿。但小华被同窗殴打、侮辱的种种遭遇并没有被家长和学校及时发现，在经历了 1 年的折磨之后，超过忍耐极限的小华选择了离家出走。3 天后，当家人在百里之外的县城找到他时，面对家人的呼唤，小华已经没有了任何反应，但一提起这 7 名同学，他就脸色发白，浑身发抖。

经医生鉴定，当时小华的智商只有 59，已属轻度低能。事后，成都市检察院以寻衅滋事罪批捕了这 7 名逞凶施暴的学生。

但让人感到意外的是，这 7 名学生根本没有意识到问题的严重性，更不相信自己已经触犯法律；而小华在被殴打、侮辱期间也没有意识到向学校和家长报告，更没有想到向公安机关报案。

在校园里，像小华以及另外 7 名犯罪学生这样缺乏法律意识的学生还有很多，他们法律意识淡薄，不知道什么样的行为触犯了法律，更不知道拿起法律的武器来保护自己。于是，有些学生在遭受不法侵害后选择了忍气吞声，让自己饱受折磨；而另一些学生则在校园里为所欲为，最终滑向罪恶的深渊。

学生时期是人生中的特殊时期，无论是从生理上还是心理上，都经历着

一场巨变。身心发展的不平衡，使他们抵抗外部世界的干扰能力显得相当脆弱，也容易产生不良的个性倾向，一旦受到外界不良因素的刺激，很容易做出越轨的举动。一些学生在畸形的欲望驱使和错误观念的支配下可能会走上犯罪的道路。

学校在向学生传授知识的同时，更要在学生中开展法制教育，以增强他们的法制观念，让他们遵纪守法。特别是学校管理者，一定要意识到法制教育是学生成才的关键，要意识到学校的法制教育功能是社会其他机构、组织所不能替代的，要意识到在学校开展法制教育的必要性。

（一）开展法制教育，预防违法犯罪

近年来，青少年违法犯罪已仅次于环境污染、贩毒，成为世界性三大公害之一，引起了世界各国的普遍关注。在我国，青少年犯罪类型呈扩展式发展，比率呈上升趋势，案件呈现出手段智能化、成员低龄化、性质暴力化、形式团伙化的特点。

对此，六安大沙埂中学杨步国校长高瞻远瞩，很早就意识到这一凸显的社会问题，意识到加强法制教育、不断增强学生的法律意识和法制观念、培养学生遵纪守法的良好习惯是刻不容缓的事情。

为了提高学生的法律意识，预防违法犯罪，杨校长很早就在学校开展法制教育。杨校长观察到学校周边环境复杂、学生所受干扰大的特点，根据学校实际情况，亲自组织领导，采用以下方法和途径，对每届、每个年级的学生开展经常性的法制教育：

1. 多"课"齐下，增强法制教育的实效性

由于学生涉世不深，法律知识欠缺，对什么是违法犯罪分辨不清，常会在自觉或不自觉中触犯法律。因此，杨校长认为应该让学生学到与自己学习、生活相关的法律知识，增强他们辨别是非和自我保护的能力。他认为，对学生进行法制教育是一项系统工程，应因地制宜地开展，注重实效。对此，学校采用了多"课"齐下的做法，从而让学生获得更多的法律知识。

（1）把课堂教学作为法制教育的主要形式

对于与法制有直接关系的课程，学校没有把它们看做是"副科"，而是

认真地按一定的教学计划设置课程，预先安排教学内容、教学进度，有组织、有步骤地对学生进行基本法律常识教育。

（2）开设法制课，让学生学习法律知识

学校每周安排专门的法制课，由教师指导学生有计划地学习《法制教育读本》，并在此基础上，按照既关注学生在校的需要，更着眼于学生毕业后升学或社会生活需要的原则，鼓励学生选择与他们关系密切的法律内容深入学习。

（3）请政法部门人员开设法制教育专题课

学校定期聘请政法部门专业人员开设法制教育专题课。比如，请交警举办交通安全法规知识讲座，请缉毒警察做"珍爱生命、远离毒品"的报告，请消防官兵讲解消防安全知识等。

学校把法制教育引入课堂，让学生认识到学校对法制教育的重视，从而端正了学生学习法律知识的态度。学生通过课堂学习，不但能掌握必要的法律常识，还能形成正确的法律意识，明确日常行为规范；同时也使他们不仅能自觉地遵纪守法，更学会了应用法律武器来维护自身的合法权益。

2. 开展法制教育活动，让学生守法用法

学生了解和熟悉了法律知识，并不等于就能自觉预防或消除违法犯罪行为。学校为此开展了形式多样的法制教育活动，以培养学生内在的法制意识和守法护法的自觉性。

（1）举办"模拟法庭"活动

学校要求班主任和政治教师要激发学生的主体积极性，指导他们自己组织、策划、开展极富趣味性和实践性的"模拟法庭"活动，由学生分别扮演审判长、原告、被告等角色，让学生亲身体验有关法律知识和审判程序。

（2）安排失足青年"现身说法"

学校每年都会请省市监狱安排几个与学生同年龄段的服刑人员到校现身说法，让学生在"一失足成千古恨"的真实案例中认识到违法犯罪的危害，从而在心灵深处受到深刻的教育。

（3）让学生参与法制教育社会实践

社会是所大学校，生活是本活教材。参加社会实践，是接受法制教育的

又一良好途径。为此，学校组织学生上街协助民警管理交通、参加宣判大会、参观劳教戒毒场所、组建法制宣传队等。

在这些社会实践中，学生会遇到各种各样的问题，比如，路遇歹徒应如何自我保护？当爸爸参加赌博时应该怎么办？等等。相关人员现场结合法律知识给予学生有的放矢的解答。这样，学生不仅懂得了法就在生活中，同时也接受了活生生的法律教育，进而自觉地学法、守法、护法。

（4）组织学生收看法制宣传节目

学校充分利用多媒体教学设备，组织学生收看"今日说法"等法制宣传节目，让具体事例和专家点评对学生的价值观念和感情倾向产生潜移默化的影响，在帮助学生拓展法律知识的同时，激发其学法的积极性。

（5）寓教于少先队、共青团活动中

少先队、共青团活动形式多样、丰富多彩，深受学生的喜爱。杨校长认识到，在这些活动中融入法律知识，可起到事半功倍的作用。于是，学校开展了生动活泼的主题队会、载歌载舞的文艺演出、拓宽视野的辅导报告、充满竞争的知识竞赛、丰富知识的读书读报等活动，并在这些活动中融入了对法律法规的宣传。

3. 各界联动，优化青少年成长环境

杨校长还深刻地认识到，预防青少年违法犯罪是全社会的共同责任，学校、家庭及社会各界应积极参与其中，充分发挥各自的作用，为学生健康成长创造良好的环境。为此，学校拿出以下3项措施：

（1）学校依法治校，发挥教育的主导作用

学校全面贯彻教育方针，积极落实《中华人民共和国义务教育法》《中华人民共和国未成年人保护法》等法律法规。学校建立了差生帮教和转化机制，对"大错不犯、小错不断"的"问题"学生定期举办法制补习班，同时以正确的舆论导向营造遵纪守法的气氛，推动学生学习、生活法制化。

（2）教育家长要知法守法，发挥言传身教的影响作用

学校开办了家长学校，对家长进行法制教育，以帮助他们树立正确的育人观，提高他们的法律意识和法律知识水平，使家长认识到自己有教育子女知法守法的义务，并自觉承担其家庭法制教育的责任。

（3）强化执法，加大对学校周边环境的整治力度

学校请求相关部门依法关闭传播暴力、色情等不良信息的网吧、书摊，坚决查处诱惑、唆使、允许学生进入营业性娱乐场所的行为。同时，学校在司法机关的支持下设立"青少年维权岗"，保护青少年的合法权益不受侵害。

六安大沙埂中学在强化法制教育时，把行为规范与法制教育相结合、课堂教学与课外活动相结合、校内教育与社会实践相结合、家校教育与社会治理相结合，让学生的法律意识不断增强，知识水平不断提升，综合素质不断提高。正因为此，学校很少有违法犯纪的情形发生。

有些学校的领导认为，法制教育是普法部门的事情，预防青少年违法犯罪是政法机关的任务。杨校长却从不这么认为，他曾经深有感触地说："身体不好是残品，智力不好是次品，品德不好是危险品。知识的不足可以弥补，而道德的缺陷将危害终生。我们应该始终坚持不懈地对学生加强法制教育，着力提高学生素质。"

在他看来，对学生进行法制教育，让他们知法、懂法、守法和学会用法，是学校德育工作和全正实施素质教育的一项重要内容，是促使青少年健康成长的重要措施，是培养合格公民的一项重要工作，是实现以德治国和依法治国的奠基工程。

"少年强则国强，少年弱则国弱。"今天的学生，就是明天的建设者，可能成为国家机关、学校和企事业单位将来的领导者和管理人才。他们知不知法、守不守法、能否依法办事、依法管理，势必影响到千家万户，影响到广大群众，影响到"依法治国，建设社会主义法治国家"目标的实现。

因此，学校领导应充分认识到开展法制宣传教育工作的重要性，积极开展各种法制教育活动，以增强学生的法律意识，让学生的思想更加健全。

（二）加强学科渗透，规范学生行为

某课堂上，学生们正在对"行人乱穿马路人数、乱穿马路原因"的调查结果进行着激烈的讨论。有人可能以为这是某个学校的综合实践课，事实上这是深圳松泉中学七年级历史与社会课程中的情形。

可能有人会好奇：历史与社会课程的课本中有这个章节吗？

原来，这是学校正在进行的学科教学渗透法制教育的一个缩影。七年级的历史与社会课程中，有"要求学生遵守规则"的内容，于是，教师便在备课过程中，根据目前学生中普遍存在忽视交通法规、安全隐患严重的实际，有针对性地设计了这节特殊的课程，以"行人乱穿马路"为切入点，对课程内容进行了拓展，以便让学生真正明白"遵守规则"的含义。

课前，教师组织学生在学校附近进行了社会实践调查，以便收集资料，认真了解"行人乱穿马路的原因是什么"，进而以此为依据，开展讨论。课堂采用的"课本＋社会实践＋法制教育"这一教学模式，使学生深刻认识到了遵守法规的真正内涵。

"这是近来我们开展法制教育工作的一个新尝试——通过相关学科渗透，把法制教育与语文、政治、科学、美术等其他学科教育有机地结合起来，让法制观念在不知不觉中深入学生的日常行为和思想。"松泉中学校长凌志伟这样介绍说。

深圳松泉中学是2002年深圳市罗湖区两级政府新创办的一所初级中学，是政府为缓解该地区义务教育阶段就学压力，解决特区内流动人口子女入学难问题的一项"民心工程"。如何有针对性地把这些学生培养好、教育好，采用什么样的教学方法才能提高育人效果，从而增强学生遵纪守法的能力？凌志伟校长为此进行了卓有成效的探索。

凌校长在长期的实践中发现，单设法制教育课，其承载能力有限，效果并不好；而将法制教育渗透到语文、数学、英语、历史与社会、美术甚至体育课当中，学生们就很容易接受。于是，学校实行了把法规融进学科的教学方式，以此起到规范学生行为的作用。

比如，在思想品德课《维护公共秩序》一课的教学中，教师向学生提出了这样一个问题："某人偷了一辆自行车想要低价出售，而你正需要一辆自行车，你是买还是不买？"

教师的话音刚落就有学生说："便宜东西干吗不买！"还有的说："偷来的东西不能买，买了就是帮助小偷销赃。"

于是，学生意见有了分歧，双方各持己见，开始争论不休。

待讨论时机成熟后，教师出示了相关的法律条文对他们说："《中华人民共和国治安管理处罚条例》规定，对明知是赃物而购买的，处15日以下拘留，200 元以下罚款或警告。因为明知是赃物而购买的行为，直接帮助了犯罪分子逃脱罪责或得到非法利益，干扰了司法机关对赃物的查处，给社会带来危害，因而要受到法律的制裁。"

听了教师的话，学生们都明白了购买赃物是违法行为，于是纷纷表示不能贪图便宜购买赃物，并表示如果发现别人有销赃的行为要及时举报到相关机关。

就这样在轻松愉快的教学氛围中，法律知识很轻松地就深入到每个学生心中，教育效果非常好。

另外，其他学科教师也把法制宣传渗透在课堂教学中：

语文教师在讲授《祝福》一课时，联系《中华人民共和国婚姻法》《中华人民共和国妇女权益保护法》等，对学生进行文明与人性的启示。

自然课教师在讲授《火》时，向学生宣传《中华人民共和国消防法》和《中华人民共和国森林防火条例》中的相关法律条文，将防火安全法律意识植入学生们的心中。

数学教师在讲授函数知识时，将征收个人所得税的税率计算方法设计成作业题，向学生们渗透了税法相关的教育。

历史教师在讲授《共和国第一部宪法的颁布》时，告诉学生，《中华人民共和国宪法》是国家的根本大法，具有最高的法律效力，人人必须遵守。

至于政治课、地理课的教学，相关法律的渗透点更多，应用也更广泛。

深圳松泉中学在不改变学校教学计划和教学大纲的前提下，对各学科专业授课的内容预先进行巧妙设计，在所要讲授的内容中努力寻找法律知识的切入点或渗透点，在向学生进行学科知识教育的同时，将法律知识教育自然地融入学科教学过程之中。这些"渗透"措施的落实，使学生受到很大启示，从而规范了学生的行为。

学校自从实行这种形式的法制教育后，校园环境明显好转，校园内部安全管理工作得到全面加强，极大地消除了各种安全隐患，连续两年被罗湖区教育局评为"学校安全工作一等奖"。

对于渗透到各个学科的普法教育，罗湖区司法局有关负责人认为："实行法制渗透教育，不仅能改变法制教育与学科教育'两张皮'的问题，而且能够使两者融会贯通、相得益彰，从而实现学校法制教育和其他学科教育的双赢乃至多赢。"

深圳松泉中学的做法很值得学习、借鉴。把法规融进学科，一是较好地解决了法制教育与一般教育在课时上的矛盾。渗透教育追求的是与主科内容的自然融合，并非教师在主科中设置专门时间来进行法制教育，且有助于丰富本学科内容，拓展学生的知识面。二是较好地解决了法制教育与学校教学大纲或教学计划间的矛盾。法制渗透教育的内容是依主科内容确定的，无须改变教学计划或教学大纲，也无须重新编印专门的法制教材，而是通过授课教师的巧妙安排来实现法制教育。三是可以充分调动学生学习法律知识的积极性与主动性。它通过具体的课本内容来演绎法律条文，使抽象的条文形象化、实用化，更容易被学生接受和理解。

需要注意的是，学科渗透法制教育，首先应充分遵循学科教学的规律，根据学科的特点挖掘教材、教法中涉及的法制教育因素。此外，还要注意研究法制教育的渗透方法，使学科教学与法制教育两者处在一个相融的统一体中，只有这样才能使学科教学中的法制教育收到实效。

在渗透中处理好渗透的"点""时""度"至关重要，找准"渗透点"是重点，把握"渗透时机"是难点，掌握"渗透度"是关键。教师只有做到因材施教、寓情于教，适时、适度，点点滴滴、持之以恒地加以渗透，才能有机地融知识传授、能力培养、智力发展和思想陶冶于一炉，才能充分发挥课堂教学法制教育的主渠道作用。

（三）多维度教育学生遵纪守法的举措

邓小平同志指出："法制教育要从娃娃开始，小学、中学都要进行这个教育。"全国人大常委会在《关于继续开展法制宣传教育的决议》中指出："青少年应当具备必要的法律知识。大专院校、中学、小学都应当开设法制教育课。"

学校校长是学校的当家人，普法教育主要依靠校长落实。那么，怎样加强法制教育，加强学生的法律意识呢？六安大沙埂中学与深圳松泉中学给了我们极大的启示，综合起来有5个方面值得我们去学习和借鉴：

1. 校领导要在思想上提高认识，转变观念

认识是实践的先导。加强中小学生法制教育，提高中小学生的法制观念，并非仅仅出于减少、控制在校生犯罪率的需要，它是思想道德建设的基础，是精神文明建设的核心，是实施素质教育、实现依法治国战略目标的需要。

学校领导必须从思想上认识到这项工作的重要性、长期性和艰巨性，在转变观念的基础上加大法制教育工作的宣传力度，将其列入目标责任制，做到与各项中心工作同计划、同检查、同评比，通过多种形式进行法制教育的宣传，提高教师、学生的学法、懂法、守法意识。

2. 增强教师法律知识培训

学校应当认真做好法制课的有关准备工作，做到任课有教师，课时有保障。要组织相关教师积极参加各种法律知识培训，努力提高教师的法律素质。要鼓励他们在授课中针对不同层次学生的年龄、心理、生理等特点，用以案说法、以例释法的方式，深入浅出地阐释基本的法律常识。

3. 重视"问题"学生教育

学校要加强对"问题"学生的法制教育，加强"帮教"队伍的建设，充分发动社会方方面面的力量积极参与这一工作，齐抓共管，形成合力，使每个"问题"学生在家有人关心，在社会有人帮助，在学校有人管理，从而提高他们的法律意识和思想道德素质，进而带动全体学生法律素质的提高。

4. 健全组织，完善制度

学校应当高度重视学生的普法教育工作，建立并充实法制教育领导小组，完善各项工作制度，加强法制教育队伍建设。实施"主要领导亲自抓，分管领导具体抓，任课教师课堂抓"的工作格局，做到每季度开一次工作会、每学期开一次研讨会、每学年开一次现场会或经验交流会、每两年开一次总结表彰会，确保学校法制教育工作走上正常化、科学化、制度化的轨道。

5. 形式上拓宽渠道，灵活生动

除了课时学习法律外，学校还应当运用各种教育手段，开展形式多样的宣传教育活动，如开辟校园普法宣传栏、张贴有关法律条文等，以便营造一种浓厚的法制学习氛围。

学校要动员社会各方面的力量，共同来关心、关注学校普法教育工作，把学校普法工作延伸到家庭、社会，形成网络，以便为学生成长创造一个良好的法制环境。

二、规范言行举止，培养明礼新一代

> 明礼是每个人的必修课。学校要从小事抓起，让学生做文明人，同时要开展多种形式的礼仪教育，让学生学会待人接物。

文明的言行举止，展示的是一种修养，一种层次；博得的是一种认可，一种敬畏。这就是明礼的作用。一声"对不起"，能化解剑拔弩张的冲突；一个友善的微笑，就如一道春风，温暖他人的心田；一次真诚的援助，便能唤起世间的爱心。所以，明礼能提高一个人的素质，让人变得更高尚。

但一个人不可能天生就举止文明、言行得体，他需要后天的约束、教育和培养。学校是专门的育人机构，一个人的知礼、懂礼、明礼往往从这里起步，因此，学校的明礼教育任重道远。学生时期是一个人的人生观、世界观形成的最重要阶段，如何使学生养成知礼仪、懂礼貌的习惯，并且有良好的道德情操和行为规范，关乎一个人、一个国家乃至整个社会的未来，学校的管理者绝不能等闲视之。

（一）从小事抓起，让学生做文明人

时下流行一句话叫"做事先做人"。这说明人们已经把如何做人当做为人处世的首要条件。社会非常注重人的德行修养，并以此来衡量一个人素质的高低。济南十一中学杨兴校长，作为资深的教育者，他在学校提倡"育人为本，育德为先"的办学理念，对学生进行管理时，把"让学生学做文明人"当做第一任务来抓。

杨校长认为，是人才首先要讲文明，而文明往往体现在一些小事中，一言一行、一颦一笑最能够体现出一个人的修养。因此，他把教育学生讲文明落实在从小事做起上。

在济南十一中学，杨校长经常开展各种各样的活动，以此来规范学生的言行，让学生知礼仪、懂礼貌。

1. 用标语提示

学校发动学生设计优化校园文明教育环境和文化氛围的方案，比如，在醒目的地方张贴"爱国守法、明礼诚信、团结友爱、勤俭自强、敬业奉献"的标语作为提示。征集学生自己编写的文明小警句，例如，"随地吐痰，吐掉的是你的美德""弯腰捡废纸，捡起的是你的形象""校园是我家，美化靠大家""科学的习惯，文明的习惯，健康向上的习惯，是人生宝贵的财富"等，将这些优美的语句做成小提示牌竖立在校园合适的角落，以便让这些标语每时每刻都对学生进行无声的教育。

2. 开展"文明在我心中"系列文艺活动

学校让有文采的学生写出优美的文章，通过校园广播将获奖的优秀征文向全体学生播诵，并汇编为《"文明在我心中"优秀征文集》；鼓励具有书法、美术功底的学生参与"文明在我心中"手抄报、漫画比赛，并将优秀作品在校园橱窗中展出。学生在参与这些活动的过程中进一步明白了文明的重要性。

榜样的力量是无穷的。学校定期举行名人明礼故事比赛，在讲故事比赛的过程中，让一个个名人的鲜活事例，震撼学生的心灵，从而使他们受到教育。学校还让各班级派代表参加学校组织的"我心中的文明形象"演讲比赛、辩论比赛及小品比赛，多方位多角度地在学生心中形成完整的文明形象。

3. "文明伴我成长"主题班队会

学校还在各班级开展"文明伴我成长"主题班队会，通过主题班队会对学生进行最为直接的明礼教育。学生在班队会上展开讨论，统一思想认识，并在此基础上形成班级特色的"文明形象"。

4. "文明"行动训练与展示

针对各年段不同年龄学生的特点，学校创设有特色的文明常规训练方案，比如，在七年级开展主动向教师"止步鞠躬问好"的活动，在八年级开展"迎宾礼仪"训练，九年级开展"社会公德礼仪"训练，让学生在"做"中感悟大道理。

5. "文明专题"网络交流活动

学校利用校园网络，设立文明论坛，请专业教师担任版主，围绕一定主题，上传帖子，让学生就文明话题畅所欲言，版主与学生进行平等的交流对话，以此引导学生树立正确的明礼观念。

6. 开展"文明"社会实践

学校要求各班级成立"文明"社会调查小分队，深入社区、街头，调查社会上的各种不良行为，并在此基础上写出调查报告，引导学生深入思考，明辨是非。

各班级还成立了"文明"社会实践小分队，开展各种有特色的实践活动，如到公园、火车站、广场进行"绿色卫士行动""弯腰行动""关注一平米活动""伸出援助手"等活动。让学生在实践活动中熟悉社会公德，培养明礼的优良品质。

7. 开展"孝敬父母、尊敬师长"的主题教育活动

学校月月开展"家庭小帮手"活动，让学生坚持每天为父母做一件力所能及的事情，并尝试做一次父母曾经或者现在仍在为自己做的事情，例如，为父母洗一次脚，为父母做一次饭等。在这种转换角色的过程中让学生体验父母为自己的付出，从而明白"感谢父母、孝敬父母"的道理。

在"尊敬师长"的主题教育活动中，学校提出让学生在自愿的基础上参与，可以送教师一句话、一件纪念品或者为教师做一件事。许多学生真挚的话语，让教师感动得热泪盈眶。

8. "校园文明之星"评选活动

为了激励后进，表扬先进，学校每月评选"校园文明之星"，以树立示范榜样。

济南十一中学自从重视学生的文明行为管理后，学生的言行举止有了很大变化：学生在与人交往中，像"您""请""谢谢""不客气"等礼貌用语用得多了；学生孝敬父母、尊敬老师、关心他人的意识增强了；校内外好人好事也多了起来。

2008年3月15日，高二某班学生刘某、苏某在上学路上拾到一个提包，内有存折、银行卡及其他物品一宗，涉及金额近1万元。经多方努力，终于将物品及时交还失主，失主拿到失而复得的提包后，万分感动，对这两名学生给予了高度评价，并对学校良好的德育教育表示敬意。

像这种拾金不昧的好人好事在济南十一中曾多次出现。学生们不论在校内还是校外，拾到手表、衣服、钱包、储值卡等都立即交到学校或寻找失主。2009年1月，学生李某在回家路上拾到一个装有10万多元现金的包裹，最后几经周折交还失主。《济南时报》等新闻媒体对此进行了深入报道，在学校和社会都引起了强烈反响。

济南十一中学的文明礼仪教育活动起到了很好的教育效果，学生举止更加文明，他们从小事做起，并从中学会了关心爱护他人，提高了个人品德修养，逐渐发展成为社会需要的合格人才。

（二）实施礼仪教育，让学生学会待人接物

为了让学生学会待人接物，促进学生优良道德品质的形成，香河县第一小学在校长陈立新的带领下，加强学生德育管理，在学校开展了"实施礼仪教育，学会待人接物"活动，并取得了显著的教育效果。

陈校长坚持认为，"生活即德育"。在对学生进行德育管理、实施礼仪教育时，应该从学生日常生活中寻找不符合礼仪规范的做法，指出学生不良的语言、举止、行为，并指导学生正确去做，让学生逐渐具有礼仪修养，让学生学会待人接物。

为此，陈校长组织有关教师搜集了学生日常生活中的大量资料，包括文字资料和音像资料，为学生管理奠定了坚实的第一手资料。

礼仪涉及的范围很广，内容很丰富，要全面学习是不可能的。陈校长根据小学生生活实际，制定了《香河县第一小学礼仪教育内容》，确定了校园、家庭、社区等三大领域的教育内容，而在每一领域又包括多个方面，如在家

庭礼仪中包括用餐礼仪、待客礼仪、邻里礼仪等。在每一项教育内容中，对学生的语言、举止、行为等都提出了明确、具体的要求。每一项教育内容的落实都进行分阶段实施。为此，陈校长制订了《香河县第一小学礼仪教育活动实施计划》和《香河县第一小学礼仪教育活动实施细则》。

为学生规划了学习内容之后，学校马上对此进行了广泛的宣传。学校通过发公开信、广播、制作电视新闻等形式，广泛宣传礼仪教育的深远意义，以取得家长和社区的大力支持和配合。

当所有的准备工作做好之后，学校开始用一系列的有效活动，让礼仪"沁入"学生的心田。

1. 让学生树立"讲礼仪"的观念

在香河县第一小学，虽然一些学生不乏"礼仪"行为，但他们却并不知"礼仪"为何物。学校通过"两听一看"（即听讲座、听广播、看录像）让学生对"礼仪"有广泛而深刻的认识，并牢固树立"讲礼仪"的观念。

（1）"每周生活礼仪"讲座

学校常年开设"生活礼仪"讲座，每周安排一次。为避免脱离学生生活实际的枯燥说教，讲座一律采用讲故事的形式，故事内容均为学生日常生活中的真实事例。通过听讲座，让学生意识到自己每天的行为举止中有很多是不符合礼仪规范的，是不讲礼仪的表现，而讲礼仪是一个人有修养、尊重他人的表现，也是一个人成功走向社会的基础。通过生动的小故事，力求让学生明白，生活中应该时刻注意自己的言行举止，处处讲礼仪。

（2）"每日生活礼仪"播报

学校每天利用红领巾广播站，随时表扬在礼仪方面做得好的学生，树立榜样和模范；批评不遵守礼仪规范的学生，并以"扣分"的方式，督促学生养成讲文明、懂礼仪的良好习惯。

（3）"每月生活录像"展播

学校每月组织学生观看一次生活录像，录像内容为各班学生在日常生活中的真实片断，如上课、出操、课间、放学路队、校外活动等，这些片断均在学生不知情的情况下拍摄，教师边组织学生观看边告诉学生哪些做法是有礼仪的表现，哪些做法是不符合礼仪规范的，并以给"班级加分"的方式督

促学生每时每刻注意自己的言行，逐渐让他们成为有礼仪的人。

2. 对学生行为加以引导

(1) 环境教育

为给学生创设良好的礼仪教育环境，陈校长在校园里、楼道中、教室内布置了礼仪格言与警句，如"漫步轻声无喧闹，用语文明无粗鲁""上下楼梯，请靠右行""得到了别人帮助要说谢谢，打扰了别人要说抱歉""同学之间要团结友爱""父母辛苦要知体谅""尊敬师长，礼让同学"等。

(2) 教师示范

"以文明的言行感染人，以健康的精神文化塑造人"是礼仪教育的重要理念之一。教师的言行对学生具有很强的感染力。教师的行为举止很容易让学生模仿，这对学生形成良好的礼仪习惯具有不可低估的影响。为此，陈校长要求教师为学生起到良好的示范作用。当学生向教师问好时，教师不能漠然视之，必须微笑着向学生还礼；说话时，要用语文明不粗鲁，面带微笑不死板，声音温和不冷淡；仪表要端庄大方、朴素典雅；对学生态度要和蔼亲切；做事要有礼有节。要求教师时时处处注意自己的言行，注意自己良好的形象。教师要通过自己具有礼仪修养的言行感染学生，让学生在模仿学习的过程中形成良好的礼仪素养。

(3) 开设礼仪课

各班每周安排一节生活礼仪课，向学生传授系统的礼仪知识，并针对生活中的实际问题加以指导。

礼仪课上有两个重要环节：一是"生活反思"。比如，当父母冤枉了你，你该怎么办？爸爸的同事来访，恰巧爸爸不在家，你怎样招待客人？二是"生活情景再现"。要求学生即兴发挥，当场表演教师选定的生活情景。如身在农村的表妹来到你家，对你家的电脑、手机、照相机等高科技产品感到好奇，你的两种表现：A. 你很反感；B. 你热情地为她介绍。

先分组表演，教师再指出正确做法。

3. 让学生在生活中实践

根据学生的年龄特点和生活实际，学校开展了多种实践活动，要求学生把学到的礼仪知识运用到生活实际中，并在实践中使礼仪修养不断提升，同时，促进自身优良道德品质的形成。

（1）"三个一"活动

一杯茶活动：为让学生真正懂得尊敬父母、孝敬父母，学校要求学生每天在父母下班后，要亲手泡沏好的茶送到父母手中，并说一声"您辛苦了"，以表达自己对父母辛勤工作的感谢之情。

一顿饭活动：要求学生在双休日主动为父母做好一顿饭、一道菜或一碗汤，让父母感受到自己对他们真诚的关心。

一封信活动：要求学生在自己的生日、父母的生日、"五一"劳动节、"六一"儿童节、父亲节、母亲节等特殊节日以写信的方式来表达自己对父母或家人的感恩之情。

（2）"孝道"教育

"孝道"作为儒学文化的基石，在社会精神文化生活中占主导地位，浸透在社会物质生活和精神生活的各个角落。在九月九日重阳节这天，学校要求学生为爷爷、奶奶、姥爷、姥姥或敬老院的爷爷、奶奶捶一次背、洗一次发、剪一次指甲等，以养成尊老敬老的习惯。每到寒暑假，学校还安排学生听"忠孝教育"讲座，接受"忠、孝、礼"等传统伦理道德的教育。

4. 评选礼仪标兵

在活动中，学校还有一项重要内容就是评选"礼仪标兵"，包括"家庭礼仪标兵""社区礼仪标兵''校园礼仪标兵"。为更加科学、规范、民主地开展评选工作，学校请家长、社区共同参与评选工作。

学校以给家长和社区一封信的方式，将本阶段开展礼仪教育的内容、要求、做法、评分细则告之家长和社区，并附反馈表一张，要求家长和社区辅导员全力配合，按要求督促学生，每周以画"√"的方式，将学生遵守礼仪规范情况反馈给学校。根据家长和社区的反馈情况以及学校里师生的综合评价，评选出礼仪标兵，在学生中树立榜样。到目前为止，学校已评出了500多名礼仪标兵。

香河县第一小学注重学生礼仪的培养，使学生的精神面貌发生了极大的变化，明礼教育取得了显著效果。

在校园里，同学之间由因一点小事就发生口角，甚至动起手来，到主动关心，互相谦让；由随手乱扔果皮纸屑，到主动捡起他人扔下的果皮纸屑；由破坏公用设施，到主动找来家长维修公用设施……学生们在很多方面都变得彬彬有礼起来。

学生在方方面面发生的可喜变化，让家长欣喜异常，家长纷纷写来感谢信，感谢学校的教育成果。高一级学校也对来自香河县第一小学的学生给予了极高的评价。

学校实施礼仪教育引起了强烈的社会反响，当地各大主流媒体争相报道，香河县第一小学成了各个学校德育管理的榜样。由于学校德育工作创意新颖，成效显著，学校先后荣获"全国中小学公民道德教育实验学校""河北省中小学德育示范校""廊坊市小公民道德建设实践基地""廊坊市十五规划示范校""廊坊市德育先进单位""廊坊市思想政治工作先进集体"等称号。

（三）让学生明礼的举措

文明礼仪是立身处世之本，每个人只要置身于社会，无论从政还是经商，居家还是外出，都离不开文明礼仪。文明礼仪可以帮助我们规范言谈举止，学会待人接物；塑造良好形象，赢得社会尊重；架设友谊桥梁，通向成功之路。有"礼"走遍天下，无"礼"寸步难行。

好的品质要从小培养，明礼教育更是这样。因此，为了塑造讲究文明礼仪的新一代，学校应该肩负起这项重大的责任。

1. 要求教师以身作则，为人师表

教师是学生的崇拜者，又是学生的直接模仿者。因此，教师的形象直接影响着学生。在礼仪教育中，学生有一种迫切接受行为指导的心理需要，从某种角度上讲，教师的行为表现对他们既是行为向导又是心理向导。

因此，学校应该要求教师做到言传身教，为人师表。凡是要求学生做到的，教师要先做到；凡是要求学生做到的礼仪，教师必须率先模范执行。教师平时让学生做件小事，要先说声"请"，事后说声"谢谢"。课间不小心碰

到学生，同样记住说声"对不起！碰痛了没有？"课堂上学生站起来发言后，道声"请坐"，对答得好的学生报以微笑、点头，不要吝啬自己的赞美语。路上遇到学生不拿架子，以亲切的语言和贴切的举止礼待他们，让学生切切实实地感到教师是爱他们的。

师德体现在教师的言语和一举一动之中，师生的感情沟通也在于此。学生模仿性强，教师本人只有以身作则，才能使言传身教发挥更大的教育作用，让学生在教师的举止中感受到道德准则的可信性，从而激发他们积极行动。

2. 要抓好训练，注重学生行为养成

在礼仪教育中，学校既要重视提高学生的道德认识，同时还要相应地提一些合理、适度、具体而明确的行为要求，并进行行之有效的严格训练。比如，要求学生上课发言大胆、大方、大声，而上自习做作业时要学会安静，不去影响别人；下课不要高声呼叫和边跑边喊、吵吵嚷嚷等。

3. 以查促改，坚持不懈

要使学生的礼仪行为逐步形成习惯，进而转化为良好的道德素质，除了让学生自身严格要求，还要辅以必要的外力推动。因此，学校要将训练活动与检查评比相结合，在实施校园礼仪、课堂礼仪、升旗礼仪、用餐礼仪的过程中，评比出各项目表现突出的示范员、礼仪小标兵。

对于进步快的学生，学校要多加表扬，并向家长汇报学生礼仪进步的情况。学生懂事明理，受到教师的赞扬，家长会为此高兴，也会大大激发学生讲文明、学礼仪的积极性。学校要将评比检查作为一项常规来抓，周而复始、坚持不懈地把学礼仪、用礼仪狠抓到底！

弘扬传统美德，加强礼仪教育是一项长期的艰巨的任务，学校必须从学生的细微小事抓起，持之以恒地进行，让文明礼仪在 21 世纪的学子身上发扬光大，代代相传！

三、发掘优良传统，提升学生的道德素质

> 学校应该发掘我国优良传统中的德育资源，通过开展国学教育、传统节日教育等形式，提升学生的道德素质。

在物质文明发达的今天，各种新思想、新观念不断出现，人们的价值观也发生了很大的变化，拜金主义、享乐主义、极端个人主义日益显现。可怕的是，社会上这些急功近利、唯钱至上的思想正冲击着学校教育，使身心发展不平衡的学生难以形成良好的道德品质。

那么，怎样才能抵制不良思想对学生的冲击，让学生养成良好的品德呢？应该说，从中华优良传统中汲取营养，是培养学生良好品德的最好途径之一。

中华优良传统源远流长，是我们长期发展的思想基础，并逐步形成了中华民族在精神形态上的基本特点。"天下兴亡，匹夫有责"的爱国情操，"民为邦本，民贵君轻"的民本思想，"己所不欲，勿施于人"的待人之道，"吃苦耐劳、勤俭持家、尊师重教"的做人之道等这些优良传统，对加强未成年人思想道德教育，都能起到很好的教育作用。

（一）加强国学启蒙教育，继承传统美德

在乳山市诸往中学，不论是听到的还是看到的，都透露着传统的文化气息。学校总是为学生营造出浓厚的传统文化氛围，让学生在耳濡目染中受益于国学。

1. 诵读经典，以文辅德

考虑到"国学"的博大精深，乳山市诸往中学决定先从诵读经典古籍入

手，让学生利用每天晨读时间，诵读古诗文，如《弟子规》等。

在这个过程中，乳山市诸往中学发现，《弟子规》当中的道德规范与学校《中学生日常行为规范》的要求在很多方面都不谋而合，而且，三字一句，易于记忆，贴近生活。因此，学校开展了"弟子规学习心得"征文活动。之后，又举办了书香节活动，组织了《弟子规》背诵比赛，让学生在诵读的同时谈理解，谈体会，体验国学。

初步尝试后，感觉效果很不错，学校又加大了教学中"国学"教育的分量，选择适合学生阅读的经典名篇，如《三字经》《千家诗》《论语》《孟子》以及唐诗宋词中的名篇名句，开展古诗文诵读活动。

同时，学校还把"国学"教育与学校德育、行为养成教育、礼仪教育紧密地结合起来，把儒家文化中的"八德"即仁、义、礼、智、孝、悌、忠、信，作为道德教育的基本内容和具体的评价指标；引用圣哲的智慧教导学生，让学生从诵读经典到感悟经典，陶冶学生的性情，达到以诗文辅德，以诗文促雅，提升学生的文学修养、气质修养和人文素养的目的。

2. 营造浓郁的国学教育氛围

环境氛围对人的影响是潜移默化的，为了使国学启蒙教育落到实处，收到实效，乳山市诸往中学在环境氛围的营造创设方面下了工夫。他们在"诵读经典"的基础上，加强了校园文化建设。

（1）路牌文化建设

学校将大门口、花坛旁、甬路边等28块警示牌全部更换为三字经、四书五经的内容。这样做，不仅营造了一种浓郁的文化氛围，更重要的是，它为学生诵读"国学"创设了一个更为开放的"进入点"，方便了学生的诵读，让学生随处可欣赏、可学习。

（2）仪容镜文化建设

学校在教学楼迎面的仪容镜上下，各贴有一句名言警句，左右各一首唐诗，让学生在整理仪容的同时也可吟诵唐诗、名言，增添生活情趣，提高修养。

（3）楼道文化建设

学校东西两幢教学楼的四个楼道内，学校投资4 000多元，分4个系列制作了 96 个古典文化看板：西楼东单元为"唐诗系列"，23 首唐诗写真画。西单元为"三字经、四书"系列，三字经全部内容装裱在 13 个看板上，并配有 13 个历史名人故事；10 个"四书"精选看板，上面载有读书和做人的经典名言。东楼东单元，选宋词中的精品 23 首，配以喷绘彩图。西单元以学生的作品为主，着重体现学生的创造力。

（4）教室文化建设

学校为全校 26 个教室设立了橱窗角，每个教室 8 扇窗 8 幅图片，前面是历史图片，介绍中国现代史上的一些伟人、重大历史事件；后面是唐诗、宋词、三字经、百家姓、四书五经等丰富多彩的内容。

这样的布置，目的是让学生在日常的生活中处处都能得到国学文化的熏陶。

3. 树立"仁爱"的育人思想

以人为本的管理理念，是国学中"人仁""仁爱"的具体体现。在学校管理中，乳山市诸往中学处处体现尊重学生、相信学生的理念。在具体操作时，学校要求教师本着"明礼诚信、敬业奉献"的道德操守，怀着对学生无私的爱，构建和谐、平等的师生关系。在师生交往中，在班级评比中，在学习活动中，让学生们切身感受到"仁爱爱人、诚信守约、谦恭礼让、躬行自律"等传统美德中的价值取向，并融入他们自身的价值体系中。

4. 开展丰富多彩的活动

学校组织了"中华美德大家谈""中华传统美德格言接龙""乘着诗歌的翅膀——庆国庆千人颂诗会"等活动。有些班级还尝试开展了一些与优秀传统文化教育有关的综合实践活动，以此熏陶渲染学生的传统美德。

通过一系列的国学启蒙教育，乳山市诸往中学的家长和教师们惊奇地发现，学生的行为习惯发生了明显的变化。

学校原来自私、任性、不懂礼貌的学生，自从接受了国学教育之后，个个都变得懂礼谦让、团结同学、尊重师长了。

有一位家长认为："通过熟读古诗文，我的孩子在关心人方面有了很大进步。在我生病的时候，孩子给我递茶送水、问寒问暖。我问她为什么这样做，她说《三字经》中要求孝敬父母，还给我背了几首这方面的古诗、名句。当时，我的心情真是特别激动！"

很多家长都反映，孩子与没有开展国学经典诵读之前相比变化了很多，懂得为下班的父母端茶倒水，饭后知道主动收拾碗筷、扫地，对长辈也更加礼貌了……

对于学生德育教育来说，国学是非常好的工具，它能教给学生如何在现代生活中获取心灵快乐，如何适应日常秩序，如何找到个人坐标。学校既是传播文化的重要场所，也是弘扬传统文化和传统美德、培养民族精神的重要基地。乳山市诸往中学宋元杰校长根据素质教育的要求，在学校大力加强国学启蒙教育，更好地培养了学生良好的道德品质。

当学生从经典文化中汲取文化养料后，精神得到了洗礼，养成了自律、反思、内省的习惯。在实践中，学生开始能够自我调整、自我改进、自我规范个人的行为。

国学启蒙教育还让乳山市诸往中学的学生学会了自觉抵制有害思想道德文化的侵蚀，从而养成了良好的行为习惯，形成了高尚的道德品质，树立了正确的世界观、人生观和价值观，极大地提高了他们的思想素质。

（二）开展传统节日教育，提高学生人文素养

很多时候，对于学生的教育，教师苦口婆心的说教总是显得苍白无力，不管用什么手段都会"碰壁"。对此，上海崇明中学董耀棠校长认为，中国的传统节日文化内涵丰厚，保留着华夏民族独特的文化记忆。传统节日的形成过程，是中华民族历史文化长期积淀凝聚的过程。因此，学校应从中国传统节日着手，通过一系列教育活动，让学生了解这些传统节日的由来、节日的风俗习惯及其象征意义，让学生深切感受到中华民族文化的魅力，从而受到潜移默化的教育。

在上海崇明中学学生活动管理计划中，每年都会有这样一份中国传统节日活动安排表（见表1-1）：

表1-1 传统节日活动安排表

节日名称	教育主题	教育内容	系列活动
春节	勤劳节俭	知道我国是一个具有悠久历史的文明古国，了解春节的由来 开展与家长共做家务和向长辈拜年活动，培养学生"勤劳节俭、孝敬长辈"的优良品质	开展"压岁钱——我的亲情小银行"活动
元宵节	文明孝亲	开展做元宵、糊彩灯等活动，对学生进行"文明、亲情"教育，让学生体会家庭生活的温馨，做到与家人互亲互爱体验古人的生活情趣	开展"红红的灯笼甜甜的心"活动
清明节	缅怀亲情	开展扫墓踏青活动，让学生在祭扫活动中缅怀亲人和先烈，了解家族历史，传承优良传统	开展"老革命讲过去的故事"活动 行跪拜礼
端午节	爱国主义	开展包粽子活动，让学生了解屈原的故事，接受爱国主义教育	开展"包粽子、话屈原"活动
中秋节	亲情友情	开展搜集、诵读有关中秋佳节的诗词；在品月饼、赏明月过程中，激起学生对远方亲人的思念之情，让学生感悟举家团圆的幸福	开展"明月千里传我情——写书信"活动
重阳节	尊老敬老	开展"话重阳，敬长辈"活动，让学生懂得敬老爱老是我国的优良传统，培养他们尊敬长辈的良好品质	开展"我送长辈一片情"活动

学校对具有浓郁人文色彩的传统节日进行具体规划，通过一些实践活动，让学生在这些节日有所教益。具体表现在：

1. 寓传统节日教育于课堂教学之中

在中学阶段课程中，有很多内容都是涉及民族传统节日教育的。上海崇明中学深入挖掘其中蕴涵的文化内涵，通过教学，让学生更好地了解传统节日、认同传统节日、喜爱传统节日，弘扬中华传统美德。

学校充分发挥语文等课程中人文精神教育的优势，让学生在赏心悦目中体验我国民族历史文化的经久魅力。如通过《花木兰》《程门立雪》等课文的赏析，让学生懂得尊敬长辈、尊敬师长是我们中华民族的传统美德，使学生在生动形象的情境中得到感悟。

学校还在上海市率先编写校本课程《中国民族传统节日教育读本》，使民族传统节日教育课程化、系列化。

2. 寓传统节日教育于主题实践活动中

课外活动是弘扬和培育民族精神的重要途径。上海崇明中学利用特定的传统节日，积极开发其中蕴涵的教育资源，组织和指导学生自主活动、自主探究、亲身体验，让学生在活动中获得体验，在体验中增长知识，得到情感净化与升华，并外化为具体行动。

比如，结合"端午节"，学校开展"中国心、中国情、中国节"主题班会活动，让学生走一程"端午之旅"，做一个"端午香囊"，包一串"端午香粽"，演一回"端午传说"，使学生对端午习俗产生亲切感和认同感；在春节，让学生在抄写春联的过程中体会浓浓的"中国味"和纯朴的"中国情"，感受中华文化的博大精深；在元宵节开展"闹元宵猜灯谜"活动，让学生体验古人的生活情趣；在清明节开展"为亲人点一炷香，为烈士献一朵花"祭扫跪拜活动；在重阳节开展"当一日家长"爱老敬老教育活动；在中秋节开展赏月赛诗会等，让学生在活动中熟知中华传统习俗，提高自身人文素养。

3. 寓传统节日教育于环境创设中

环境会产生"润物细无声"的教育作用。因此，上海崇明中学积极创设节日环境，营造弘扬和培育民族精神的浓厚校园氛围。

上海崇明中学以"透视民族文化，尽揽民俗风情"为主题，构筑民俗文化墙；在校园长廊中以"民族魂"为主题，展示每个民族传统节日的由来与传说、风俗习惯等，以图文并茂的形式，凸显民族文化主题，揭示了民族发展的内在动力。

为让学生时时感受浓烈的传统文化氛围，学校在班级板报中结合民族传统节日的时令，进行专题布置。学生在搜集资料和环境设置中既增长了知识，又锻炼了能力。

上海崇明中学通过开展民族传统节日教育系列活动，拓宽了学校德育教育的空间，增强了德育的实效性，促进了学校的内涵发展，提高了学生的人文素养。具体体现在以下3个方面：

①进一步开发了民族传统节日教育资源，使教育活动课程化、系列化、规范化。

②进一步提高了学生对我国民族传统节日的认知水平，使学生提高了敬老、友爱、勤劳、善良、感恩、回报等健康情感与品德，促进了学生认知、情感、行为的互动发展。

③进一步促使教师、家长更加重视对学生进行中华传统美德教育和民族精神的培养，为学生接受传统节日的优秀文化内涵创造了良好的氛围。

传统节日是一个民族文化的根，是民族精神的瑰宝。随着人们思想观念、生活理念发生了变化，文化消费、生活方式也呈现出了多元化。我国的传统节日在国人面前出现了逐步淡化的趋势，尤其是绝大多数学生对清明、端午、中秋和重阳等民族传统节日了解甚少，对其中所蕴涵的内在文化更鲜为人知。因此，对学生进行传统节日文化的熏陶教育，不断增强他们对民族文化的认同，提高其民族自尊心、自信心和自豪感就显得尤为迫切。

上海崇明中学通过传统节日教育，帮助学生陶冶了情操，净化了灵魂，让学生理解了人生的意义和目的，明确了自己对社会的责任，确立了正确的人生方向和生活方式，从而增强了对外来不良思想的抵御能力。

（三）让优良传统发挥育人功能的举措

中华民族的优良传统是具有中华民族特色的道德体现，是中华民族历代精选流传下来的、有益于后代的优秀道德遗产，也是我国人民千百年来处理人际关系、人与社会关系和人与自然关系的实践的结晶。在深化教育改革，全面推进素质教育的今天，作为培养人才的主阵地的学校和主力军的教师，该如何对学生进行优良传统教育呢？

1. 优良传统教育要做到"五结合"

（1）与爱国主义教育相结合

爱国就是爱自己的祖国、爱自己的同胞。爱国历来被看做中华民族的"大节"，炎黄子孙崇尚民族气节，注重爱国情操，形成了中华民族绵延不绝的浩然正气。"北海牧羊"的苏武、"虎门销烟"的林则徐、"砍头不要紧，只要主义真"的夏明翰等民族英雄，都具备"舍己为国"的爱国精神，因而备受人们称颂，流芳千古。爱国主义思想培育了中国人的正义感和是非观，是中华民族千百年来的精神灵魂。

学校应该通过讴歌仁人志士的爱国之情，教育学生，从而增强学生建设祖国、振兴中华的责任感、使命感。

（2）与国情教育相结合

中华民族具有 5 000 多年的历史文化和文明传承，有自己特殊的国情。悠久的历史文化是炎黄子孙的骄傲。特殊的历史国情决定了我们同发达的资本主义国家相比，还有很大差距，但同时我们也要看到自己的优势。

（3）与修养教育相结合

我国传统文化中，有"吾日三省吾身""与人为善""千里送鹅毛"等典故，这些对教育引导学生严于律己，加强道德修养，自觉抵制拜金主义、享乐主义，树立正确的人生观、价值观具有重要的作用。学校应要求教师在教育学生时，坚持晓之以理、动之以情、导之以厚的原则，突出学生行为习惯的养成教育。

（4）与孝敬父母、尊敬师长教育相结合

古人所讲"仁爱孝悌""老吾老以及人之老，幼吾幼以及人之幼"是中华民族传统美德中最具特色的思想精华之一。在家庭生活中崇尚"父慈子孝""兄友弟恭"，从而形成浓厚的家庭亲情，进而有利于"尊老爱幼"的社会风尚的形成。如果学生对生养自己的父母和教育自己的师长都不尊敬，又怎么能爱他人、爱社会、爱人民、爱我们可亲可敬的祖国呢？

因此，学校必须教育学生在家孝敬父母，尊敬长辈；在学校尊敬师长，尊敬每一位教职员工；在社会上要尊老爱幼，助人为乐。

（5）与立志成才教育相结合

古人是非常重视立志成才的，并倡导自强不息，持之以恒。比如，大禹为根除水患"三过家门而不入"，屈原为挽救楚国的危难而"上下求索"，还有"磨杵成针""悬梁刺股""羲之墨池"等故事，表现了古人有一种为实现理想而甘愿吃苦的决心和恒心。这些无疑是我们民族精神中的精华，对教育中小学生立志成才具有极大的启发和教育作用。

2. 优化内容，使学生明确优良传统的内涵

中华民族的优良传统也随着时代的变化在不断发展，新时期会赋予新的时代内容，形成具有新时代特色的价值观、道德观和行为准则。学校要把传统美德教育中的知识传授、情操陶冶和培养良好的美德行为习惯有机结合起来，提高教育效果，不断优化中华传统美德教育的途径，并以此来教育、熏陶学生。

3. 教师要"身正为范"

对教师而言，其言行首先要具有传统美德修养，然后才能以自己的人格魅力去引导、启迪、感染学生，正所谓"己所不欲，勿施于人"。教师要通过不断地学习和积累，在思想上和行为上进行"修行"，深刻体会传统美德的内涵，这对教师确立新的德育观念，培养人文精神将会产生巨大的推动作用。教师尤其是年轻教师，要多了解中华民族的历史和文化发展脉络，在学习中提高自身道德水准和国学修养，使自己成为学生心目中合格的传统美德教育工作者。

应该提醒的是，学校还应该把优良传统教育延伸到家庭教育、社区教育中去，形成优良传统教育的大氛围，有效地抵御社会上的负面影响。

对学生进行优良传统教育，目的是继承民族灿烂文化，弘扬民族伦理道德规范，培养具有高素质的跨世纪人才。学校要充分发掘传统美德这一德育资源，创造出具有时代气息的、学生乐于接受的新颖方式，使传统美德为当代教育服务。

四、注重爱国教育，培养学生的爱国情怀

> 爱国教育是学校德育教育永恒的主题，学校应以校本教育为载体，结合时事，多渠道、全方位地开展爱国主义教育活动，以提高学生的思想道德素质，培养社会主义四有新人。

祖国，这是一个神圣而又崇高的名字，一个亲切而又富有魅力的字眼！古往今来，我们中华儿女怀着对她的深切敬意和眷恋之情，忠贞不渝地热爱她，饱含激情地赞美她，舍生忘死地保卫她，兢兢业业地建设她……

祖国，是哺育儿女的慈母，是儿女赖以生存的摇篮。一个人一旦失去了自己的祖国，就如同婴儿失去母亲一样无依无靠。从这个意义上说，祖国的利益高于一切！祖国的利益代表着民族的利益，代表着人民的利益。

莎士比亚说："我重视祖国的利益，甚于自己的生命和我所珍爱的儿女。"

明末清初著名的思想家、史学家顾炎武说："做人的最大事情是什么呢？就是要知道怎样爱国。"

爱国，就要对祖国忠诚热爱，时刻维护祖国的尊严；爱国，就要关心祖国的前途命运，为祖国繁荣昌盛而奋斗；爱国，就要继承中华民族优秀传统，弘扬中华文化；爱国不是排外，而是要发奋努力，使祖国屹立于世界民族之林。

爱国是公民的道德规范和行为准则。《公民道德建设实施纲要》提出的公民基本道德规范的第一项要求就是"爱国"。爱国，实际上是一个公民对祖国道德观念的体现，是对一个公民的首要的道德要求，是每个国民的神圣职责。不爱国的人，是最大的不道德；背叛祖国的人，是最大的道德缺失。

邓小平同志说："中国人民有自己的民族自尊心和自豪感，以热爱祖国、贡献全部力量建设社会主义祖国为最大光荣，以损害社会主义祖国利益、尊

严和荣誉为最大耻辱。"

胡锦涛同志发表的关于树立社会主义荣辱观的重要讲话,提出了"八荣八耻"的明确要求,第一条就是"以热爱祖国为荣、以危害祖国为耻"。

爱国是历史永恒的话题,古今中外历来把爱国主义视为凝聚民族精神、动员和鼓舞人民团结奋斗的一面最鲜艳的旗帜。在中华民族漫长的发展过程中,一代又一代爱国者杀身成仁、舍生取义、为祖国捐躯、为民族殉节,他们是中国的脊梁;他们的爱国主义精神,犹如一条奔腾不息、源远流长的历史长河,滋润着中华儿女的爱国之心,鼓舞着人们为民族的生存和发展前仆后继、英勇奋斗。

爱国主义教育是一项基础教育、一项公民教育。江泽民同志说:"要继承和发扬爱国主义精神,更要加强学校对学生的爱国主义教育,体现中华民族传统精神。"因此,要增强爱国主义教育实效,就必须在调动社会各方力量共施爱国主义教育系统工程的前提下,充分发挥学校教育主阵地的作用。

学校是给国家培养和输送人才的教育机构,尤其应该把爱国主义教育作为学校思想政治工作的永恒主题,当做一项长期的任务来抓;既要面对现实,更要着眼未来,从整体上研究并探寻学校爱国主义教育的思路与策略。唯有如此,才能够为国家培养和输送出爱国人才。

(一) 结合时事开展爱国主义教育

《爱国主义教育实施纲要》明确指出:爱国主义教育是全民教育,重点是广大青少年。学校是对青少年进行教育的重要场所,要把爱国主义教育贯穿到幼儿园直至大学的教学、育人全过程中去,特别要针对青少年的特点,注意运用影视、书刊、音乐、故事会等形式,为广大青少年提供丰富、生动的爱国主义教材。

为了响应《爱国主义教育实施纲要》中提出的要求,常熟市冶塘中心小学在 2005 年申请了苏州市中小学德育学会"十一五"课题方案——《结合时事开展学校爱国主义教育的研究》,并获得批准,正式成为苏州市中小学德育学会"十一五"课题单位。

经过多年的实践研究,常熟市冶塘中心小学的爱国主义教育已取得了一系列的成就,也积累了一些比较好的做法与经验:

1. 学科渗透

学校领导认为，学科渗透是学校教育的主阵地，课堂教学是学校教育的主渠道。因此，学校要求每一位教师都要有强烈开展爱国主义教育的意识，经常翻阅报刊杂志，经常收听广播，经常收看电视，经常上网浏览网页，敏锐地捕捉开展爱国主义教育的信息，然后与自己任教的学科有机整合，形成有价值的教学预设，这样既可以完成学科的教学任务，又能进行爱国主义教育，做到一举两得。

学校教师也都认同学校的这一要求，并积极实践着。无论自己担任的是哪一门学科的教学，他们总能在课堂上不失时机地对学生进行爱国主义教育。

例如，四年级上册有一篇课文《天安门广场》，一位语文教师发现这篇课文的教学时间刚好就在国庆节长假后。于是，这位教师收集了 10 月 1 日那天的升旗仪式和有关天安门广场装饰情况的新闻报道和图片影像资料等，并进行相应的加工和处理。在这些资料的映衬下，学生对课文内容的理解水到渠成，对蕴涵在课文中的浓浓的爱国热情也产生了共鸣。

又如，一位数学教师在讲解统计知识时，设计了这样一道练习题：同学们，举世瞩目的第十五届多哈亚运会刚刚落下帷幕，我把本届亚运会中金牌总数获得前三名的国家和他们的金牌数列表如下，请你们根据下面表格显示的信息制作条形统计图，然后回答问题：

国家名称	中国	韩国	日本
金牌数（枚）	165	58	50

①从这张表格中，你能回答几个数学问题？并请列出它们的数学算式。

②作为中国人，看了这张表格你有何感想？

在这位数学教师的课堂上，学生学习、掌握的不再仅仅是单纯的计算，一种深藏其中的爱国情感也在流淌，爱国主义教育在课堂上无声无痕地进行着。

在常熟市冶塘口心小学，不仅语文教师、数学教师能将爱国教育如此完美地贯穿到课堂教学中，其他学科的教师也同样如此。他们不仅在课堂上激发学生的爱国热情，还将学生的爱国热情深入到实践活动中。

2006 年 7 月 1 日，举世瞩目的青藏铁路全线开通。这是一个举国欢庆的日子。一位综合实践活动课的任课教师以此为契机，引导学生围绕"青藏铁路——中国的骄傲"为主题开展活动。有的学生负责收集在青藏铁路修建过程中中国铁路人的感人事迹，有的学生负责在中国地图上标出青藏铁路途经的省份，有的学生负责收集有关青藏铁路开通的图片与影音资料，有的学生负责收集整条青藏铁路创造的世界第一，有的学生负责收集青藏铁路开通的意义……学生们在整个活动过程中丰富了对青藏铁路的认识，增进了对青藏铁路的了解。这样的渗透，无须教师多言语，强烈的民族自豪感在学生心中油然而生。

2. 专题活动

学校认为，通过在每一门学科中渗透爱国主义教育，教育的实效是明显的。但由于每个学科的爱国主义教育的切入点不同，所以在学科中渗透爱国主义教育显得有些散而凌乱。因此，学校在学科中渗透爱国主义教育的同时，还组织许多专题活动来形成爱国主义教育的系统网络。

比如，2006年正值中国共产党二万五千里长征胜利70周年纪念。长征精神，是中国共产党走向胜利的制胜法宝，也是激励我们中华儿女团结一致，战胜一切艰难险阻，实现中华民族伟大复兴的不朽丰碑。

学校充分认识到这一历史事件是对学生进行爱国主义教育的极好资源。于是，学校组织开展了以"长征，我心中永远的丰碑"为主题的声势浩大、形式丰富的一系列活动。

学校利用每周一的"国旗下讲话"向全校师生发出开展"长征，我心中永远的丰碑"活动的倡议，明确学校爱国主义教育活动的目的、任务、步骤等；学校爱国主义教育研究组通过"蓓蕾"广播站和"蓓蕾"电视台两条主渠道来结合时事开展爱国主义教育的传播；学校在宣传画廊中展出丰富、感人的长征图片，结合少先队活动，开展讲长征的感人故事，唱长征的歌曲比赛；按年级组织全校学生祭扫常熟市烈士陵园，缅怀革命先烈；要求全校班主任召开"长征，我心中永远的丰碑"为主题的班会；在全校组织开展"长征，我心中永远的丰碑"为主题的征文活动，评比优秀论文；组织师生拜访、看望健在的老红军，了解发生在他们身上的真实故事；关注媒体中有关红军长征的信息，收看国家主席胡锦涛庆祝中国共产党长征胜利70周年的电视讲话；表彰先进，总结"长征，我心中永远的丰碑"为主题的活动情况。

这一系列活动充分挖掘了历史事件——长征所蕴涵的珍贵教育价值，突显了活动教育人的特点。在活动中，学生仿佛亲历了长征，领略了红军非凡的智慧、大无畏的英雄气概。四渡赤水，巧渡金沙江，强渡大渡河，飞夺泸定桥，爬雪山，过草地，那一幕幕都已铭记在学生心坎里。长征精神，激励着每一个学生为民族的振兴，祖国的强大前仆后继，勇往直前。

此外，学校还进行了"庆神舟七号飞天，抒心中澎湃激情"和"关注奥运，关注中国"等许多专题活动，深深地触发了学生的爱国热情。

常熟市冶塘中心小学结合时事，通过"学科渗透""专题活动"这两条主渠道开展爱国主义教育取得了明显的实效。但他们并不止于此，把学生培养成"风声雨声读书声，声声入耳；家事国事天下事，事事关心"的人才是学校进行爱国教育的关键和最终目的。

他们不仅强调教师的主导作用，更要求突出学生的主体作用。他们想方设法让学生主动去关心国家、关注社会，培养学生强烈的责任感、使命感，从而为他们的成长加入"助推剂"。学校在每天的晨会课上定出时间进行"时事播报"；在黑板报上腾出地方出刊"一周要闻"；评比班级、校级"十佳时事播报员"；进行校级时事知识竞赛等。

常熟市冶塘中心小学的爱国教育研究还在继续，他们还将采取更多的策略，通过更多的途径，付出更多的努力，让爱国信念播撒在学生心间，让爱国精神遍布整个校园。

（二）以校本教育为载体，加强爱国主义教育

爱国主义教育是一个永恒的主题，作为教育工作者，应时刻以爱国主义为核心，加强对学生的思想品德教育，帮助学生在思想上、情感上奠定爱国主义的基石，培养学生具有爱国之情、报国之志。

基于这种认识，杭州市余杭信达外国语学校以爱国主义为核心，加强学生的思想品德教育，让爱国主义教育走入校本教学的课堂。

1. 弘扬民族精神，奠定爱国主义教育的基石

中华文明源远流长，有5 000多年的发展历史。在这一漫长的历史进程

中，积淀了辉煌灿烂的中华文化，也凝聚了悠久的传统民族精神。

学校提出教师在校本课堂的教学中，一方面可作为一个专题，向学生讲述传统民族精神中的重要内容，比如，大禹治水"三过家门而不入"的动人事迹；范仲淹"先天下之忧而忧，后天下之乐而乐"的博大胸怀；岳飞"精忠报国"的英雄气概；文天祥"人生自古谁无死，留取丹心照汗青"的豪迈情怀；孙中山"天下为公"的伟大抱负等。通过这些爱国主义事例的讲述，让学生在倾听中接受爱国主义教育，以养成良好的爱国行为习惯。另一方面，除了讲授之外，教师还组织学生通过自己的方式来获取各类资料，积累爱国主义的典型事例，陶冶爱国主义情怀。

2. 发挥升旗仪式教育功能，激化学生的爱国情感

学校领导认为，在校本教育中，应充分把握好每周的升旗仪式这一教育契机，激发学生的爱国主义情感。

首先，各班主任利用开学初的第一堂课，向学生讲清举行每周升旗仪式的意义，让学生明白五星红旗是我国的国旗，国旗的升起象征着伟大的祖国屹立于世界民族之林，也象征着华夏各民族团结在中国共产党周围，共同奔向现代化。

其次，教师要倡导学生积极、认真参加升旗活动，齐唱国歌、行注目礼，让爱国主义教育在学生心中升华。升旗后，学校领导开始对学生进行爱国主义教育的讲话，并在此基础上，进一步开展一系列活动，如开展《当国旗升起的时候》《我在国旗下》等征文活动，使学生把对国旗、国家的尊重转化成努力学习、为国效力的自觉行动，让祖国利益高于一切的信念深深地铭刻在学生心中。

3. 改革课堂教学形式，让学生在主动参与中增强爱国意识

课堂教学是对学生进行爱国主义教育的重要途径。随着新课程改革的开展，传统的讲授方式已不太适应时代的要求，教师必须采取灵活多样的课堂教学模式，对学生进行爱国主义教育。

因此，学校要求教师应结合学生特点与课堂实际情况，采取灵活多变的课堂教学模式，让学生主动参与到课堂中，从而在切身体会中增强爱国意识。

4. 充分利用影像资料，加强爱国教育的生动性、直观性

学校认为，电影电视是学生喜闻乐见的方式，有很强的教育功能，胜过教师的说教。优秀的影视资料可使学生在潜移默化中接受良好的爱国主义教育。

因此，学校以国家制定的《爱国主义教育实施纲要》和《关于运用优秀的影视在全国中小学开展爱国主义教育的通知》为方针，利用课堂组织学生观看一些爱国主义影片，如《虎门销烟》《董存瑞》《雷锋》《孔繁森》等，让林则徐、雷锋等一个个英雄人物走进学生心中，使中华民族的发展史、患难史和新中国的强国史，展现在学生面前，让爱国主义情感在学生心中一次次点燃、升华。

同时，学校还专门关注反映新时期建设的影视作品，及时引出时代洪流，提供合适的影视作品让学生观看，然后组织学生开展影评、征文活动。通过交流、讨论，加深对这类具有思想性、教育性影片的理解，使他们明白没有革命前辈们打江山、流热血，就没有新中国，从而更加珍惜来之不易的幸福生活，更加懂得努力学习。

5. 以家乡资源为依托，提高爱国教育的实效

学校一向善于挖掘和利用本地各种宝贵的教学资源，不断丰富爱国主义教育的内容。

爱国主义教育基地——秦山核电基地、张乐平纪念馆，革命旧址——南北湖新四军烈士纪念碑，历史博物馆——海盐博物馆，杭州湾跨海大桥，武原镇上新桥路、勤俭路扩建等，都成了学校对学生进行爱国主义教育的资源。

学校利用节假日带领学生深入工厂、农村，进行社会调查，使学生在耳闻目睹中感受近年来家乡的巨变，增强爱国主义的亲切感和现实感，提高爱国主义教育的实效性。

杭州市余杭信达外国语学校在校本教育的实施中，通过任课教师的协作、创新，真正让爱国主义教育走进了校本教学的课堂，深入了学生的心里。

对于青少年学生来说，爱国要从小事做起，从身边做起，做一个爱学

校、爱家乡、爱学习的好学生。

杭州市余杭信达外国语学校不放过任何一次机会，不忽略任何一个细节，把爱国教育当成一个长期系统的工程，在科学化、规范化、经常化的实施过程中，不断采取新的方法，注入新的内涵，始终坚持爱国主义教育这一核心，全面加强学生的思想品德教育，从而使得学生无论在思想上，还是学习上都上了一个台阶，取得了一个又一个令人欣喜的成绩！

（三）教育学生爱国的举措

在当今经济全球化的时代，学校只有让学生从小接受爱国主义情感的熏陶，培养学生的爱国主义情感，学生长大后才能以赤诚之心热爱祖国，推进现代化建设事业，保持民族团结、促进祖国统一。

因此，如何加强学生的爱国教育，培养学生的爱国主义精神是每个学校的领导者需要深思的问题。

1. 加强政治理论学习，提高教师的思想认识

通过一系列政治文件及相关理论的学习，可以提高学校教育工作者对爱国主义教育重要性的认识，可以让教师进一步认识到爱国主义思想教育是教育的一个永恒主题，是关系国家富强、民族振兴的头等大事，是培养青少年科学的世界观、人生观、价值观的理想情操教育的核心内容，是21世纪实施人才战略，全面推进素质教育的中心工作之一。

对于学校来说，可以采用集中学习和自学相结合的方式，或采用民主座谈和讨论的方式，或通过举办学习讲座的方式等，组织全体教师学习马列主义、毛泽东思想、邓小平理论和"三个代表"重要思想，学习国家一系列的路线、方针、政策，从而提高他们对爱国主义教育的认识，为学生做好表率。

2. 营造充满爱国主义情感的校园环境

环境对学生的成长有着潜移默化的影响，而且这种影响是巨大的、深远的。如果学生生活在充满爱国热情的氛围中，那么，他们的爱国热情也就很容易被激发出来了，而且这种情感将会长久保持。

注重校园爱国环境的布置，是学校育人特色的真正体现。学校可以通过设立标语牌、阅报栏、板报、画廊，或者在教室、实验室、图书阅览室、礼堂、走廊等处悬挂国旗、名人名言等进行宣传布置，突出爱国主义的教育内容，形成多层次、全方位的爱国主义教育大格局，抵制有害文化和腐朽生活方式的侵蚀与影响，激发学生勤奋学习、遵纪守法、热爱生活、富于创造的爱国热情。

3. 积极开展校园文化活动

校园爱国环境的布置是一种静态的体现，而开展丰富多彩的爱国文化活动则是生动活泼的动态展现。

学校应该坚持一年举办一次以爱国主义教育为主题的大型校园艺术节。艺术节期间应举行歌咏比赛（主要以爱国歌曲为主），并且评选出校园十佳歌手；举办征文比赛、书法比赛、绘画比赛、演讲比赛、手工制作比赛以及以舞蹈、朗诵、小品、相声等为主要形式的大型文娱会演。这样通过师生共同参与、同台演出的活动，让学生在浓郁的艺术氛围中接受爱国主义教育的熏陶。

4. 制定总规划，将爱国教育渗入到课堂教学中

以课堂教学为主渠道，培养学生爱国情怀，是教育教学过程的重要内容和要求。

学校应制定爱国主义教育总体规划，以增强爱国主义教育的系统性和计划性，并针对各学科特点和教材内容，明确爱国主义教育教学的重点，全面渗透爱国主义思想。

5. 重视教师的垂范作用

良好育人环境的创设还表现为教师的垂范作用。教师应当是学生的楷模，教师的一言一行，对学生都有巨大的影响。

学校应发挥教师德育的表率作用，以身立教。比如，每周的升旗仪式，全体教职工与全校学生同场列队，高唱国歌，聆听国旗下的讲话；每次校园艺术节教师都要与学生一同参加、同台演出，用歌声、用彩笔来表达对祖国

的热爱、赞美之情。在这样的环境中，学生耳濡目染，会受到更深刻、更真切的爱国主义教育。

6. 爱国教育要与国内外重大事件相结合

新世纪面临着新机遇和新挑战，国际国内形势都在发生着深刻变化。在诸多因素、诸多矛盾交织的情况下，对人们产生较大冲击影响的国际或国内性、地区性的事件也会不断发生。这些可预见或难以预见的重大事件，大都包含着爱国主义教育的素材。

学校应要求教师保持对国内外发生的重大事件有较高的敏感度和关注度，并抓住契机，适时对学生进行现实的爱国主义教育，从而起到事半功倍的教育效果。

爱国主义教育是一项长期的系统教育工程，内容十分广泛，具有鲜明的时代特征。面对社会主义市场经济新形势和学生的思想实际，在今后的教育工作中，学校应进一步突出教育内容、教育目标的时代性、开放性和实践性，弘扬爱国主义的主旋律，多渠道、全方位地开展爱国主义教育活动，提高学生的思想道德素质，培养社会主义的四有新人。这也是学校德育教育永恒的主题。

五、家校合力，铸造学生的诚信品德

> 诚信是立身之本，是立校之根、强校之路。诚信教育是当前素质教育的重要组成部分，学校应与家长配合，努力营造诚信氛围，开展诚信教育，铸造学生的诚信品德。

诚信是人类一种具有普遍意义的美德，世界各国均重视国民的诚信教育。我们中华民族自古以来更是看重诚信，有着诚实守信的优良传统。孔子曰："人而无信，不知其可也。"墨子道："志不强者智不达，言不行者行不果。"顾炎武说："生来一诺比黄金，哪肯风尘负此心。""一诺千金，一言百系""一言既出，驷马难追"等俗语都强调了"诚信"的重要性。

民族发展呼唤诚信教育，社会环境发展呼唤诚信教育，人的发展呼唤诚信教育，教育现状呼唤诚信教育。

树木之初重育苗，立人之始在于幼。诚信教育应从小抓起。学校的诚信教育有赖于家长的配合、社会的支持，只有学校、家庭、社会共同营造诚信的教育氛围，相互配合，才能收到好的成效。

（一）家庭与学校应共同营造诚信氛围

浙江省衢州市新星学校黄肖霞老师班上有个叫小陈的学生，瘦高个儿，大眼睛，擅长打篮球，能说会道。他父亲经营小本生意，平常无暇顾及他的学业，但对他比较严厉。由于是独生子，母亲从小对他比较娇惯，因而使他养成了懒惰的性格，不喜欢学习。更为严重的是，小陈还经常说谎欺骗父母、同学和教师，经常与任课教师、班主任唱反调。在学校，人人都知道小陈是个爱撒谎的学生。

对于小陈爱撒谎的坏毛病，黄老师真的很头疼，用"屡教不改"形容一点都不过分。每次撒谎后，黄老师都给他讲道理，耐心教育他，但过不了半个月他准"重蹈覆辙"。学校领导对此也很关注。

杜校长深刻认识到小陈撒谎的严重性：如果小陈撒谎习惯再不改的话，不仅影响其自身的健康成长，对学校其他的学生也会造成极坏的影响，进而败坏学校的风气。于是，他找到黄老师商量具体对策。他说："小陈在学校经常撒谎，估计在家也经常对父母撒谎，而他父母可能还被蒙在鼓里。我们何不改变一下教育方式，与他的家长联合，彻底铲除小陈爱撒谎的不良习惯呢？"

经过商量，杜校长和黄老师决定搞一次小测验，然后让学生把试卷带回家给父母签名。而以小陈的个性，他十有八九是要充当自己的"父母"了。

试卷收回后，黄老师翻看经过家长签名的试卷，当看到小陈的试卷后，立刻感觉到签名不是家长签的，因为字迹透着一股稚气。黄老师马上把小陈叫到办公室说："这是你爸爸的签名吗？""是我爸签的，今天他上班前给我签的。我爸还说这次没考好不要紧，只要好好总结，以后考好就行。"

小陈脱口而出，眼皮也不眨一下，丝毫看不出不安。这也是黄老师意料之中的。

黄老师让小陈先回教室，然后拨通了小陈父亲的电话，"请问您是小陈的父亲吗？"

"是的，我就是。请问您是……"小陈父亲反问。

"我是小陈的老师，有个事情想向您咨询一下。最近我们搞了个小测验，为了能让家长也了解自己子女在校的学习情况，学校特意让他们在周六将试卷带回去签字，这样也便于家长和我们交流沟通。"

"签字？"小陈的父亲很是惊讶。

"是的，我已经问过他本人，他说那是您给签的字。而且他还说您鼓励他说这次没考好不要紧，只要好好总结，以后考好就行。现在我就是想证实一下有没有这个事情，因为平常他总是爱撒谎，没做好作业就说忘在了家里，或者干脆说忘记带回家做了。"

"很对不住，老师。这孩子怎么这样？我根本就没有拿到什么要签字的卷子，平常我也没有看到过他的成绩。"小陈的父亲很生气。

"我们每个月都会让学生将本月的学习情况表带回去给家长看的。看来他每次都没有拿成绩单给你们看过。我今天就是不放心，所以打电话问问您，到底他是不是在对我们撒谎？"

"这小子，他……他居然还撒谎！哦，对了老师，最近学校有没有要买什么东西或者收什么费呢？"小陈的父亲竟然完全被蒙在鼓里，对小陈的撒谎行为全然不知。

"没有啊，学校要收什么费都是要发通知单的。"

"他最近问我要了好几次钱了，一次说买资料，一次说交班费，还有交什么报名费等。"小陈的父亲越说情绪越激动。

黄老师感觉到小陈的父亲很生气，怕他用暴力对待小陈，于是赶紧说道："您先别生气，孩子撒谎也有他的苦衷，我们的目的不是要打骂他，而是要帮助他改掉这个坏习惯。所以，请您千万不要对孩子发脾气！"

通完电话后，黄老师再次找到小陈问道："你到底拿过家里多少钱？又有多少次是对我们老师和家长说谎的？你实话实说，老师保证不骂你，不责怪你。"

听到这句话，小陈低下头，随即他又抬起了头认真地说："老师，我知道我在撒谎，我也知道撒谎不对，可是你们给过我选择吗？小时候我不小心打烂了花瓶，我如实告诉老爸，他却二话不说给我一顿暴打。老爸不喜欢我骗他，可是我老爸干骗人的事什么时候比我少？他也经常说话不算数。"

听完小陈的坦白，黄老师无言以对。是啊，父母严厉的管教和过高的要求，孩子又如何敢坦诚呢？父母自身不诚实、不守信，又何以要求孩子诚信呢？

黄老师找到了小陈爱撒谎的根本原因后，立即做了一次家访，跟小陈的父母进行了长达两小时的谈话。在谈话的过程中，小陈的父母也做了深刻的检讨，保证以后绝对不再以暴力教育孩子，从此做一个诚实守信的好父母、好榜样，给孩子营造一个充满诚信的家庭教育氛围。

这一教育方式果然奏效。从那以后，小陈的撒谎行为越来越少，脸上也时常洋溢着幸福的笑容。

小陈给人印象最深的不是他的撒谎，而是他撒谎的水平。他完全明白自己是在欺骗家长和教师，可是在被戳穿之前，他依然能够面不改色地努力自圆其说。对他而言，撒谎几乎成了一种犯错之后的习惯性措施，一种本能反应。

为什么小陈要一"谎"到底呢？这不免就叫我们"掩卷"之后还要"沉

思"了。

从小陈的陈述中我们可以发现,他撒谎的原因主要有两个:一是恐惧,即对犯错误以后会得到惩罚而恐惧;二是模仿,对他父母平日生活中不诚信的模仿。

孩子的不诚实几乎总是恐惧的结果。小陈曾经因为打碎了花瓶,如实告知父亲,承认错误却遭到父亲的暴打,这就使他产生了一种恐惧感,以至后来犯了错再也不敢承认了。"撒谎"成了他手里的一把伞,在突然"下雨"的时候马上打开,以保护自己。

父亲平时要求小陈不许撒谎,可他自己总是失信于小陈,失信于他人。这会让小陈怎么想?爸爸可以骗人,我就不可以吗?这种念头无形中促进了小陈诚信品德的缺失。

像小陈这样的情况,单靠教师教育是不行的,而应该家校联合,共同营造一种诚信的氛围,这样,学生才能真正摒弃谎言,找回诚信。

(二) 以诚筑诚,以心换信

江苏邳州市戴庄中学王登班老师曾带过一个班,班上的学生小李不仅是全校出了名的"小伊拉克",还是个"谎宝拉"。

说起这两个外号由来还真有意思,小李爱打架,而且每次打架都让校长给抓住,交给王老师的时候就说:"你班上的'小伊拉克'又打架了!"而"谎宝拉"则是他爱说谎的代号。

"老师,我想请假,我姥姥去世了。"小李来向王老师请假。

听他这么一说,王老师准了他两天假,并让他写了个请假条。可是一星期过去了,还没见小李回来。

王老师向学生打听情况,有学生报告说:"老师,小李他姥姥都去世好几年了。"王老师一听,差一点没晕过去,于是急忙向小李家打电话询问。没想到小李的母亲却不分青红皂白地跑到学校对王老师发问,说为什么不早通知家长,要是孩子有个三长两短,就和王老师没完。

王老师给她看了小李的请假条,她才不吱声了。

王老师马上发动学生去寻找小李,最后在新开的一家网吧里找到了他。此时小李的眼睛已经"泡"肿了。他的母亲看到后,心疼不已,又是揉又是捏的，嘴里一直嘀咕着学校怎么怎么没教育好，却没有一句责备孩子和自己的话。

事后，王老师耐心地对小李进行了单独教育，小李也深知自己做错了，痛哭流涕地做了检讨，答应以后再不会这样了。

然而，好景不长。过了两个星期，小李又出事了，而且捅出了大娄子。

一天下午，小李找到王老师，说肚子突然疼得厉害，要向王老师借钱看病。当时王老师正忙着备课，也没多问什么，就给了他50块钱。第二天，王老师去班里查看出勤情况，却发现有点不对劲，虽说离早操还有10分钟的时间，可平时学生们都是提前半小时到的，现在却稀稀拉拉只来了不到20个人。

"怎么回事？其他人呢？"王老师问。

教室里鸦雀无声。

王老师用黑板擦使劲地敲了敲讲桌："到底怎么回事？"

终于，班长开口了："老师，小李和小曹要去常州打工，好多同学都自发去送行了，我没拦住。"

班长加重了"自发"两个字，王老师的脑袋"嗡"地一下变大了，转身骑车就向车站奔去，班长也跟在后面。

可是，等他们到达车站的时候，开往常州的大客车早已发车了。有了上次的经验和教训，王老师如实向校长做了汇报，又连忙拨通了学生家的电话。小李的家长来了，这次虽然没说什么，临走却丢下一句话，"要是找不到，再跟你们算账"。

这时，王老师忽然想起小李向他借钱看病的事，原来他不是去看病，而是在借路费！

上课后，王老师沉默了几分钟，心想，那么多学生一大早去送行，看来他们是早就商量好的，保密工作做得挺好，居然合伙隐瞒我。

王老师虽然很生气，但他还是用缓和的语气说："班长，你来说吧，他们俩为什么要离校出走？"

"老师，小曹晚自习下课回家，常有外班的学生欺负他，小李就帮他，结果把人给打重了，怕被报复，就想去常州打工躲躲，小曹也要跟着去。大家……"班长答道。

"你们就约好一大早去送行?"王老师又好气又好笑,"为什么班里还有部分同学没去?"

"他们来晚了,没赶上。"

看来这个"小伊拉克"在班里还挺有人缘,想到这里,王老师说:"那你们为什么要瞒着老师?"

班长怯怯地说:"是小李不让我们告诉你,他要我们守信用。"

守信用?捅出这么大的娄子还敢说守信用!王老师没心思再跟他们讨论下去了,找人才是关键,于是便问道:"你们知道他俩去了哪里?具体点。"

"好像说是去常州一个叫小河的什么地方。小李他三叔就在那打工。"

王老师正好在小河有个亲戚,他一边托亲戚帮忙打听,一边告诉小李和小曹的家长,让他们也帮忙打听。

事情进展得还算顺利,很快就打听到了这两个学生的下落,校长立即派政教处主任和王老师赶往常州接学生回来。在当地派出所和王老师亲戚的帮助下,王老师找到了小李和小曹所在的灯具厂,把他俩带回了学校。

心里的石头落地了,可王老师却陷入了深思:两个学生出走,大家竟瞒着我去送行,很显然,学生对我是不信任了。我们强调要对学生进行诚信教育,可学生们却对教师有了信任危机,这不是一件可笑又可悲的事吗?

对于小李这个"顽固分子"这次惹出这么大的事来,校长也很生气,他请王老师到办公室谈了许久,下了不改变小李绝不罢休的决心。

这一次,校长决定让王老师组织召开一次"我们要不要诚信"的主题班会,并且把学生的家长都请来,旨在教育小李,也教育大家。

会上,王老师做了深刻检讨。他说:"老师没有认真了解小李经常打架的原因,也没去关心他,平时也没注意和大家进行沟通,使我们之间产生了距离。不能责怪大家,是我的工作没做好,请大家给我提提建议,今后该怎么做?"说完还给学生深深地鞠了一躬。

"老师,你太威严了,我们见了害怕,有什么话也不敢对你说。"

"老师,你会向家长告状吗?"

……

学生们一个个都讲出了藏在心底的话。

听了学生的话，王老师开始重新审视自己的教育方式，原来自己外表的威严和庄重疏远了学生，自己对学生的诚信教育原来仅仅停留在口头，停留于课堂灌输，停留于威严的形式，自己还以为这样就足够了，没想到……

王老师真诚地接受了学生的意见，并保证以后再也不会对学生那么严肃了，要以一个温和、亲切的姿态重新出现在学生面前，给学生做一个诚信的榜样。

王老师的话赢得了大家热烈的掌声。校长看出大家情绪都很激动，于是号召说："教育孩子不是溺爱、袒护，而应严爱分明。老师应是学生在学校的榜样，而家长应是学生在家里的榜样。希望我们所有家长都行动起来，与学校、与学生共筑诚信的未来！"

听到这里，小李的妈妈脸红了，她主动走上讲台，先向王老师道歉说："王老师，真对不起，每次孩子犯错我总是把责任怪罪到你们头上，从来没从自身找原因，也不舍得打骂孩子半次，孩子现在这样，与我教育不当有很大关系。以后我也要改变教育观念，从自我做起，做一个诚信的公民，给孩子树立一个好榜样！"

班会开得很成功，学生们都一个个表示自己今后要讲诚信。

从此以后，学生都和王老师成了好朋友，有什么心里话总是找王老师说一说，遇到困难也是第一个找王老师帮忙，整个班级处处都体现出一种诚信的良好气氛。

普列汉诺夫说："真诚并不是懂得真诚，而是做得真诚。"

小李难改说谎习惯与王老师的教育方式和其父母的教育观念有关。王老师虽然注重诚信教育，但他只注重了言传，而忽略了身教。而小李的父母呢，根本就没认识到诚信教育的重要性，更不用说从自身做起了。

诚信教育是一个过程，并不是一次谈话、一次班会就能够做好的。学校应要求教师从自身做起，从心做起，以真诚的笑容、纯厚的精神和柔和的心来打动学生、感染学生。学生只有信任教师，依赖教师，亲近教师，才不会对教师撒谎，才可能成为一个讲究诚信的好学生。

苏霍姆林斯基说："儿童只有在这样的条件下才能实现和谐的全面的发展，就是两个'教育者'——学校和家庭，不仅要一致行动，要向儿童提出同样的要求，而且要志同道合，抱着一致的信念，始终从同样的原则出发，无论在教育的目的上、过程上还是手段上，都不要发生分歧。"这多次出现的"一致""同样""志同道合"，目的就是告诉家校形成同步教育的重要性。

因此，学校还应要求家长给学生树立诚信的榜样，家庭与学校形成合力，形成同步诚信教育，学生才能树立真正的诚信品质。

（三）教育学生诚信的举措

诚信教育是当前素质教育的重要组成部分。学校管理者和教育者都应对其高度重视。在具体实施过程中，学校和教师如何才能抓好诚信教育，培养学生的诚信品质呢？

1. 从培养学生的诚信意识入手

要求学生诚实守信，首先必须培养学生的诚信意识，并在这种意识的指引下，让学生做到诚信。

教师可以利用班会开展"为什么要讲诚信""说谎的危害""以诚交友朋友多"等为主题的辩论赛、演讲比赛；可以收集汇编格言、典故、故事等，通过诵读、故事会、表演等学生喜闻乐见的形式，调动学生学习的积极性，在寓教于乐中感悟诚信，体会诚信的重要性，从而树立诚信意识，进而做到以诚交心、以诚待人、以诚感人。

2. 鼓励学生家长以身作则

通常情况下，学生说谎、失信行为大都来自教师或家长的不当要求和不良示范。因此，学校在要求教师以身作则的同时，也应鼓励家长以身作则，给孩子做出诚信的表率。

当孩子有了过失或错误，尤其是无心之过时，父母应该避免不当的批评或惩罚，以免学生因为害怕惩罚而以说谎取代自己的不安，从而逃避可能的惩罚；当要求孩子不要失信时，父母应先做到不失信于孩子，对孩子许下的每个承诺都要努力去实现，实在完成不了的应找机会跟孩子解释，请求孩子的原谅。

3. 将诚信教育渗入学科教学

学校应要求各学科教师强化育人意识，明确课堂教学是德育十分重要而又最经常、最基本的途径，充分挖掘教材内容的思想性，把诚信教育渗入学科教学。

教师在学科渗透时应注意两点：一是起点要低。学生往往涉世不深、心地纯洁，尤其是小学生，没有复杂的生活经历和丰富的人生体验。教师应根据学生的年龄特点，从"不说谎话"入手，教育他们同学之间要讲信用，答应了别人的事情就一定要做到，进而确立他们诚信做人的思想。二是针对性要强。诚信教育要循序渐进。特别是对于那些有长期撒谎习惯的学生，教师一定要一步步地感化他，针对具体的事情进行适当的表扬和批评，从而达到事半功倍的效果。

4. 开展诚信教育活动

诚信教育的重点在于知行统一，关键在践行。教师可以结合本校或者本班学生的实际情况，开展一些贴近生活、贴近实际、贴近学生的诚信活动，让学生从中受到熏陶。

教师可以开展"阶段测试免监考""卫生免检班评选"等塑造学生诚信美德的特色活动，真正让学生做到说诚信话、办诚信事、做诚信人。

5. 树立诚信榜样

榜样的力量是无穷的。对教师来说，树立诚信榜样，进行诚信教育必不可少。

教师可以在班级中每月评选"诚信之星"，并给予公开表彰，向获得此荣誉的学生家里寄喜报；教师要在学生的期中和期末评价中，将诚信这一优点予以特别强调，这样才能在班级中起到良好的导向作用，能让学生真正感受到这种荣誉的价值，从而形成一种内在驱动力。

诚信就像一棵树，需要在生活的土壤中生长，其中灿烂的阳光、清新的雨露和充足的养分，一样都不能少。

让学校、家庭携手共同努力，用心灵呼唤诚信，用行动实践誓言，共创诚信的氛围，让诚信变成清晨窗前一缕和煦的阳光、寒冬中一束温暖的火焰、烈日下一片葱郁的绿荫，呵护每个学生在诚信之路上成长！

六、加强感恩教育，让学生懂得回报

懂得感恩是一个人最起码的道德品质。感恩教育是现代教育的必要组成部分，学校可以以校本课程为载体，并开展有益的活动将感恩教育延伸到校外，让学生常怀感恩之心，学会感激他人、感激社会、感激一切为自己的健康成长付出心血和汗水以及提供服务和帮助的人。

"感恩"是个舶来词，牛津字典里给出的定义是："乐于把得到好处的感激呈现出来且回馈他人。"

"感恩"一词虽然不是起源于中华字典，但它一直是中国人的传统美德。自古以来，中华民族就有乐于助人、知恩图报的优良传统。"滴水之恩，涌泉相报"就是从古代流传下来的名句。

感恩是一种心灵上的认同。我们对太阳感恩，那是对温暖的领悟；我们对蓝天感恩，那是我们对纯净天空的认可；我们对大海感恩，那是我们对博大的礼赞；我们对草原感恩，那是我们对"野火烧不尽，春风吹又生"的叹服。

感恩是一种处世哲学，是生活中的大智慧。一个智慧的人，不会为自己的缺失而斤斤计较，也不会一味地索取而使自己的私欲膨胀，而是为自己的已有感恩，感谢生活所给的赠予。

感恩是一种生活态度，是一种品德。感恩可以消除人们内心的所有积怨，可以涤荡世间的尘埃，可以使人类社会关系更和谐。

懂得感恩是一个人最起码的道德品质。一个懂得真善美，能分辨是非、永怀感恩之心的人，才能从各个方面获得更大的情感回报。

有位哲学家说过："世界上最大的悲剧或不幸，就是一个人大言不惭地说，'没有人给我任何东西'。"

其实，我们每个人从生下来就开始接受恩惠：父母的养育之恩，学校的教育之恩，社会的关爱之恩，军队的保卫之恩，祖国的呵护之恩……这些恩惠无时无刻不存在着。

然而，现在的学生大多是独生子女，众星捧月似的家庭生活为他们创造了养尊处优的生活环境；再加上重视个人价值，崇尚个性张扬的社会大环境熏染，使得他们非常注重自我的感受，常以自我为中心，认为家长和教师的付出与关爱理所当然，对周围人的帮助麻木不仁，不懂得感谢、感激，只知道索取。

一颗感恩的心，就是一粒和平的种子，因为感恩不是简单的报恩，而是一种责任、自立、自尊和追求一种阳光人生的精神境界！种种现实告诉我们，感恩教育已经成了现代教育不可或缺的一部分。没有一颗感恩的心，学生永远不能真正懂得孝敬父母，理解帮助他的人，更不会主动地帮助别人；有了感恩之心，他们才会觉得自己有责任去回报社会，才会自觉自愿地帮助他人，并对自己所做的事负责。

把感恩教育贯穿于德育工作始终，使学生常怀感恩之心，感激那些有恩于自己却不言回报的每一个人，激发他们对班级、学校、家乡和祖国的热爱之情，是每一个教育工作者的责任。

（一）以校本课程为载体，促进感恩教育

2005 年 11 月 24 日是感恩节，对江苏省阜宁中学（以下简称"阜宁中学"）来说是一个难忘的日子。这天，以"母爱"为主题，以感恩教育为宗旨的德育校本课程——大型淮剧《无字碑》首次在学校上映，并产生了"一石激起千层浪"的强烈反响。

该剧讲述的是 20 世纪 90 年代末期，某山区一个极度贫困的家庭，母亲为了培养儿子成人成才，历经千辛万苦的故事。全剧情节跌宕起伏，催人泪下。连续多日，全校师生、学生家长的心灵都受到了强烈的震撼和激荡，大家交口称赞："这是一出值得称赞、令人反思的好戏，为我们送来了内涵丰富、终身难忘的精神食粮！"

阜宁中学作为国家级示范高中、江苏省四星级高中，现有在校学生万余名，专职教师 600 余人。

这样一个庞大的教育群体，面对纷繁复杂的教育形势，如何在教育的层面上激活一种力量，把师生的内驱力激发到最佳状态是学校面临的一个挑战，是学校管理者日夜思索的一个问题。终于，他们寻找到了一条充满活力的教育途径——实施感恩教育。

2005年8月3日，上海市教委、市文明办正式颁布了上海市《中小学生守则》，在其中的第六条增添了"学会感恩"的内容，这更坚定了阜宁中学实施感恩教育的信念。

学校开始切实把"感恩教育"作为德育教育的切入点，精心培育"感恩文化"。为此，校长陈穆先后撰写了《一句震撼灵魂的话》《实施感恩教育应是学校教育的当务之急》等文章，在教育权威报刊《教育文摘周报》上发表，并印发给全体师生。

任何一种教育形式的生命力不在于它是一个"盆景"，而是要形成一道"风景"，用"鲜活"的载体让它生根、开花、结果。

基于这样一种理念，阜宁中学成立了感恩教育领导小组，组织全校师生学习讨论陈校长的专题文章，以开学典礼、国旗下讲话、黑板报、校电视台、精品阅读栏、阜中网站、电子大屏、橱窗等为阵地，全方位地进行"感恩教育"的宣传，全面开展多种活动：

一是以班级为主体，召开"感恩教育"主题班会，并请兄弟学校领导观摩，推荐优秀的"感恩教育"的主题班会在全校集中展示。

二是感恩社会的关爱。学校在全体学生中开展爱祖国、爱人民、爱劳动、爱科学、爱社会主义的教育活动，引导他们感受今天的幸福生活来之不易，从而树立正确的世界观、人生观和价值观。通过演讲比赛、读书报告会等形式，让学生体会到社会对他们的关爱；利用"学雷锋活动""服务社区活动""青年志愿者活动""德育基地活动""劳技基地活动"等形式，激发和增强学生"报答社会、感恩社会、报效祖国"的深厚情感。

三是回报父母养育之恩。学校开展为父母多做事，对父母多说知心话，为父母过生日，给父母送礼物，为父母揉揉腰、捶捶背、洗洗脚，帮父母洗衣做饭等多项感恩活动，让学生体会和感激父母培育自己的艰辛和不易，弘扬孝顺父母、报答父母的传统美德。

四是感激教师的教诲之恩。学校开展学生向教师献真情活动，自选"八个一"（写一封信，谈一次心，做一张贺卡，献一束鲜花，提一个建议，表一个决心，送一句话，写一首诗歌等）中的任一种来表达对教师的感激之情。

学校在全校开展申报"尊师重教"示范班的活动，要求"尊师重教"班级所有学生都讲文明用语，遇到教师要主动问好，标准语言是"老师早""老师好"，声音要洪亮；遇见年长者（不管是校内职工、教师家属，还是校外来校办事人员）要自觉问好，标准语言是"您早""您好"，声音要洪亮，从而将尊师重教逐步推广到全校所有班级、所有学生。

五是感激同学间的爱心相助。学校开展以"同学如手足""牵手同学、共同进步"为主题的作文比赛、演讲比赛以及给同学做一件有益的事、给班级做一件有益的事等活动，掀起同学之间互帮、互助、互学、互进的热潮，增进同学之间的友谊。

六是感恩大自然的赐予。学校开展爱护自然、爱护环境的活动，要求每一个学生主动植一棵树，养一盆花，保护一片绿地，自觉成为爱护环境、保护环境的志愿者；开展以讴歌大自然对人类恩赐为主题的书画比赛和演讲比赛，使学生能够形成感激自然给予的情感，使"爱护自然、保护自然"成为学生的自觉行为。

七是切实组织开展看1场感恩淮剧、10部感恩影视片，吟诵20首感恩诗歌，传唱30首感恩歌曲，推荐40篇感恩美文，讲50句感恩之言的活动。

学校组织学生及家长观看学校开发的《校本课程》——大型淮剧《无字碑》；组织学生观看《千手观音》《感动中国年度十大人物》《永远的丰碑》《国庆阅兵式》《一个也不能少》《华罗庚》等10部影视剧；精选、加工20首感恩诗歌，并组织学生吟诵；教会学生传唱30首感恩歌曲，如《世上只有妈妈好》《感恩的心》《母亲》《儿行千里》《常回家看看》《爱的奉献》《烛光里的妈妈》《为了谁》《春天的故事》《阜宁中学校歌》等，同时学校还自编了一首感恩歌曲，并在此基础上举办大型"感恩教育"歌曲演唱比赛；推荐学生撰写的40篇感恩美文；经过精选加工推出50句感恩之言。

学校还积极创造条件，将"一、十、二十、三十、四十、五十"的内容汇集成册，成为学校的感恩教材。

八是采集有恩于阜宁中学的知名人士的事迹，并编辑成书，彰显他们的大恩大德、无私奉献的精神境界。

九是开展"教师颂"演讲比赛和"缅怀革命先烈，感恩幸福生活"的扫墓活动，"诵名句，承传统"读书活动，"学榜样，正气节"读讲故事活动，"定标准，辨是非"主题班会，"论世情，说美丑"知耻感恩辩论会，"知善恶，积善行"知耻感恩实践活动，"记进步，谈收获"知耻心与感恩心培养评价活动，进一步将"感恩"教育引向深入。

十是举行以"感恩教育"为主题的大型文艺晚会，邀请兄弟学校、社会各界人士代表参加。

同时，学校还成立并拟定申报国家级以"感恩教育"为主题的德育研究课题，将每学年第一个月定为"感恩教育"重点月，以后每月开展一次"感恩"教育活动，每学年底评选"尊师重教"班10个，"博爱班"10个，构建感恩教育长效机制，促进此项教育的全面深化，为学生的全面发展、个性发展和终身发展奠基。

大型淮剧《无字碑》的主创者陈校长说："实施感恩教育是我校新形势下德育工作的重要组成部分，感恩教育是一个系统工程，《无字碑》是一个鲜活的载体，目的是唤醒每一个人的道德良知，尤其是广大青少年，使他们真正成为有情感、有灵性、有爱心、知恩图报、知耻知荣的德才兼备的一代新人。"

近年来，阜宁中学的"感恩教育"活动切合实际，感人至深，使学校舆论更加良好，师生关系更加融洽，奋发向上之情更加高昂，感恩之心更加强烈，教育效果分外显著。

（二）让感恩教育不断延伸

唐山市丰南区第一实验小学（以下简称"丰南一小"）始建于1905年，是一所底蕴丰厚的百年老校、唐山市素质教育示范校、唐山市德育示范校。

学校历来注重感恩教育，在实施感恩教育的过程中，倡导以活动为载体，通过形式多样的活动引导学生从感受最深的身边人、身边事开始，学会感激父母，感激父母给予生命，感激父母的养育之恩；学会感激教师，感激教师指引方向，感激教师的培育之恩，并从感恩父母、感恩教师开始，由近及远、由浅入深，引导学会感激他人，感激社会，感激一切为自己的健康成长付出心血和汗水、提供服务和帮助的人。

1. 感恩教育在学校

每个学期开学初，学校都要以"感恩"为主题对学生进行感恩教育，引导学生感谢教师、感谢所有帮助过自己的人，并让他们把受教育后的体会，发表在教室里的黑板报上。全校每个班级，每个学生都不甘落后，一个个以感恩为主题的黑板报展示在大家眼前。黑板报上发自内心的声音，让丰南一小的领导和教师甚是欣慰。

每年 5 月份为学校的感恩教育月，在这一个月里，学校会举行以"感恩伴我行，友爱在心中"为主题的各种感恩教育活动，让感恩之花开遍校园的每个角落，开到每个人心中。

每逢社会或个人有捐款倡议，学校便抓住契机开展意义深远的感恩活动，力求让每个学生都知道扶危济困历来是我们中华民族的优良传统。学生从小就应继承和发扬这些美德，当别人有困难时要勇于伸出双手去帮助。在这些教育活动中，学生们深刻体会到了大家的点滴爱心一定会会聚成爱的洪流，因此每次捐款活动，学生都会积极参与，努力为他人奉献自己的一片爱心。

除了抓住特殊时机对学生进行感恩教育外，学校更注重日常教育，以求让学生养成时时处处懂得感恩的良好习惯。

比如，学校通过班队会的各项感恩主题活动，让学生在整个活动过程中受到熏陶；长期进行感恩征文活动，鼓励学生通过书信交流的形式向父母表达自己的一片感恩之心。对于优秀的作品，学校会以各种形式刊登出来，并给予相应的奖励，这在很大程度上激励了学生真切表达自己对父母的感激之情的积极性。

2. 感恩教育在社会

丰南一小的领导认为，要使感恩教育取得良好的效果，仅凭学校的力量，在校园举办一些教育活动是不行的，还要将这种活动延伸到社会中，凭借社会的力量让学生更深刻地体验感恩。

因此，每年 11 月份，学校都会开展以感恩报答为主题的"雷锋品德星"评选活动，在校领导、大队辅导员及各班班主任的带领下，让雷锋精神在校园，雷锋精神飘街头，雷锋精神进社区。

在这些活动的引导下，有的学生主动帮助学习生活有困难的同学，有的学生拾到东西主动交还失主，还有的学生做了好事不留名……从班级卫生到校园卫生，从清洗橱窗到整理图书室，从为教师服务到为家长服务，从为同学服务到为社区居民服务，无处不留下丰南一小人的学雷锋身影和雷锋精神，并且还在学校形成了一段学雷锋热潮，大家都争先以自己的实际行动帮助他人，回报他人，校园里涌现出了一大批"雷锋品德星"。

3. 感恩教育在家庭

丰南一小领导认为，感恩教育应该无处不在，家庭应成为对学生进行感恩教育的重要场所。因此，学校时常鼓励学生回家后要帮助父母做一些力所能及的家务，通过开展做家务活动，组织学生谈做家务的感受，让他们换个角度想想，感受父母在忙碌的工作之余，仍然要做繁重的家务，从而体谅父母的辛苦，懂得感谢父母。

在一些特殊的传统节日里，如母亲节、父亲节、劳动节、感恩节等，学校会利用这些节日的不同内涵，从不同的角度对学生进行感恩教育。

如在母亲节和父亲节，学校会鼓励学生为父母做饭，为父母洗脚，给父母写感谢的心里话；在劳动节和感恩节，要求学生学洗一双鞋，学擦一次地板，学会整理自己的房间，鼓励学生自己的事情自己做，让学生感悟奉献的快乐。这些体验让学生深深地懂得了自己的成长离不开父母等很多人的关心、教育和培养，让学生学会了从生活中为父母着想，从行动上孝敬父母。

随着丰南一小感恩教育的深入开展，学生的思想境界开阔了，道德素养提升了，精神面貌发生了很大的变化；学习态度更端正了，学习劲头更足了。他们逐步认识到在自己的成长道路上，得到的帮助数不清，需要感激的人和事也数不尽，纷纷表示要努力学习，用优异的学习成绩报答父母的恩德，报答教师的培育，报答所有关心自己的人，将来要积极为他人做好事，为社会作贡献。

丰南一小的领导相信，通过感恩教育，这些学会感激、经常心怀感激的莘莘学子，在人生道路上迈出的脚步将会更加坚实、更加自信，学校也会因他们而自豪。

（三）教育学生懂得感恩的举措

感恩就像火种，可以点燃一个人对世界的热忱和奉献的火焰。也正是因为有了感恩，才让人们觉得周围的一切不再是大雾满天，寒风刺骨。

让每一天都成为感恩节，是感恩教育的目标，也是社会的真实需要。如何教育好下一代传承我们中华民族的美德，如何让学生学会理解和感恩？是每个教育工作者、每所学校都需要深思的问题。

1. 让学生明确为什么要感恩

要让学生做到感恩，必须先让学生知道为什么要感恩。

教师可以利用课堂教学的适当时机，利用班会、晨会等活动给学生讲一些古今中外关于感恩的故事，讲述自己身边的或新闻报纸上报道的关于感恩的事例，让学生明白是非善恶，明白感恩是人行善的表现，忘恩负义的人必遭唾弃；让学生懂得只有知道别人的恩惠并知道感恩的人，才能收获更多的人生幸福。

2. 将感恩教育渗透到学科知识中

将感恩教育渗透到学科知识中，一方面有利于学生理解，掌握学科知识；另一方面能够起到很好的思想教育效果，让学生形成感恩意识。

在日常教学中，教师应充分挖掘教材中感恩教育的教学资源，让学生在朗读中体验，在想象中体验，在辩论中体验，使学生对感恩教育有刻骨铭心的记忆。

比如在语文学科中，有许多可以进行感恩教育的文章，如《可贵的沉默》《秋天的怀念》《一株紫丁香》《游子吟》等，都是对学生进行感恩教育的好资源。

3. 教师要成为榜样

教师是学生直接的模仿对象，他们必须心怀一颗感恩之心，给学生做出榜样。

教师要保持一颗超越的心、柔软的心、平等的心、包容的心，通过自己的感恩行动，让学生知道每个人都在享受着别人通过付出给自己带来的快乐生活，从而给他们一种真实而自然的感染力量，这会给他们一种行为上的暗示，让他们从小知道爱别人、帮助别人。

4. 让学生在丰富多彩的活动中学会感恩

当学生已经懂得感恩后，学校还要做适当的拓展，让学生通过表达心声，把情感升华到报恩和施恩的层面。

（1）校外活动

学校可以组织学生到敬老院、孤儿院参观，用生动的现实激发学生热爱生活、珍惜生活的情感；通过组织学生与贫困地区的学生结对交友、献爱心等活动，让他们在差距中感知自己的幸福，从而增加人情味，培养慈悲之心、惜福之心、感恩之心。这种切身体会会让学生对感恩的意义理解更加深刻。

（2）创设情境

比如，当小学生不能正确对待父母的误解时，学校可以设计"被妈妈误解"的活动情境；当学生在青春期与父母摩擦增多时，学校可以设计"善解父母心"的活动情境，等等。通过在相应情境中的角色扮演，让学生学会换位思考，进而让他们理解他人的良苦用心，学会感恩。

（3）心灵沟通

比如，写一封感恩信，即让学生将自己的所感所想和对父母的感恩之情，写成一封信寄给父母，同父母交流心声、增进感情；算一笔感恩账，即让学生算算自己一年的消费总账，再算算父母一年的收入总账，通过比较，体会父母为自己付出的心血和汗水。

感恩会唤醒学生的爱心，激发学生的责任感，陶冶学生的情操。每一个教育工作者都要积极投身到感恩教育中，点亮学生感恩的心灯，让学生的心灵在感恩中绽放美丽，让每个学生怀感恩之心，行报恩之举，进而爱他人，爱家乡，爱祖国。

七、加强自律教育，培养学生的自律品德

学校要构建新型德育机制，开展文明自律教育，让学生学会自律，让学生形成良好的道德品质，做"四有"新人。

教师总会遇到这样一些现象：上课时，总是会有个别学生窃窃私语，影响课堂纪律，以至于不得不停下来对他们进行一番说教；走在校园里，常常会看到刚长出的花蕾就被折掉了，刚结出的果实被摘掉了；家长也反映说自己的孩子不听话，学习不自觉……

如此种种，究其原因，都是学生的自律性不够。

自律，也叫自控，在现代汉语词典中解释为"自己约束自己"，即以一定的标准和行为规范指导自己的言行，严格要求自己和约束自己。

纪律和规则是人们平时工作、学习和生活中不可缺少的。正是有了这些要求和约束，人们才会规范自己的行为，社会才能稳定、和谐地向前发展。假如任何事情都毫无秩序可言，整个社会也就会变得混乱不堪。正如毕达哥拉斯所说，不能约束自己的人不能称他为自由的人。要求学生自律也并不是用一大堆规章制度来层层地束缚他们，而是让他们用自律的行动创造一种井然的秩序，为自身的学习生活争取更大的自由。

现在的青少年学生大都生活在优越的环境中，自律能力很弱，在家靠父母管着，在学校靠教师管着。让学生学会自律，对学生形成良好的道德品质，成为"四有"新人，具有重要的意义。

（一）开展文明自律教育，构建新型德育机制

宁夏平罗中学（以下简称"平中"）始建于1946年，是宁夏回族自治区重点中学、德育先进单位。长期以来，学校以校风正、教风严、学风浓、教

育教学质量高赢得了全社会的广泛赞誉。

2000 年，平中首先在高一年级开展了文明自律教育实验，目的就是先从局部入手，在取得一定的成果和经验之后，再延伸到各个年级，开展全校大范围的文明自律教育。

平中领导认为，教师是机制的创建者，是制度的解释者，是活动的组织实施者，但不是权威，教师对学生的约束管理要让位于班集体的舆论和制度管理，教师应成为学生成长的引导者和帮助者。

因此，学校要求班主任根据学校制订的《文明自律教育行动计划》，发动、组织学生根据《中学生日常行为规范》和《中学生守则》，结合生活实际，集体讨论制定本班"文明自律考核办法"。同时给学生发放《文明自律项目书》，引导学生根据自身实际自主确定发展目标。目标分合格、良好、创优三个级别，指引学生在达到合格目标的基础上，再确定良好目标，在实现良好目标的基础上再自设创优目标。各班级内部民主推选考核小组，对学生的日常行为进行考核，周评月结，学期总评，评定思想品德和行为习惯的综合等级。考核等级分不合格、合格、良好、优秀四级，并公布达标情况，奖励先进，鞭策后进。

在学校领导和高一年级师生的共同努力下，高一年级所有班级的文明自律教育工作开展得扎扎实实，从很大程度上提高了班级管理水平，培养了学生的自我教育能力。

2002 年，平中在所积累经验的基础上，把文明自律教育推向深入，扩展到了高一、高二两个年级。为帮助新任班主任尽快熟悉文明自律的操作规程，学校全年共组织了 3 次文明自律教育主题观摩班会。

到 2004 年，学校已经将文明自律教育推向了所有班级，并进入了巩固深化阶段。

至今，平中的文明自律教育已经实施了近 10 年，并且在发现问题、研究问题、解决问题的过程中取得了累累硕果。然而，学校不仅没有因此放松对学生自律习惯的培养，反而对师生推出了更具体、更细致、更有效的要求：

一是各班必须在开学后前两周内以及每学期的期中、期末，利用班会或读报活动时间，组织学生学习《中学生管理制度》《中学生日常行为规范》《文明自律项目书》。特别是对《文明自律项目书》的内容，班主任要逐条给学生进行讲解，要让每位学生了解和掌握开展此项活动的重要意义及《文明自律项目书》的内容和要求。

二是各班要建立完善的班级规章制度，明确成员的权利义务，制定具体的纪律要求，在民主讨论的基础上制定"班级文明自律考核细则"。

三是各班要在开学后第二周，选出文明自律考核小组成员，小组成员由7人组成，组长1名，副组长2名，组员4名。小组成员可以由班干部担任，也可以由普通学生担任，但必须通过民主选举产生，名单要在开学第二周周五放学前上交学校政教处。

四是各班必须在本学期的前两周内，根据《中学生日常行为规范》《文明自律项目书》的目标及本班实际，制定出详细的班级考核细则，并且班主任要逐条安排专人负责考核，并做详细的记载，要求开学第三周前将考核细则上交政教处。

五是各班学生要在开学后的两周内，将《文明自律项目书》的第五页的内容填全，学生、监护人、班主任签名；学生要提出奋斗目标（即合格目标、良好目标以及创优目标）；学生要对自己选定目标中的自选项目，提出奋斗目标。

六是班主任每周要利用星期天晚自习读报时间或星期二班会时间通报上周对每位学生的考核情况，对表现差的学生要进行批评教育，并提出改进的具体要求和措施。

七是各班每月要利用班会时间，对本班开展文明自律活动进行一次小结，对每位学生进行一次月考核。考核结果由班主任签字后，连同班级考核原始记录一并交付政教处进行检查、验收。

八是学生文明自律行动计划，以学年为阶段，每学期考核一次。文明自律项目分为两部分：一部分是每位学生必须达到的目标，另一部分是学生自选的目标。学生必须达到的目标每月考核一次，自选目标每学期考核一次。

各班必须在开学后两周内，让每位学生确定自选目标，期末班级考核小组要对每位学生的自选目标进行考核。对于没有达到预期发展目标的学生，由考核小组和班主任出面进行鼓励性谈话，帮助其分析问题，查找原因，重新确定预期实现目标，直至逐次、逐级达到符合自己个性发展的行动目标；而对达到合格、良好、优秀目标的学生，由学校颁发证书、奖章和奖杯。

九是每学期的 17 周、18 周、20 周是各班进行学生文明自律行动的评定周。评定时，先由学生本人向政教处申请，政教处派考核人员进行旁听。评定的程序：首先由学生本人写出书面总结材料，然后面对班级评定小组和全班同学进行自述总结，最后根据本人自述情况以及考核小组的考核结果，由评定小组对该生进行学期评定。各班评定结果在期末考试前上交政教处，评定结果分为不合格、合格、良好和优秀。

十是各年级的工作计划、总结以及班务工作计划总结中，必须要有开展学生文明自律活动的专题内容。计划中要有开展此项活动的具体方法和措施；要总结开展此项活动取得的成绩、经验以及存在的问题和教训；并且要提出改进的措施。

十一是学校将文明自律教育的考核结果纳入到班级考核当中，此项活动的考核分，占班级考核分的 25%，以此作为衡量班级管理标准之一。如果学生对班级评价结果有异议，可以向学校文明自律考评仲裁委员会申请仲裁。

文明自律教育是平中构建新型德育机制的有效尝试，通过多年的研究、探索和实践，他们形成了一整套以文明自律为核心的德育管理机制，造就了平中德育教育的特色之一。

现在的平中校园，学生打架、吵嘴、顶撞教师、乱扔垃圾、说脏话等不文明现象已经销声匿迹了，学生的整体文明素养和人文关怀意识得到了一定的提升，生生关系、师生关系更加融洽和谐。用平中领导的话说，文明自律教育不仅对纠正学生的不文明行为，促进健康向上的班风、学风、校风形成起到了积极作用，也有效地培养了学生自我管理、自我教育和自主发展的自律能力，而且在一定程度上减轻了教师的管理负担。最为重要的是，这种机制唤起了平中学生追求进步的愿望，实现了学生发展的动力系统的优化。

（二）以班带校，全面开展自律教育活动

东莞市南城区阳光第一小学（以下简称"南城阳光一小"）黎清倩老师班上有一个叫小志的学生，是一个个性活跃、渴望进步、语言表达和思维能力都很强的学生，但又是一个自律能力很差的学生。

小志对学习内容掌握得比较快，上课时积极思考，但他总是管不住自己

的嘴巴，一有想法就大声说出来，不管老师是否还在讲课，也不管同学们是否正在安静地做练习。这不但影响了他的形象，使其很难成为班上的佼佼者，也影响了周围学生的学习。

为了增强小志的自律能力，黎老师对他进行了座位调整，在他的四周都换成一些自觉性强、纪律比较好的学生，并对这些学生事先进行教育，让他们做好榜样，在小志主动与他们聊天的时候，学会拒绝并对他进行劝导，引导他自觉地听课和学习。

由于周围都是一些认真学习、自律能力强的同学，小志没有了与别人聊天的机会，大大减少了说闲话的机会，增加了听课的时间，学习成绩也呈现出上升的趋势。

然而，没想到的是，一次突发事件险些让黎老师的努力付之东流。

事情的经过是这样的，在入队（少先队）礼仪日的前一天，小志兴奋得午觉也没有睡，不仅影响了别人休息，还与宿舍管理员发生了争执，少先队辅导员一怒之下取消了小志的入队资格。

在失落红领巾后，小志情绪很低落，以前的老毛病又犯了。黎老师及时、耐心地对他进行教育，使小志明白到自己失落红领巾的根本原因，并表示愿意以自己的实际行动来争取下一次的机会。

在接下来的学习中，黎老师继续让小志担任课代表，而且对他提出了更高的要求，鼓励他参与管理同学，帮助同学改正错题，协助组长分发作业本……尤其在课堂活动中，黎老师还安排他组织小组的同学进行讨论，并代表小组发言。

在这个过程中，小志的自律意识不断提高。

尽管如此，小志的自我约束能力还不够强，时常出现反复状态。对此，黎老师总是在平时的学习生活中及时发现他的闪光点，一有机会就对他进行表扬。当小志在课堂随意回答问题时，黎老师会表扬他积极思考、踊跃回答问题，同时提出："如果你能先举手后发言，那就更棒了！"当小志能主动帮助教师完成工作任务时，黎老师会这样表扬："作为课代表，你能在规定的时间里收齐全班同学的作业并交给老师，做得很好！"在小志基本能认真上好一节课的时候，黎老师会与他交流："这节课你做到了上课不随便讲话，能很好地约束自己，有很大的进步，希望下一节课能做得更好！"

黎老师不仅自己对小志倍加关爱，她还与各任课教师沟通，希望他们也多关照小志。教师们对小志的关注以及对他点滴进步的肯定，更增强了他改进自己的信心。小志积极地朝着目标努力，终于在新学期伊始如愿以偿地加入了少先队。

针对小志这样的学生，黎老师一方面给予特殊关爱，另一方面在班上与学生们一起制定了适合本班实际情况的班级规章制度，并在黑板一角每周提出一条本周纪律规范要求，如"收拾好自己的书包""做好课前准备""上课不随便说话""学会举手发言"……每周逐一进行检查，并进行小组评比。

小志及其所在班级的转变引起了学校领导的关注，学校领导和黎老师进行了多次交谈，高度赞赏了她的工作方法和工作态度，并召集全体班主任开展"向黎老师取经"的座谈会，让黎老师介绍自己的经验，让其他老师根据自己所带班级的实际情况，结合学生的特点，借鉴黎老师的成功经验，开展一次全校性的自律教育活动，并评出每个班级学生的自律等级，级别分别为优、良、合格、差。

这一提议获得了所有教师的赞成和响应，教师们都争相投身于本班的自律教育活动中，而学校领导也不忘时常和师生们探讨、交流，督促活动的进行。

一个学期以后，南城阳光一小自律教育活动取得了可喜的成绩，班风、校风都得到了前所未有的改善，校园打架斗殴的现象不见了，课堂低语现象不见了，寝室夜话现象也不见了……

在评比结果中，半数班级都评上了优，没有一个被评为差的班级。不仅如此，很多班主任还摸索出了新思路，如师生互相约束、学生互相监督、树立自律榜样、当好自律模范、开展自律实践活动、结合家长共同教育等。

如今的南城阳光一小校园处处呈现出一派和谐的景象：操场上学生们三五成群地做着游戏，花圃前几个要好的朋友畅谈着自己的理想，教室里几个学生正围在一起讨论习题的解法……这一切在很大程度上都归功于学校的自律教育，是自律教育让学生学会了与人和睦相处，是自律教育让学生学会了规范自己的行为，是自律教育让学生养成了自律习惯。

（三）教育学生学会自律的举措

苏霍姆林斯基说过："自我教育是学校教育中极其重要的一个因素，没有自我教育就没有真正的教育。"

自律的本质就是自我教育，一个能进行自我教育的人自然能做到自律。教育的目的并不是拿出一条条规章制度，摆出一副高高在上的架势，逼着学生约束自己，而是要让他们懂得自我教育，由他律变为自律，从而形成良好的自律习惯。

1. 帮助学生提高自律意识

要学生学会自律，我们必须先让学生认识到自律的重要性。认识自律的重要性有以下 3 种方法：

（1）故事引领

简单的说教和唠叨非但不能取得良好的教育效果，还会引起学生的反感，而生动有趣的故事往往能引起他们的兴趣。因此，教师可以利用晨会、班会等机会经常给学生讲有关自律的故事，如童话故事《守望雁打了一个盹》等。久而久之，学生就会认识到自律的重要性。

（2）游戏激发

将教育寓于游戏中是学生最乐于接受的教育形式。因此，学校不妨将自律教育的内容融入游戏当中，最好是找一些只有每个人都遵守纪律才能做好的游戏。让学生在做游戏的过程中明白，只有每个人都管好自己，才能使游戏更加顺利地进行，每个人的自律行为会直接影响大家的成绩，从而使学生明白自律是非常重要的。

（3）巩固强化

学生形成自律习惯是一个长期的过程。要巩固和强化他们的自律意识，还需要教师的表扬和鼓励。当学生能主动按时完成学习任务时，当学会自己控制休息娱乐的时间时，当他们在与人交往过程中学会判断是非时……总之，只要他们做对了，教师就要及时给予表扬和鼓励，使他们更具自信。

2. 教给学生自律的方法

有很多学生想管好自己，可就是不知道怎么管。所以，教师要教给学生一些自律的方法。

（1）自我记录法

记录能够让学生看出自己的行为变化。教师可以让学生自制一张表格，将自己每天做作业、看电视、上课是否认真、随便发言等行为的次数记录下来，天天比较，一周统计一次，看看自己的状况是否有进步，哪些方面还需要改进等。

（2）自我命令法

要让学生学会自己给自己下命令，例如，听到闹钟响，就要命令自己马上起床，不拖拉；听到上课铃声响就要命令自己立刻安静下来，做好上课的准备。

（3）榜样示范法

对低年级学生来说，榜样法是最有效的。教师不仅自己要以身作则，当好学生的榜样，还要教会学生在班里找一位自己学习的榜样，每天学习、对照，逐步向榜样靠近。

（4）自我奖惩法

教师应教会学生根据记录情况每周或每月做一次小结，如果有进步，就奖励自己参加一次渴望已久的活动，或者为自己买一件小礼物；如果退步了，就惩罚自己周末不准看电视等。

3. 运用"四常法"，巩固学生自律

四常法即常组织、常整顿、常规范及常自律。四常法可以培养学生良好的生活习惯及自理能力，从而发展到行为自律。

（1）常组织

教师要经常组织学生整理自己的学习用品，让他们懂得自己的事情自己做。这样不仅可以锻炼学生的判断能力，也能让他们养成良好的习惯。

（2）常整顿

教师要经常组织学生将自己的学习用品按用途分类，以便能在最短时间内取到或放好用品，提高效率。这会培养学生做事的条理性。

（3）常规范

教师应经常与学生沟通，提供规范化的管理和环境，让他们清楚地知道什么是应该做的，什么是不应该做的，减少错误并且提高办事效率。这样可以让学生建立自信心，乐意与他人沟通，遇到事情知道如何解决、怎样寻求帮助。

（4）常自律

教师应持续地执行上述"三常"，让学生养成遵守规章制度的习惯，并对学生的执行情况做出适当的奖罚，让学生从他律发展成为自律。

4．与家长配合教育

如果学生只能在学校自律，一回到家或一离开学校就放任自己的话，那这样的自律就不是自律了，这样的教育效果也等于零。因此，自律教育还必须取得家长的配合，让学生在家里家外、校内校外都能真正做到自律。

教师可以利用开家长会的机会，给家长讲清学生学会自律的重要性，或经常进行家访，教给家长"四常法"，让家长也以身作则，持之以恒。

实践证明，只有通过家长的配合，学生的自律性才能更好地得到巩固。

八、齐抓共管，营造和谐校园

校园暴力会严重地干扰正常的教学秩序，危害广大师生的安全，学校要采取有效的预防措施，并且要狠抓典型，消除校园暴力，建设安全校园。

近年来，校园暴力事件时有发生，给充满书香的校园蒙上了一层阴影——

初中生小雨不小心撞到了小龙，小龙伸手就给了小雨一个耳光，小雨委屈地跑开了。

小学生小芳正在玩游戏机，她的同学小丹跟她借游戏币，她不肯，小丹动手打了她的头部一下后，又拿起装有半瓶水的矿泉水瓶朝她的肚子打了几下，并用脚猛踹。肚子疼得厉害的小芳被送到医院，经检查，她的脾遭到了严重损害，当天就做了脾切除手术。

13岁的小强和同学小东在教室里因琐事发生争吵，小强掏出小刀将小东的腹部扎伤。经法医鉴定为重伤。

……

校园暴力已经不是偶然现象，从男生到女生，从低年级到高年级，从普通学校到名校，从国内学校到国外学校都时有发生。

校园暴力已经成为各国政府极为关注的问题。美国连连发生校园枪击事件；法国巴黎77.39％的学生曾目睹校园暴力，而有45.4％高中生遭遇过暴力；中国台湾校园暴力不单牵涉学童间的暴力，更涉及师生间所采用的暴力；甚至一向犯罪率低的日本，2008年校园暴力案件也首次超过10万宗。

我国某省首次针对中小学校园暴力行为状况进行调查，其结果令人吃惊：有近八成中小学生遭受过校园暴力，其中有 49.2% 的同学承认对其他同学有过不同程度的暴力行为，有 87.3% 的同学承认曾遭受过其他同学不同程度的暴力行为。

另据有关部门对某知名学校近百名初三学生进行抽样问卷调查显示：大约 40% 的在校男生受到过"问题"学生的欺负，7% 的女生也有过类似的经历。此外，有近五成左右的初中生有明显的暴力倾向。

数据让人触目惊心，危害性也是显而易见的。校园暴力是一个不可忽视的问题，它已经严重地干扰了正常的教学秩序，危害了广大师生的安全。

因此，在这方面加强学生的管理，对维护校园正常的教育和教学秩序，保持社会的稳定，具有积极的现实意义。

(一) 防治结合，保校园平安

浙江永嘉瓯北镇中学（以下简称"瓯北镇中学"）校长杨凯衡认为，学校在防止校园暴力时不能太盲目，首先要对学生的暴力行为做深层次的分析，弄清本质原因，这样才能有效地防止校园暴力的发生。

杨校长首先分析了校园暴力的心理因素，他发现，青少年学生正处于生理发育的高峰期，大脑发育很快，大脑神经机能处于兴奋多于抑制的状态，心理上处于左右摇摆、起伏不定的矛盾状态之中。他们有强烈的求知欲、好奇心，乐于冒险，但自控力差，这就使得青少年行为的目的和动机无确定性，受外在的因素影响较大，一旦受到外界刺激，往往不假思索，立即采取行动，表现为从"想"到"做"的时间很短。即校园暴力往往有很大的偶然性。

杨校长按目的和动机的不同将校园暴力分为 6 种：

一是经济目的。由于经济需求和经济能力的差距，家长有限的收入不能满足一些学生支出的需要，他们便采取敲诈勒索的方法敛取钱财，从而引发暴力事件。

二是争风吃醋。随着年龄的增长，一些学生生理发育逐渐成熟，他们在追逐异性时会引发矛盾，便通过暴力手段予以解决。

三是相互忌妒。因成绩、长相、经济条件等不如对方，产生嫉恨心理。

四是寻求刺激。一些学生觉得学习生活单调枯燥，便用暴力手段欺凌弱者，借以取乐，以填补空虚的心灵。

五是自我表现。有的学生在学习上、学校组织的各项活动中不能引人注目，为寻求出人头地，争当"老大"，使用暴力手段表现自己。

六是出于报复。一些学生因琐事产生矛盾，为寻求心理平衡，使用暴力手段报复对方。

只有找到校园暴力的本质原因，才能有效防止校园暴力事件的发生。针对校园暴力偶然性较大的特点，瓯北镇中学确立了"重在预防"的指导思想，他们从两个方面着手，一方面设立应急预案，另一方面，学校加强了对学生教育的力度。

1. 制订应急预案

瓯北镇中学的应急预案共有以下一些内容：

①建立领导机构加强领导。学校建立防校园暴力工作领导小组，领导小组负责组织协调和检查督导全校的防校园暴力工作，及时准确地掌握学校防校园暴力的动态，提出预防对策和措施，加强对学校防校园暴力工作的领导。

②制订应急预案，完善应急机制。学校结合自身实际情况，完善防校园暴力的应急处置预案，建立学校领导参加的防校园暴力工作队。

③学校成立护校队，每天中午11:30—12:00，下午4:15—5:30检查校内外的安全情况，及时了解暴力事件发生的潜在隐患。

④一旦发现暴力事件发生，值周领导、值周教师和护校队应及时控制场面，疏散学生，了解情况；有社会人员参与，马上打110报警电话并向校领导报告；有伤员立即向120求救；值周领导、值周教师在校12小时值班，护校队、校长保证在校期间手机保持开通。

⑤要求各班班主任建立包括每一名学生在内的电话联系卡，以备急时之需。

⑥相关人员午餐在食堂就餐，全面负责学校日常管理工作和防暴力工作，并佩戴值周标志。

⑦大力开展宣传教育。学校可利用墙报、黑板报、校刊、校报、校内广播等宣传媒介和多种宣传形式，加强宣传防校园暴力活动，提高防校园暴力的意识和能力。

⑧建立报告制度，健全汇报网络。一旦发生暴力事件，学校应在第一时间向学区防校园暴力领导小组办公室汇报。有重大校园暴力事件发生，2小

时内向瓯北学区主任报告。

⑨明确防御的要求与重点。学校防校园暴力首要任务是确保师生生命安全，有效组织控制场面和救治伤员工作，把损失减少到最低限度。防御重点是，既以不伤害校内师生生命为前提，又要防止国家公共财产被破坏。

瓯北镇中学根据防校园暴力预测情况，划分等级，确定了不同的防范措施：

①一般校园暴力：护校队、值周人员控制场面，并及时掌握信息；是校内学生暴力，双方做好谈话记录，报告政教处及时处理；涉及校外人员的暴力，领导小组向瓯北学区、瓯北派出所报告情况。

②较大校园暴力：校长到场指挥，护校队、值周人员控制场面，并及时掌握信息；疏散学生，抢救伤员，打110报警电话。召开暴力分析会，并向瓯北学区、镇政府、县教育局、瓯北派出所报告。

针对校园暴力事件，瓯北镇中学防校园暴力领导小组还组成了四大工作机构，工作机构人员和主要职责如下：

①决策调度组，主要职责：疏散学生，抢救伤员；决定防校园暴力的抢险方案；负责请示上级有关部门指导防校园暴力工作；决定防校园暴力的其他重要事项。

②纪检督查组，主要职责：严格执行防校园暴力的命令和决定，督促、检查学校领导及时到岗，全力做好防校园暴力工作。

③救治伤员组，主要职责：控制场面，负责伤员救治；负责抢险车辆的调集。

④宣传报道组，主要职责：及时落实学区和上级党委、政府及主管部门的防校园暴力命令、决定、任务；负责报告110和瓯北学区；及时报道学校组织防校园暴力活动情况和在防校园暴力中涌现出的先进典型，准确报道校园暴力的发生情况。

2. 加大教育力度

设定应急预案，只能说明学校做好了充分的准备工作，在此基础上，学校还应加大对学生的教育力度。瓯北镇中学在这方面开展了6项具体工作：

(1) 减少污染源，预防不良文化侵害

青少年是最易受心理暗示的群体，健康积极文化的影响，对学生建立正确的认知有积极意义。为此，学校加强对校园周边环境的治理，特别加强了对校园周边的网吧、游戏机室、录像厅、舞厅等娱乐场所的控制和管理，从而减少了学生受不良文化影响的来源。

（2）加强心理教育，提高承受能力

针对少数独生子女人格上出现的争强好胜、以自我为中心、报复心强或怯懦、逃避、承受能力差等不良倾向，学校专门设置了学生心理辅导中心，对学生提供心理健康方面的知识宣传和咨询，提高学生的容纳性和承受力。同时将心理测试、心理矫正纳入教育教学的轨道，教师对症下药，避免因臆断处理而带来不良后果。

（3）加强法律法规学习，提高法制意识

校园暴力往往会产生严重的后果，一旦触犯刑法，肇事者必须负法律责任。学校针对学生缺乏法律赏识、法制观念淡薄的现状，组织学生学习法律基本知识，如《中华人民共和国宪法》《中华人民共和国治安管理条例》《中华人民共和国刑法》的有关条文，使全体学生知法、懂法，用法律法规规范自己的行为，做遵纪守法的好公民。

（4）建立健全完善的安全信息网络，保证安全信息畅通

学校组织班团干部、寝室长、班级安全员，构建学校安全信息网络，将信息网络延伸到教室、宿舍以及校园的各个角落，无论何时何地发现校园暴力的苗头，他们都能做到及时报告、及时制止，防止事态进一步发展，避免产生更严重的后果。

（5）让学生养成谨言慎行的习惯

在学校日常工作中，他们坚持教育学生不要说刺激、伤害别人的话；在公共场合遇到可疑者时，设法避开；化妆、服饰要得体，不要过分暴露；不要贪图小便宜；不要在校园暴露现金以及贵重物品；与同学发生矛盾或冲突时，应尽量用和缓的语言和手段加以处理。

（6）家校配合，加强重点学生管理

学校管理部门应掌握有劣迹、有暴力倾向行为的学生名单，对那些情节严重的，要向家长通报，寻求家长支持、配合，共同教育学生。学校有关部门还要对重点学生进行跟踪管理，有针对性地教育，做到不让一个学生落伍，不让一个学生学坏。

应对校园暴力，一方面要做好预防工作，未雨绸缪才能遇事不乱；另一方面，要从根本上消除危机。瓯北镇中学防止校园暴力从这两个方面入手，先是建立健全校园暴力应急预案，做好应对工作，然后通过对学生进行有针对性的教育，从主体上消除暴力隐患。通过建立完善的校园安全保障体系和提高学生的素质，给校园暴力垒砌了两道屏障，有效地保护了学生的安全。

（二）摸清底细，对症下药

山西朔州市第二中学校长杜永成认为，教育好有暴力倾向的学生是对校园暴力最好的预防。对此，他重点对那些"问题"学生进行教育，努力把他们的暴力倾向扼杀在萌芽中。

八年级学生小丁性格外向，脑瓜灵活，但他脾气躁，对人蛮横无理，动不动就打人，没有学生愿与他交朋友。

在教师和同学的眼里，他是一个典型的"问题"学生。

小丁的父母是商人，每天早出晚归，对孩子疏于管教。平日里，小丁一直由外公、外婆照看。外公、外婆对外孙总是过于宠爱放任，凡事都依小丁。于是小丁在家一直处于以"我"为中心的环境中。小丁来到学校后，也认为凡事都要依他，谁都得听他的，稍有不如他意，他就会暴打对方，因此，经常与同学发生冲突，同学们都不敢与他接近。

对小丁这样的学生，仅靠学校的教育是远远不够的，必须多方位强化教育和管理。

开学伊始，班主任便与其家长商量，让小丁暂时离开"宠境"，与父母生活在一起。小丁的父亲很赞同班主任的看法，当即决定由自己照管、教育儿子。同时，班主任还找了许多有关家教的书籍给小丁的父母看，希望他们能从中学到一些教育孩子的方法，并能积极主动配合学校做好孩子的教育转化工作。

另外，班主任对小丁也倍加关心，多关注其优点，注意发展其特长。

小丁特喜欢打篮球，为此，班主任暗中指定几位学生有意接近他，在课外活动时间，和他一起打球，创造机会让小丁能争取友谊，以减少其孤独感。当学生们反映小丁篮球打得不错时，班主任便让他在班里组建一支篮球队，并选他担任球队队长，在课外活动时带领同学们训练，参加本校年级篮球赛。

班主任的努力收到了很好的效果，小丁对班主任表示："老师，你对我这么信任，我很感激你。今后，我一定不再惹事了，绝不辜负你对我的期望。"班主任顺势对他说："你只要好好努力，今后我还有更重要的事要交给你做。"

班主任还努力去发现他的闪光点，看到他上课举手示意回答问题时，班主任就立即让他发言，并给予鼓励；看到他值日很认真，班主任及时予以表扬；见他作文写得不错就在班上读一读。在课堂上发现小丁有问题时，班主任则要求自己忍耐些，做到不揭他的短，不当众批评他，而是在课堂上通过各种体态语言给予暗示，等到课后再进行个别谈话；谈话时班主任多以朋友的身份，以商量的口气，常采用"角色换位"法，引导他自我检查，找出自己错在哪里，下次遇到类似的情况怎么办，该怎么处理。

班主任发现小丁是个爱动脑筋的人，能常常出一些好的点子。为此，班主任特意让他设计了一堂班队课。在班主任的协助下，他成功设计、主持了一些别开生面的班队课，取得了良好效果。

小丁的才能得到了施展，他感到自己受到了教师、同学的信任。从此，他的行为在不知不觉中得到了规范，在同学心中的形象也逐渐变好了。

山西朔州市第二中学对那些有暴力倾向的学生摸清底细，及时教育，消除了他们身上存在的隐患，让校园暴力事件减少了很多，不但保证了学校的和谐发展，还促使有暴力倾句的学生改变了性格，健全了人格，促进了他们的转化。

（三）教育学生远离暴力的举措

近年来，学生打架斗殴现象的不断增多，青少年犯罪率的不断升高，已经引起了教育界、法律界以及其他相关组织的高度重视。中小学生的日常生活有一半的时间都是在学校里度过的，学校的环境对中学生的影响是很大的。有效防止校园暴力，建立安全校园，学校应该从以下几方面入手：

1. 在思想管理上要做到旗帜鲜明

思想是行动的先导，思想立场是否正确，直接关系着学生的行动走向。

学校要大力加强思想政治工作，弘扬集体主义，旗帜鲜明地反对极端主义和享乐主义，使学生确立自己的人生奋斗目标。要帮助学生摆正自己的人生坐标，促使他们做一个爱国守法、明礼诚信、团结友善、勤俭自强的人，做一个具有正确人生观和世界观的人。

2. 加强法制教育和纪律教育

一些学校为追求升学率，放弃了很多认为不重要的科目。尤其是一些中小学，因法律法规不作为考试科目，学校对这方面的教学安排形同虚设。可是在现代社会，学法、守法、用法，是一个人生存的基本前提，因此，学校一定要加强法制教育和纪律教育，一方面要教给学生一定的法律知识；另一方面，要用身边发生的事例及时教育引导学生，让学生明白学校提倡什么、鼓励什么、禁止什么、反对什么。

3. 对违纪违法学生给予一定的处罚

处罚也是一种教育。有人认为处罚会对学生的身心产生不良的影响，但没有规矩不成方圆。对违法违纪者给予一定的纪律处分，可促其反省思过、吸取教训，更好地规范他的行为，其他学生也会从中受到警醒。因此，对违纪违法的学生给予一定的处罚很有必要，不要因为害怕影响到学校的声誉就大事化小，小事化了，这会助长其他学生的滋事心理。

4. 建设健康、活泼的校园文化

学校要在学生中间开展形式多样、健康向上的文体娱乐活动，培养学生的表达能力、社交能力、组织能力，让积极向上、健康有益的活动占据学生的业余时间，让学生把主要精力放在学习和有益的活动上，从而减少"闲则生非"。

5. 重视学生心理健康

青少年正处于人生观、价值观的形成阶段，每个人都渴望被关注、被接纳，而激烈的学习竞争却使一部分学生成了被淘汰者，于是他们不惜以某种特殊方式，如打架斗殴、抽烟等方式来获取教师的关注、同学的承认。针对这一现象，学校可实行"全员育人导师制"，使所有教师都成为学生的导师，弥补班主任思想工作难以深入到每一个学生心中的缺陷，及时了解学生的思想动态，真正做到个性化教育。每位导师都可作为学生的心理辅导老师，让导师在一对一的心理辅导中，将学生的不良倾向及时矫正过来，帮其树立正确的人生观、价值观。

6. 盯防"问题"学生

学校要重点盯防"问题"学生。"问题"学生常常是校园暴力的主角，学校要时常关注"问题"学生的情绪变化，发现不良动向应及时疏导。另外，教师应该加强对"问题"学生思想教育的力度，要想尽办法把他们转变过来，彻底消除校园暴力的隐患。

7. 学校要加强与家庭、社会的协同合作

家庭原因往往会成为校园暴力的根源之一，比如父母离异、家庭"战争"、极度贫困等负面刺激，都容易使学生形成一种攻击性人格。为此，学校要主动与家长联系，以联络电话、家访等方式，使家长了解孩子的发展动态，及早发现、处理异常问题，使其在未恶化之前获得适当的辅导。

学校还要定期召开家长会，就家庭教育的方法艺术、家校合作以及孩子的思想动态等问题，加强与家长的交流沟通，积极倡导家长要努力为孩子的健康成长创造一个良好的家庭氛围。同时，学校要结合校外的社会资源，如司法部门、心理卫生中心、家扶中心等单位，共同对有暴力行为的青少年进行辅导教育。

校园暴力已成为一个亟待解决的问题，要想彻底根治，让学生们远离暴力，远离不良影响，在一个安全、文明、和谐的校园环境中快乐地生活和学习，需要学校用高度负责的态度、坚持不懈的努力，与社会、家庭联手合作，共同来完成这一艰巨的任务。

第 二 篇

学生智育管理的教导力

智育对于人之必不可少，不仅是为了劳动，而且是为了精神生活的充实。

——苏霍姆林斯基

教学质量是一所学校最直观、最容易被量化考核的一项指标，往往被作为名校评比与认定的非常重要的依据，甚至被誉为"学校的生命线"。广大老百姓心目中的名校，也必定是教学质量在本地区或同类学校中属上乘的学校。

全球政治、经济竞争日趋激烈，知识科技已成为竞争中落于不败之地的重要筹码。如何培养符合新时期社会需求的知识科技型人才？如何更好地实施素质教育，提高学校教育教学质量？如何实施符合新课程教学理念的教学，培养创新型人才？如何提高课堂教学效率，让学生学会学习……这些都已经成为学校教育管理者和广大一线教师正在深度思考的课题。

本篇正是在提炼名校成功经验的基础上，从学习动机的激发、学习效率的提升、竞争机制的建立、合作环境的构建、创新思维的培养等层面来对上述问题进行系统的回答与阐述。

一、善于积极评价，增强学生学习的动力

教师应善于发现学生的优点，采取多种形式表扬学生，建立积极的评价机制，培养学生的学习兴趣，激发学生的学习积极性，促进学生全面发展。

一天，著名的心理学家罗森塔尔来到一所中学，他声称要进行一个"发展趋势测试实验"，并以赞赏的口吻将一份"最有发展前途"的学生名单交给了校长和相关老师。

没有人知道，名单上的学生，是罗森塔尔在花名册上随机抽取出来的，他们与其他学生没有什么不同。

半年后，名单上的学生个个成绩都有了较大的提高，且各方面都显得比较优秀。显然，这是因为实验开始时的"最有发展前途名单"发挥了决定性作用。

10年后，名单上的学生竟然有60%成为成功人士。

这就是著名的"罗森塔尔效应"：你把学生看成什么样的人，他最终就真的成了什么样的人。

信任、期待的情感，可以让人产生一种意向效应，能增加人的自信心。这种信任会是一股无形的力量，促使人们走向进步，而且，在信任和赞扬中取得成功，自信心会更足。如果教师能尽力发现学生的闪光点和微小的成就，并及时给予肯定和表扬，以此来促成其乐观向上的心态，调动其内在的潜能，学生便能以最大的能量去追求成功，从而形成一个良性循环。

学校在管理学生时，积极评价是教育力最强的教育手段之一，学校应该督促教师善用积极评价。同时，学校应该建立科学的学生评价模式，让积极

评价贯穿在整个教学中，贯穿在整个学生管理过程中，针对不同问题、不同情况、不同对象，抓住时机，使用有效的、积极的方式对学生进行评价。

教师的一颦一笑，一个亲昵的动作，一句激励的话语，一个肯定的手势，都是启发学生走向优秀的信号；学校的一个激励制度，一个欣赏性的管理办法，往往是学生成功的保障。

（一）寻找优点，彻底转变差生

有什么样的校长就会有什么样的学校，学校管理的好坏主要是看校长的管理方法是否得力。安徽无为一中（以下简称"无为一中"）校长魏文生就有这样一句口头禅："困难我来解决，差生我来教育。"作为一所重点中学的校长，解决学校的困难是职责所在，但亲自去转变差生却并不多见。

在无为一中有个惯例，那就是魏校长总会将某个年级中表现最差的学生都集中到一个班上，他来做这个班的班主任。

但凡差生，在教师的眼里往往都是一无是处，很少有教师对他们有好印象，但魏校长却不这么认为，在他看来，每个人来到这个世界上都带着优点，学生无论多么调皮，也是有优点的，只要善于去发现。

有些教师认为差生很难成为优等生。对于这一点，魏校长更是持反对意见，在现实中他发现，当教育者盯着学生的缺点不放时，学生可能永远就是个差生；当教育者善于发现学生优点时，差生往往会"浪子回头金不换"。有不少差生就是这样被魏校长转变过来的，小亚就是其中之一。

小亚是魏校长某年教高一时所带的一位学生，他身材高大，走起路来两胳膊直晃，一幅油头滑脑的样子。入学考试，语、数、英三科才一共考了198分。

对于这样的学生，魏校长认为，要通过寻找他们的优点来激发出其进步的动力。

小亚不喜欢学习，集体观念淡薄。上课身子经常歪歪斜斜，不认真听课。课堂上，他不是说话，就是做小动作，搅乱课堂秩序。授课教师越是批评，他越来劲，甚至对着干，教师们为此大伤脑筋。

一次，小亚又犯了错，授课教师批评他，他一言不发。正好魏校长也在场，看到小亚那副玩世不恭的样子，魏校长说："其实你的脑子非常灵活、好使。在我的课上，你回答问题踊跃、不怕犯错误、不怕别人笑话，积极发言，这说明你还是要求进步的。只要你认真听课，发挥自己的聪明才智，前途一定不可限量。"

听了魏校长的话，小亚的眼睛一亮，随后老实了两天，听课很认真。但没过几天，他又开始捣乱。魏校长知道自己的话还是起到了一定的作用，只要自己耐心给予积极评价，小亚一定会有所改观。

魏校长继续观察小亚，结果发现他特别喜欢足球，于是，对足球一无所知的魏校长开始从网上查看大量有关足球赛事的信息，收集一些与足球相关的知识。

课后在与学生聊天时，魏校长故意把话题引到足球方面。当听到魏校长近似专业化的评讲，小亚也饶有兴趣地加入到讨论中。魏校长抓住契机，用赞许的口吻对小亚说："听说你足球踢得很好，什么时候为我们班组建一个球队呀？你当队长。"

"真的可以组建球队，当队长吗？"小亚听了很兴奋。

"当然，不过要想踢好足球必须要有头脑，要会运用相关知识才行。要是学习再努力一些，对你踢好球会更有帮助。"

"嗯，我会努力的。"小亚向魏校长保证。

随后，魏校长任命小亚为体育委员，并为他组建了一个班级球队。小亚对自己的球队非常认真负责。魏校长趁机积极引导，小亚渐渐有所变化，上课不再歪歪斜斜，说话的次数也少了。为了鼓励他，魏校长趁热打铁，给他妈妈写了一封情况汇报信，信中这样写道：

"他已经深深地感到学习的压力，每天8节课都做得很好。他还拒绝了同学去网吧的邀请，并常去老师那里补课，自觉自愿地学习，而且补课非常认真，效果也很明显。像他这么调皮的学生，能够在课外活动时拒绝同学的邀请，这需要多大的勇气和毅力啊！在我看来，重承诺，学会控制自我，比学习成绩来得更重要！

现在，小亚上课学习非常认真，能够积极回答老师提出的问题，老师们越来越喜欢他。

但他还有一点还需要改变，就是说话很随便，声音特别大，经常说粗话，这点还希望您能够及时提醒他改正。"

写完信后，魏校长让小亚把信带给他妈妈，他知道，小亚回家后肯定会看到信的内容。

果然，第二天，小亚看起来非常高兴，学习更有劲了。魏校长的积极评价让小亚变得越来越优秀，不到一个学期，他的成绩就有了很大提高，科目小测验基本都能及格，期末还被评为进步最快的学生。

3年后，小亚顺利考入了北京体育大学。

其实，魏校长不仅对小亚如此，他对每个学生都是这样。每年带差学生时，在第一节课，魏校长总会给每个学生发一张白纸，要求学生至少给自己写一条优点，多写不限，但都必须写上能证明该优点的具体表现。

魏校长正是用找学生优点的办法，让那些所谓差生的心灵受到了抚慰，情感得到了升华，使他们在瞬间重新找回作为一个学生应有的自信、勇气和尊严，从而激励他们进步。

每一个学生都有长处或优点。关键是，做教师的能否发现、挖掘乃至用放大镜去看待，即便是微不足道的长处或优点，只要能被发现，并给予表扬和赏识，就能唤醒他们做人的自信和尊严。

教学的艺术不在于传授的本领，而在于激励、唤醒、欣赏、鼓舞。发现并真诚地赞赏学生的优点是教师与学生建立良好关系的重要法则。美国心理学家威廉·杰姆士说："人类本质中最殷切的要求是被肯定。"所以，学校应要求教师多发现学生的优点，并细心呵护，让其茁壮成长，从而彻底改变差生。

（二）用多种表扬方式，增强学生进取心

某位教育学家做过一个试验：将一群学生分成两组，对第一组表示信任并给予赞美与鼓励；对第二组则不断给予批评。试验结果表明，被经常鼓励的第一组表现积极，进步很快，总挨批的第二组则表现出明显的懒散，出现整体学习成绩倒退的现象。教育学家因此得出：表扬在增强学生的进取心中具有不可替代的作用。

正因如此，山东师大二附中校长荆兆晶在管理中从表扬上下工夫，让每个学生都保持强烈的进取心。山东师大二附中对学生的表扬办法可以用8个字来表示，它们分别是：口、笔、笑、评、展、奖、生、家。

1. 以"口"为主的表扬——口头表扬个人或集体

学校在表扬个人时，有时联系事例点名表扬学生，有时只赞赏具体事例，不点学生姓名。表扬集体时，学校根据实际，灵活地确定"集体"，或表扬班级，或表扬小组，或表扬男生、女生、大组、同排，或表扬某分数段学生，或表扬有某方面特长的学生。山东师大二附中把口头表扬当做表扬的基本方法。

2. 以"笔"为主的表扬——利用"作业本""板报"表扬

学校教师在作业本写上表扬的语句，如"妙""真棒""你上课能大胆发言"，或加上表示称赞的符号，如"☆"。出板报时，学校会将学生先进事迹、荣誉、"闪光点"等予以公布。

3. 以"笑"为主的表扬——用微笑、目光、动作等体态语表扬

在山东师大二附中，表扬可以是无声的。学生发言或做一些活动时，教师或微笑看着学生，投以赏识关爱的目光，不时微微点头；或身体前倾，表示聆听关注；或竖起大拇指，表示满意、祝贺；或很有分寸地轻轻拍拍学生肩膀，表示亲近、慰问。运用体态语不用说话，不用写字，简单、实惠。

4. 以"评"为主的表扬——评选先进集体或个人，授予荣誉称号

山东师大二附中评选先进，有的按阶段性进行：给学生树立奋斗目标，鼓励学生不断努力并定期评选，如评选"三好生""优秀班干""优秀队员"；有的灵活进行：在教学中，发现成绩，及时授予荣誉，或搞临时性的比赛，以荣誉为目标，激发学生，如在班中悬挂"金星表"，给个人或小组在"金星表"中加"金星"。

评选先进时，山东师大二附中注意使不同层次的学生都有机会被评选。评选先进，特别是阶段性的评选，其实也是在进行"目标激励"。

5. 以"展"为主的表扬——多种形式展览进步学生的作业

山东师大二附中作业展览与教学紧密结合，目标明确。每次的展览，是

偏重书写、格式、正确率，还是偏重于技能训练等，教师都心中有数，体现了作业展览的计划性。作业展览，不仅能使受表扬的学生受到表扬激励，还能为他人树立榜样，提高全体学生的作业水平、实践能力。

6. 以"奖"为主的表扬——发奖品或给予丰富多彩的精神奖励

发奖状、赠送写有激励语言的作业本，是学校的又一表扬方式。教师利用节假日带领学生活动，为表现突出的学生鼓掌，或让其他学生主动为勤于学习的学生献上一支歌，这些都是山东师大二附中对学生表扬的另一种方式。

物质奖品学生会爱不释手，精神奖品学生会深藏心中。这些平常用品、简单活动，成为山东师大二附中学生巨大的物质财富、精神财富。

7. 以"生"为主的表扬——让学生自我表扬与相互表扬

自我表扬，是要学生展示自身"闪光点"，展示自己近期取得的成绩。比如，召开班队会，让学生说说自己的特长，或让学生在作业本上写出自己的"闪光点"。又如，每周利用课外时间与学困生做几分钟集会，让他们说说近期取得的成绩。再如，相互表扬，让学生相互观察寻找"闪光点"，并运用多种形式诚恳地予以赞扬，如当面称赞、出表扬小报等。

8. 以"家"为主的表扬——请家长表扬

山东师大二附中通过家长会、家访、书信、电话联系、下发宣传单等途径，让家长认识表扬的意义。学校建立了家长联系网络，通过网络，教师可以将学生的"闪光点"告诉家长，或让家长将学生的"闪光点"告之教师，并让学生知道家长、教师在表扬自己。

表扬是一种积极的评价形式。马克·吐温曾说过："凭一句赞扬的话，我就可以活上两个月。"每个人都期望得到他人的认可和鼓励。有人说，赞扬就像是照在人们心灵上的阳光，就像是点燃憧憬和希望的火种，就像是给人温暖和感激的春风。

黑格尔在他的《生活的哲学》里讲述了这样一个故事：有一个就要被执

行绞刑的青年被押在刑场上，围观的人群中有个老太太突然冒出一句："你看，他那金黄的头发多么迷人！"那个即将永别人世的青年闻听此言，朝老太太所站的方向深深鞠了一躬，含着眼泪大声地说："如果周围能多一些像您这样的人，我也许就不会有今天了。"

在现实中，赞扬和鼓励有一种神奇的力量，它能给人以勇气，给人以信心，能使浪子回头，催人奋进。

山东师大二附中运用多种表扬方式，对学生多肯定、多表扬，这些积极的评价，让学生看到了自己的进步，品尝到了成功的喜悦，从而促使其保持积极向上的进取心。

（三）积极评价学生的举措

心理学家威廉·杰姆士说："人性最深层的需求是渴望得到别人的欣赏和赞美。"如果学生的优点、进步能够得到及时的赞赏和恰如其分的评价，学生就会充满信心，就会产生前进的动力。

那么，学校在学生管理中，怎样通过积极评价，增强学生前进的动力呢？

1. 准确评价学生行为

准确评价学生的学习行为，有利于培养学生的学习兴趣，激发学生的学习积极性，有利于学生全面和谐地发展。通过评价，帮助学生自我教育、自我进步、认识自我，建立自信。

每个学生都希望自己是成功者，都期望得到肯定和赞许。面对失败，学生最需要来自教师的安慰或鼓励，学生最期待教师公正的评价和积极的肯定。"很好，再试一试"，这样恳切的激励，能让失败孕育成功；"差远啦，别骄傲"，一味地警诫和责难，会使成功的喜悦化为乌有，甚至会让学生失去再做新尝试的勇气。

责问、批评、处罚等消极评价的后果，会造就更多的"问题"学生。肯定、赞扬、鼓励等积极评价，能最大限度地满足学生正常的心理需要，帮助学生维持良好的情感体验，树立再创佳绩的信念。

2. 宽容、善待每一位学生

在教育学生时，如果遇到棘手问题和困难，学校应要求教师改变教育观念，明确自己的角色——学生学习活动的赏识者，要多看到学生的长处、优点，理解、宽容、善待学生的不足、缺点，这样有助于树立学生的自尊心和自信心。

长期以来，有些教师总习惯给一些学困生、行为问题生戴上诸如"笨蛋""调皮蛋""品行败坏"等帽子，随意贴上"坏学生"的标签，其结果往往直接影响学生的身心健康。"金无足赤，人无完人"，"优生"有缺点，"问题"学生也有闪光点。在教师心目中每一位学生都应有闪光的地方。教师应宽容地对待有缺点的学生，把尊重、信任、理解留给学生，给他们改正的机会，解除他们因怕挨批评、训斥而形成的心理压力，还给学生一个自由、宽松、愉悦、安全的心理环境。

3. 运用积极评价的多样性，多元评价学生

科学表明，人的神经系统高度分化，人类的智能具有多元性。现代心理学有一种提法，至少有 7 种智能在个人发展和人类社会发展中起了重要作用，它们是语言、数学逻辑、空间、音乐、身体运动、人际关系和自我认识能力。学习心理学的研究表明，学生在发展上是存在差异的，要求没有差异就意味着不求发展。

针对人的心理和智能结构的发展水平，学校在管理学生时，必须尊重学生的差异性。"多一把衡量的尺子，就会多出一批好学生"，这把"尺子"不仅仅是长短的变化，而且应该是评价的方式和方法的变化。多增加几把评价的"尺子"，就会有更多学生的愿望得到满足，受到鼓励；多几把"尺子"的积极评价，就会有效地改变学生自我认知的倾向性、自主行为的调控力，从而使学生更加自信，走向成功。应该使教师的积极评价成为学生可持续发展的一种动力，创造出学生足够的自由发展空间和良好的育人环境，实现不同的学生获得不同的发展。

积极评价学生是管理学生的一个有效方法，学校应建立健全评价机制，要求教师多赏识、表扬学生的点滴进步，以促使更多学生健康发展。

二、注重传授方法，让学生学会学习

教育学生掌握适合自己的学习方法是教师教学工作的重要组成部分。加强对学生学习方法的指导是培养学生学习兴趣的有效手段，组织学生运用恰当的方法学习是提高教学质量的基本途径。

有些学生学习很用功，但他们的努力与成绩却经常不成正比，学得很累。很多人把其中的原因归结在智商因素上，其实，这些学生成绩不理想很大程度是因为他们在学习的过程中没有掌握正确的学习方法。

优秀的成绩离不开科学的学习方法的支撑。学校作为专业的教育机构，应该意识到传授学生学习方法的重要性。"教是为了不教"，这是叶圣陶先生的名言，意思是教育的最高境界是教会学生学习知识的方法。

"授之以鱼，不如授之以渔。"在学生的智育管理中，教师不仅要让学生掌握所学的知识，更为重要的是让学生学会知识获取的方法。

一人在山上砍树，他每一斧子下去只能砍下一点点树皮，因为他的斧子已经很长时间没有磨了。

有人对他说："你把斧头磨快一些不行吗？"

砍树的人回答："树这么粗，我哪有时间磨斧子呢？"

砍树人可笑的地方是，他不知道先磨快斧头，可以提高砍树效率，正所谓"磨刀不误砍柴工"。

在学生管理上，老师应该教会学生在学习中如何去"磨刀"，即掌握学习的技巧和方法。这样，学生才会轻松地学习，快乐地掌握知识。如果学生仅仅停留在苦学、勤学的水平上，将很难应对学业负担。

"工欲善其事，必先利其器。"对于学生而言，适宜的学习方法就是"利器"，它可以帮助学生更顺利、更有效地完成学习任务。

（一）抓住规律，多途径指导

桂林中学校长林忠庆从多年的学生管理中发现：学生升入中学后，在学习上会遇到许多困难，面临较大的压力。其中最大的困难是不知道怎样去学习。这也是造成学生学习很累、成绩不佳的最大原因。

为此，林校长让教师在学生学习方法上发挥指导作用，要求授课教师突出学习方法的传授。在桂林中学，学校为学生拟定了系统而有效的学习方法，力求让学生把这些方法当做自觉行为。在桂林中学，教师通过以下多种途径对学生进行学习方法指导：

1. 教学指导

（1）渗透指导

教师利用课堂教学，根据本学科的特点和要求，结合每一节课教学的目标、课程标准、课型流程以及学生的状况，把对学生学习方法的指导有机地融合在课堂教学中。

这是桂林中学教师对学生进行学习方法指导的最主要和最常用的途径。

（2）专题指导

教师抽出一定的时间，借助特定的场合，对学生进行学习方法的专题讲座。主要有：作业和试卷评讲，学科知识的总结，学科知识结构、重点和大型考试考前的复习指导，优秀学生学习方法和经验的介绍等。

（3）交流指导

教师提供学习方法的指导交流平台，比如，班会讨论，某一热门话题的讨论和方法的归纳总结，张贴优秀学生书面总结，以便全班、全校交流。学校提倡师生之间、生生之间、教师与家长之间，经常就学习方法进行交流。

（4）针对性指导

学生在学习过程中，由于方法不当，导致学习成绩不理想，作业错误率较高，或者学生在某一方面存在普遍性问题，如审题不仔细、思路不清晰、逻辑混乱、计算错误、习惯较差等问题，教师会有针对性地给予学习方法的具体点拨，使学生掌握正确的学习方法。

（5）示范指导

教师对学习概念、基本技能、解题步骤和思路进行具体的示范，便于学生模仿，进行具体运用。

2. 对学生自我调控的指导

学校让学生在系统的学习中有计划、有步骤地提高自己的自我调控学习能力，掌握有效的学习策略，调控好自己的学习。他们具体从以下 8 个方面要求学生：

（1）自我评价

让学生在学习活动中，有意对自己的学习成效进行检查与评价。如"我检查了自己的作业，没有出现错误"或者"我复查了数学作业，发现有 3 道题有错误"。

（2）目标确定和计划制订

即确定自己的学业目标以及与这些目标有关的程序、时间的计划和安排、具体行动措施等。如"考试之前我制订一个相关的复习计划"。

（3）寻求知识

即完成作业时，要努力寻求与任务有关的知识。让学生去图书馆或者互联网上查找尽可能多的、与主题有关的资料。

（4）记录与监督

即自己动手记录课堂中的学习内容和学习结果。如"我记录小组讨论或其他同学发言、教师评价的要点，我自己动手建立自己的错题记录本或错别字表"。

（5）安排环境

学生自己选择环境或安排学习环境，以利于学习能够顺利进行。"做作业时有意识地调控自己，避免容易使自己分心的事""做作业时不一心二用，不听收音机、CD、MP3 等，集中精力做作业"。

（6）自我结果预测

要求学生对自己学习成败所可能得到的奖惩进行想象和安排。如"考得好我就与几个好朋友出去玩"。

（7）多加练习和记忆

即通过多种途径、方法的练习，记忆学习材料。

（8）寻求帮助

鼓励学生寻求社会帮助，主动寻求同伴、教师的帮助。

3. 检查、反馈和再指导

检查、反馈和再指导是学校对学生学习方法执行的监督和指导，具体内容如下：

（1）检查

学校通过下列途径了解学生对本学科学习方法掌握的程度：通过课堂教学中学生的发言、对问题的回答、课堂练习方面，学生的作业、试卷、练习册，其他学科教师的反映、同班同学的看法，家长对学生在家学习情况的描述和反映等。

（2）反馈

学校主动获取学生的反馈信息：学生对学习方法掌握的程度、种类以及存在的问题等。

（3）再指导

①总结。根据学生现阶段学习方法的情况，通过指导，使学生基本明确现状，并正确对待自己的优势和不足，从纵、横两个方面进行总结，制订出相应的计划和具体的措施。

②提升。在此基础上，把学习方法的熟练程度上升到策略水平，进而促使学习能力的形成和提高。

③自我调控策略的构建和运用。教师根据学生的实际情况，可适当地指导和帮助他们建立自我调控策略，在日常学习中有意识地加以运用，既可以部分地运用，也可以较为完整和系统地运用。

通过教学指导，学生可以掌握具体学科的学习方法，并能借鉴别人的学习方法；通过对学生自我调控的指导，学生可以探索、改进、总结出适合自己的学习方法；通过检查、反馈和再指导，教师就能及时地了解学生的学习状况，有针对性地指导，让学生取得长足的进步。

（二）注重关键点处的方法指导

桂林中学还将学习方法指导定位在 4 个关键点。这 4 个方面分别是课前预习、作业完成、复习总结和课后总结。

1. 课前预习

桂林中学认为，要想提高学生的学习效率，课前预习是必不可少的。如果课前预习得好，学生们带着问题进入课堂，就会做到有的放矢，有一种想学、想问、想练、想比的良好心理，不但激发了学生自主探索和求知的欲望，而且有助于学生终身学习能力的养成。为此，学校为学生总结出了具体的预习方法。

（1）一般流程

教师在指导学生进行预习时，提供主要的步骤和具体要求：找出本章或本课内容与前面已学知识的联系；找出本课的难点和重点；对重点问题和自己不理解的问题，做好标记或记入预习笔记。

（2）具体的方法

①扫除障碍法：指导学生在预习过程中通过查阅工具书、资料及请教他人来扫清学习中存在的问题。

②符号圈点法：指导学生预习教材时，用一套统一的、有一定含义的符号（画线、波浪线、三角等），在字、词、句、段上圈点勾画来帮助预习和加深理解。

③习题试解法：通过上述步骤，指导学生提前思考或者通过试解教材后的思考练习题，初步了解所学内容的概念、题型和基本解题方法、基本框架，以达到初步理解所学的内容。

④要认真做好预习笔记：一是每一课中的重点结构或提纲、摘要；二是每一课中概括的几个紧密联系的主要问题；三是尚未解决的疑难问题；四是所查资料中有关内容的摘抄，并注明出处；五是预习的主要心得体会。

2. 作业完成

作业是巩固知识的有效手段。桂林中学认为，不同水平的学生做作业的方式要各有不同，这样才能获得效果。桂林中学是这样做的：

（1）对成绩优秀的学生

建议他们先做题后看书，这样能够发挥学生独立思考、自检学习效果的作用。当学生遇到难解题时，要有针对性地去查阅，一旦从书中找到解题的思路、方法和答案，便成为学生终身难忘的经验和知识，从而加深对知识的印象并学会应用知识的方法。

（2）对中等生

建议他们先看懂教材，弄明白道理后再做作业，基本保证独立完成作业。

（3）对学习有困难的学生

建议他们花较大精力复习所学内容，适当弥补基础知识方面的欠缺，尽可能地独立完成作业。当他们确有困难时，可以向教师、同学、家长寻求帮助，以便顺利完成作业。

3. 复习总结

桂林中学让学生把复习总结当成是对学习新知识的强化手段，在这方面，学校要求学生做到以下6点：

（1）及时复习

这是紧随教师课堂教学，天天都采用的复习方法。学校坚信，复习贵在及时，这也是由"先快后慢"的遗忘规律所决定的。

（2）尝试回忆

在复习该课内容前，要求学生合上书本，独立地把教师课上所讲的内容回忆一遍。林校长认为这样做有如下效果：一是能及时检查听课效果；二是有助于学生养成动脑的习惯，并能增强、提高个人的记忆效果；三是能更明确复习的针对性。

（3）复习教科书

要求学生按以下几个步骤进行：

①圈点勾画。在复习时，把课堂学习中新出现的概念、定义、定理、结论等重点部分或容易忽略的要点部分，用红色笔勾画出来。

②提要。在书页的空白处，用少量文字，将教材的重要内容和知识结构简单地概括出来。

③学习心得、思维活动记录。在书页的空白处或者另附纸张，用不同颜色的笔，记录自己的学习心得和思维活动。

（4）阅读参考书复习法

在学生阅读参考书进行复习总结时，教师应提出明确的要求和具体的步骤：

①围绕课本的内容和教师讲课的中心去阅读。

②在教师的指导下选择好的参考书。

③要强调先仔细阅读课本内容，后看参考书。

④对阅读参考书的心得本会或者有重要参考价值的内容，可进行适当的记录和摘抄。

（5）章节复习法

通常，学完某一章节后，教师会指导学生进行小结，概述全章、全节的主要内容，理清思路，形成一个清晰、简明的内容脉络，形成心理定势。

（6）系统循环复习法

要求学生循环往复，不断重复，加深理解与记忆的一种复习方法，这种方法可用于固定内容的复习，也适用于累加知识的复习。指导学生多次复习一章、一单元或一本书的内容，要求学生每次复习都不是简单机械的重复，而是螺旋式的上升，对所学内容不断有新收获，新感悟，新体验。

4. 课后总结

让学生写好课后总结是一种对教学过程的自我反思，带有自我诊断、自我提高的作用，通过反思教学实践中的练习方法和手段以及达到的效果，可以使以后的学习更具备合理性和针对性。

（1）整理课堂笔记

教师指导学生进行误堂笔记的整理，主要包括：

①补。补上该记而没记的内容，使知识系统化。

②正。更正课堂记录不太准确、用词不当、深度不够的地方。

③添。添上个人学习的心得、见解、评价等。

（2）练后反思的习惯

提出具体要求，主要帮助学生从 5 个层面进行反思：一是怎样做出来的？想解题采用的方法。二是为什么这样做？想解题依据的原理。三是为什么想到这种方法？想解题的思路。四是有无其他方法？哪种方法更好？培养求异思维。五是能否变通一下而变成另一习题？培养发散思维。

（3）错题记录本

指导学生将每科的错题用一个专门的作业本进行记录，进行有针对性的补救和训练，查缺补漏；错题本还可以作为考试前的主要复习内容之一。

（4）指导学生学会自己留作业

在桂林中学，学生的作业内容因人而异，作业量有时也因人而异，特别是学生毕业前一年，学生有了较好的习惯，一部分学生基础已较牢固，就没有必要一定要完成教师布置的作业，而是根据自己的情况，自己给自己布置作业。

桂林中学将教育的重心从掌握知识转移到发展学生能力、培养学生学习的独立自主性上来，给学生提供了比知识更重要的东西——方法。

桂林中学对学生学习方法的指导具有系统性，从而消除了学生在学习方法上的盲点。学校重视学习方法指导，极大地调动了学生的学习积极性，让他们爱学、乐学、会学。学生学得轻松，大大地提高了学习效率。从教师的角度来说，方法指导提高了学生学习的自觉性，减轻了教师的工作负担。

注重传授方法，让桂林中学极大地提高了教学质量，学生整体水平、升学率有了极大提高，还涌现出了省高考状元、奥林匹克竞赛冠军等拔尖学生。在短短的 3 年内，学校就跨入了广西名校的行列。

（三）让学生掌握学习方法的举措

造成学生学习方法不当的原因是多方面的，排除智力因素的影响，大致有以下几种原因：

一是受教师教法的影响。教师教学中过分强调机械记忆、生搬硬套，忽视教材处理的灵活性，束缚了学生思维的发展。

二是受教材内容和学科性质的局限。小学阶段学生学习的依赖性很强，中学阶段学生学习的自主性较强，教材内容的单一性不能激发学生学习的兴趣，各门学科内容缺乏整合。

三是教师的指导层次过高。每个学生的认识基础和认知水平不尽相同，教师的指导如果忽视学生的年龄结构和认知能力，使学生处于被动接受的状态，其结果不言而喻。

因此，对学生进行学习方法的指导应遵循以下两个原则：

一是方法指导与实践运用相结合的原则。教师在指导学生时，既要教给学生适合他们认知水平的学习方法，又要让学生在学习实践中有意识地加以运用、体会，使学生在实践运用中建立科学的学法体系。

二是学科渗透与课程整合相结合的原则。教师在辅导学生时，既要适时渗透学科学习方法的指导，还要注意各学科间知识体系的相互融合。

在学生管理中，落实学法指导的主要策略有：

1. 教师的"教"为学生的"学"提供方法示范

一般来说，学生受年龄及知识结构的制约，掌握学习方法主要依赖于教师的指导与影响。所以教师必须努力使自己的教法成为学生掌握学法的生动范例，把教师的主导作用与学生的主体地位有机统一起来。

2. 从问题入手，教会学生探究知识的方法

教学要从教材和学生的实际出发，启发学生在学习、探索、体验、感悟的过程中，善于发现问题，引导学生在主动探索中获取知识。

探究的方法大致有观察、做实验、思考、查阅资料等。教师要及时帮助学生总结、归纳，使学生的方法更完整、更科学，提高学生探究的兴趣。

3. 在分析学习错误的原因中，领悟学习方法

遇到学生学习中的错误，要安排学生自我反思，帮助学生找出学习习惯、学习方法或思维方法中存在的问题。要把纠正错误结果和查找错误原因结合起来，加深学生对正确学习方法的领悟程度。

4. 让学生掌握科学的思维方法

培养学生的创新思维和实践能力是新时期课堂教学的核心。学校应该在思维能力的培养与训练中让学生掌握学习方法。学生掌握了科学的思维方法，学习方法也就具有科学性。

5. 引导学生形成规律性认识

事物都有一定的规律性，要引导学生对学习方法进行归类，在教师的指导下，组织学生发现规律、探究规律、对规律进行归纳整理，并逐步完善，进而形成完整的学法体系。

教会学生掌握适合自己运用的学习方法，是教师教学工作的重要组成部分。加强对学生进行学习方法的指导，是培养学生学习兴趣的有效手段，组织学生用恰当的方法学习是提高教学质量的基本途径。

三、建立竞争机制，让学生你追我赶

学校要在课堂中、班级内建立多层次的竞争机制，时刻注意培养学生健康向上的竞争意识，以便全面激发出他们的学习兴趣，让他们在学习上你追我赶，最终达到发展智育的目的。

每个教室都可能会遇见这样一群学生：他们懒于学习，在课堂上面无表情，思维凝滞；拖拖拉拉交来的作业，质量还不高；他们从不把考试放在心上，对考试少得可怜的得分满不在乎……

有些教师往往会把这种表现归因于学生本身，认为是学生不求上进，自甘堕落。但仔细想想，造成这种现象的原因，很大程度上是学校对学生管理不到位，没有把学生学习的积极性调动起来。教师是教育者，学生是受教育者，学生不爱学习是教师没有教育好，要负主要责任——是教师没有给学生足够的动力，才导致学生学习散漫。

那么，在管理学生时，怎样才能让学生主动学习呢？

在秘鲁的国家级森林公园，养着一只美洲虎。

由于美洲虎是一种濒临灭绝的珍稀动物，为了很好地保护这只珍稀的老虎，秘鲁人在公园中盖建了豪华的虎园，并放有成群人工饲养的牛、羊、鹿、兔等，供老虎尽情享用。

然而，让人感到奇怪的是，老虎整天待在装有空调的虎房里，或打盹，或耷拉着脑袋，睡了吃，吃了睡，一副无精打采的样子，毫无兽中之王的霸气。

怎么回事呢？一天，有人对管理员说，这么大的一片虎园，即使不放进去几只狼，至少也应放上两只豺狗，否则，美洲虎无论如何也提不起精神。

管理员们听从了这个意见，不久便从别的动物园引进了几只美洲豹投放进了虎园。这一招果然奏效，为了和美洲豹争抢食物，老虎那种刚烈威猛、霸气十足的本性重新被唤醒。

动物如果没有竞争，就会变得死气沉沉；人如果没有竞争，也会甘于平庸，养成惰性，最终导致庸碌无为。

现在的学生好胜心理比较强，大多都希望在别人面前"秀"一下，去展示自己。学校管理者可以抓住学生这种心理，用竞争去激发学生的好胜欲——这是让学生主动学习的好方法。

（一）班级内竞争，激发学生的内在潜能

在班级管理中，教师应教育学生学会和适应竞争，因为在竞争中谋求发展，是发挥学生学习主体性的重要手段。学生是班级的主人，如果长期不发挥他们的主体作用，他们将会丧失自主、自强的信心，失去对学习的主动性。为此，浙江台州初级中学校长叶良文要求各班级引入竞争机制，以此提高学生的学习激情。

首先，学校制定统一的竞争内容和量化考核的标准。

叶校长认为，学生常规行为是学习的有力保障，抓学生成绩应该从学生常规行为抓起。因此，学校结合班级的具体情况，为学生制定了在班级常规管理和学习情况两方面的竞争内容和量化考核标准，各占 50% 的权重。

具体内容体现在表 2-1 与表 2-2 中：

表 2-1　班级常规管理考核标准

出勤	自习		任课教师考核
	课堂		
	其他		
纪律	课堂纪律		任课教师考核
	自习纪律		值日班长考核
	集会纪律		班主任考核
	其他		值日班长考核
卫生	个人卫生		值日班长考核
	环境卫生		
	其他		
好人好事			班主任、值日班长考核

表2-2　学生学习情况考核标准

学习习惯	按时预习		学习组长交叉考核
	及时复习		
	认真听课	参与度	
		笔记整理	
	作业		
学习效果	考试成绩的达标度		任课教师和班主任考核
	学习方法积累		
	个性化的发明和制作		
	获奖情况		

考核的内容就是竞争的目标。这个目标设定之后，学校又确定了竞争主体。学校要求用班级分组的办法来确定竞争主体。

（1）班级小组的划分

根据学生的具体情况进行科学合理的分组，各班级参照学生的性别、个性、学习成绩、特长等具体情况，力求做到男、女生相配合，性格内向和外向的相合作，学习优、良、中、差的要和谐搭配，组内成员力争达到"互补"的效果。一般每班分为6～8个组。

（2）组织建设

每组中民主选举产生常务组长一人，纪律组长一人，学习组长一人，监督组长一人。组长分工负责、互相配合，定期换届。

有了竞争主体和竞争目标，浙江台州初级中学的竞争机制又是怎么建立起来的呢？

（1）竞争对手和小组奋斗目标的确立

常务组长负责召集组内成员，认真讨论研究本组的具体情况，根据实际情况确立本组的竞争对手（组）以及组与组之间个人的竞争对手，制定小组学期奋斗目标，如表2-3所示：

表 2-3　组间竞争对手与小组目标比对表

组	个人竞争对手					小组目标
第一组	A1	B1	C1	D1	…	
第三组	A3	B3	C3	D3	…	

　　每个学生自找一名水平相当的对手，并在自己的桌角上贴上竞争对手的名字，与竞争对手比学习、比思想、比体育等。

　　除了个人竞赛，班上还实行"一帮一、一盯一""最佳表现小组""富有挑战小组""最佳合作小组"等，分别对得分最高的、竞争最激烈的、小组最团结的三个小组进行奖励，鼓励其他小组都朝这个方向发展。

　　（2）竞争办法

　　个人竞争办法：个人的竞争从"常规"和"学习"两方面进行，如课堂上表 2-3 中的 A1 积极举手发言一次，那么 A3 也应毫不示弱地选择机会举手发言……随时随地将竞争这根弦绷紧。

　　小组竞争办法：每个小组值日一天，学习组长上午提前 20 分钟到校，组织全班学生进行早读，组织各组学习组长交叉检查各组学生的复习、预习情况并做好记录；纪律组长负责自习课的学习和纪律；常务组长负责填写好《班级日记》并及时向班主任汇报；监督组长负责及时提醒、补缺以及卫生的督促和检查工作；班主任当天公布考核情况并做好记录。

　　（3）竞争评价

　　个人的竞争评价：个人在与对手的竞争过程中，按照"常规""学习"两方面各 50 分进行评价，如果没有达到相应的要求，按每项 1 分给对手加分，自己不扣分；如有好人好事根据情况加 2～5 分；参加各级各类比赛，按照级别和名次加分。每人每月积分＝100＋个人当月积分。如果当月积分高于对手可升为下一个学月的"擂主"，同时还会得到对手自制的精美礼物一份，并且还要在当月积分中另加上 10 分。

　　另外，班主任还会给优胜者的家长发送"喜报"，以此作为对学生的鼓励。

　　小组竞争评价：小组积分是组内成员的当月积分之和除以小组成员数，按照积分由高到低每月评比出前四名作为优秀小组，班主任给予一定的奖励。学期综合评估，对积分前四名的常务组长推荐到学校进行校级以上的"优秀学生干部"的评估和奖励。

在班级中，小组成员互相支持和配合，不仅要为自己的学习、生活负责，而且要为所在的小组其他同学负责，形成组内相互信任、彼此接纳的良好氛围，让每一个学生都树立"为小组荣誉而战"的意识。

浙江台州初级中学在班级中建立竞争机制，创造了很好的竞争氛围。每个小组都是一个竞争实体，他们不甘落后，你追我赶，在班内形成了一个比、学、赶、帮、超的学习氛围。在这种学习氛围的激励作用下，学生的学习积极性有了明显提高，课堂上积极参与学习活动，学习效率也提高了很多。

浙江台州初级中学的管理经验告诉我们，作为校长，在学生管理中要注意充分发挥学生的主体作用，积极引进班级竞争机制，挖掘学生的创造潜能，提升学生的整体素质，从而达到有效提高学生智育的目标。

（二）课堂内竞争，提高课堂学习效果

现在是竞争的时代，学生应具有强烈的自我表现精神以及具有不断学习的延伸能力和汲取信息的生存能力。竞争是进步的动力，是提高教学水平的有效手段。青海湟川中学校长马康伯审时度势，在学生智育管理中，利用学生好胜的心理特点，将竞争机制引入课堂，以此调动学生学习的积极性，提高学生的智育发展。

青海湟川中学的竞争办法是在课堂内将学生分成若干小组，每组6个人，然后将学生应该理解掌握的课堂学习内容设计成一个个小问题，让学生竞相解决，并以小组为单位进行竞争，以此激发学生的参与兴趣，乐于参与课堂学习活动。

班级分组后民主选定组长。组长一般由成绩好、责任心强且工作能力也较强的学生担任。每组学生按以往测试成绩的好坏编号，分别编排为1～6号。这种编号在大型考试后可根据成绩进行调整。

教学过程中，学校要求教师尽量在每节课、各环节、各课型设计竞争机制。课堂上以小组间竞争为主，组间竞争与组内竞争结合，个人竞争与小组竞争结合，课上竞争与课下竞争结合。在内容的处理上，有抢答，有快速写

绘，有指图互查，有讨论答辩，有全面检测等。

课堂上，教师在黑板一角设立得分板，学生答题随时得分。得分的办法：一般随机提问的，1 号答对得 1 分，6 号答对得 6 分，以达到鼓励后进的目的；对于疑难问题，组内讨论统一答案，选代表回答，得分据题目情况而定。在课堂上能提出问题的学生，也根据情况给予加分。检测情况、作业情况都根据实际随时给小组加分或减分，并相应给典型个人加、减分（成绩优秀者和进步幅度大者加分；未完成者，质量很差者减分）。

在课堂建立推行竞争机制时，学校强调教师要做好以下几个方面的管理工作：

1. 主导学生竞争行为，不能让学生为得分而得分

教师要认识到得分只是形式，学生学好知识、形成能力才是竞争的根本。因此，教师应特别注重在课堂竞争中对学生的情绪控制，主要体现在：

（1）防止学生情绪低落

引导学生不因为没能答对问题或没有抢到答题的机会而情绪低落。

（2）培养学生公平竞争心态

培养学生正确的公平竞争心态，不能因为看到、听到别的小组答错了，就高兴得合不拢嘴，甚至幸灾乐祸。

（3）促进小组内、小组间的互帮互学

引导学生明确竞争的最终目的是为了促使所有的班级成员共同进步。

2. 机智调控课堂，让竞争有序进行

（1）内容调控

对于非重点的内容，不让学生一味地讨论辩论下去，应适可而止，把竞争调控到重、难点的学习上来。

（2）机会调控

教师不能一味地迎合学生要求回答问题的心理。问题的提问也不见得非要各组轮一遍，本节课没有得到回答问题机会的小组，教师可以在下节课给予补偿。

有些时候，教师还可以根据各组听讲情况、纪律情况来选择某小组回

答，纪律不好的小组，可取消其回答展示权，以示惩罚。

（3）激励调控

教师不一定对学生回答的每个问题都给予加分或加全额分，什么样的回答加分，加多少分，教师要提前考虑好，并注意随机调控。这样就会避免课堂上陷入教师忙于加分、学生争论加分的局面。

3. 不能忽视组内2、3、4号同学的学习

在实施竞争机制的一段时间内，有些小组为多了得分，尽量让5、6号学生来回答，这些学生也乐于参与回答。而作为教师，也觉得既然5、6号同学都能答对，那组内的2、3、4号同学必然也没什么问题。结果5、6号这部分学生是真正动起来了，也乐于参与学习了。殊不知，组内的2、3、4号学生，有很多并没有长久的学习自觉性，他们见教师一般不提问自己，课堂上就没有了紧迫感，从而也就丧失了学习的积极性。因此，教师在课堂中，不仅要照顾到各组的情绪，也不能忽视各组内学生的情绪，问题的回答在组内也要力求做到适当的均衡。

4. 注意观察、总结学生的成绩变化，合理改进评价机制

在良好的竞争机制下，随着学生的变化，教师应随时调整竞争机制，让学生的竞争更合理公正。比如，学生编号的重排，班内小组的重新划分等。

青海湟川中学让学生在课堂上以灵活多变的方式进行竞争，从而活跃了课堂气氛，使学生有了自尊、自重、自信，在紧张、民主的氛围中，积极思考，主动参与到学习中去。

几年来，青海湟川中学致力于建构"竞争式"的课堂教学模式，形成了基于本模式下的各具特色的个性化课堂教学。这种教学方式激励了学生的学习热情，促进了学生的可持续发展，帮助学生认识了自我，建立了自信；改变了传统教育静态的、功利的评价观，树立了动态的、发展的评价观。

首先，竞争机制的引入，激活了学生的好胜心。心理学家认为，每个人都有好胜心，都想在大众面前表现自己，都想得到公众的认可和赞扬。学生为了能在课堂上很好地表现自己，能将教师提出的问题回答得准确完整，他

们就会在课外积极主动地去预习课文，去寻找资料，对课后的练习题也会事先做一番思考。这样，学生的学习积极性就得到了调动，自主学习的能力也就得到了提高。

其次，竞争机制的引入，能活跃课堂气氛，在课堂上充分体现出学生的主体作用。课堂教学方法多种多样，主要是为了调动学生的积极性，让学生主动参与到学习中。而在课堂中引入竞争机制，就能很好地解决这一问题。引入竞争机制，学生就会对教师提出的问题，主动去思考，积极去发言，形成"诸侯"争强的局面。

再次，竞争机制的引入，能转变潜能生的学习态度，使潜能生的潜质得到发挥。潜能生的学习态度普遍都不端正，基础也较差。但在竞争机制中，他们或是为了表现自己，或是为所在组争"面子"，也会参与竞争，甚至是积极地参与。当他们表现良好时，教师应及时地给予表扬和肯定，使他们的自尊心得到满足，从而唤醒他们的自信，促使其端正学习态度，发挥出潜在的学习能力。

青海湟川中学的竞争机制，不但促进了学生之间互学、互助、互比、互励，而且促进了学生的自我发展，也让他们体验到了学习进步的喜悦。

（三）建立竞争机制的举措

竞争是时代的要求，是社会发展的必然。优胜劣汰是自然规律，没有竞争，就无以求生存；没有竞争，就无以求发展。因此，学校在学生管理中，要用竞争去激发学生的积极性，培养学生的进取心、锤炼学生的坚韧力。作为学校管理者，要不断地向学生强化竞争思想，为他们设置竞争氛围以及竞争环境。

那么，如何建立竞争机制呢？

1. 加强班与班之间的竞争

每次考试后，学校可要求各班主任将各个平行班级的成绩汇总、公布，让学生清楚地认识到自己班级在全年级所处的位置，以此明确全班学生以后所应努力的方向，从而增强班与班之间的竞争。

2. 加强学习小组之间的竞争

学习小组之间的竞争是班级竞争机制的核心，也是竞争运作的主要内容之一。学习小组的组成和运作需做到以下几点：

（1）小组成员分布均衡

每个学习小组的成员数不可太多，以 4～6 人为宜。小组成员的划分应结合实际，以学习、纪律、思想表现得好、中、差为划分依据，保证每组中好、中、差学生分布均匀。小组组长的确定需慎重，要选定一名学习好、自律能力强的学生来担任小组长。

（2）确定适当的奖惩机制

学习小组及小组长确定以后，应根据学生每天的具体表现，对小组和小组成员进行适当的奖惩。每周总评一次，根据得分情况，评选出最佳组长和最佳组员，给予表扬和奖励。同时，也要评出最差组长和组员，教师对他们的教育要把握分寸，主要通过讨论、对比，帮助他们分析落后的原因，鼓励他们迎头赶上。

这样做，不但能调动学生的学习积极性，而且增强了他们的集体荣誉感，更重要的一点是，培养了学生的自律能力，让他们明白，自己的任何一种行为，都关系到自己和整个小组乃至整个班级的荣誉。

（3）建立完善的轮换机制

根据出现的各种情况和问题，小组长和组员可以随时轮换，也可以实行组间轮换。

3. 加强学生与学生之间的竞争

学生与学生之间的竞争也是竞争机制的主要内容，可分为以下几种：

（1）自我同他人的竞争

教师要经常在学生面前提起一些其他班、其他年级或者其他学校学生的良好表现，在外班、外校寻找竞争对手，以便培养学生敢于争先的学习精神。

对于成绩接近，关系又较亲密的学生，教师可以把他们列为互相竞争的对手，让他们通过多方位竞争，去发现自身学习、生活、思想等方面的不足，汲取别人的长处，克服自己的短处。

（2）优生与差生的竞争

我们一般将学生分为优生和差生，但每个学生都有自身的优点和缺点，有些学习成绩较好的优生身上存在很多做人方面的缺陷，如骄傲、受挫能力差、与同学关系不融洽等；而在很多差生身上也有许多人格的闪光点，如真诚、善良、勇敢、有正义感等。教师可以把这两种学生结合起来，结成自愿竞争的"对子"，在学习和做人方面展开互补竞争，这对于调动学生的积极性，大有裨益。

（3）男生与女生之间的竞争

男生与女生在性格上存在差异，男生性格比较开朗、勇敢、果断、不拘小节、好动、好问和好奇，但比较粗心、逞强好胜，有些人甚至脾气粗暴、遇事鲁莽；女生则一般性格比较温柔、文静，虽然有些也开朗、好问、好动、好想和好奇，但程度不如男生，她们遇事思虑更周详、细致，但果断性相对差一些。教师可以根据学生的性别差异，建立男生与女生之间的竞争机制。

4. 加强课内与课外的竞争

进行这种竞争的目的在于适应素质教育的要求，弥补应试教育只注重课本知识，忽略课本外知识，只注重基础课学习，忽视非基础课学习而导致的学生知识结构的不平衡；使学生更加全面地发展，培养他们的创新意识。比如，进行"读课外书比赛"，比谁读的书多，做的读书笔记多，以培养学生的阅读能力；进行"诗歌朗读比赛""演讲比赛""作文竞赛""编故事比赛"，锻炼学生的语言表达能力、写作能力；举行"小制作比赛""绘画、书法比赛""开联欢会"等，锻炼学生各方面的能力，培养学生的特长。

对学校来说，管理学生的最终目的不只是为了给高一级的学校输送成绩合格的学生，而是为了培养出更多的优秀人才。

学校应根据学生自我意识的逐渐增强，认知能力全面发展的心理特征，时刻注意培养学生健康向上的竞争意识，在学生管理中引入竞争机制，以便全面激发出学生的学习兴趣，让他们在学习上你追我赶，最终达到发展智育的目的。

四、倡导合作学习，提高学生的整体成绩

> 科学的合作学习模式是提高学生整体成绩的有力保障。学校应发挥教师主导作用，指导整个合作学习进程，让合作学习有效地开展。

有人和上帝讨论天堂和地狱的问题。

上帝对他说："来吧！我让你看看什么是地狱。"

他们走进一个房间。一群人正围着一大锅肉汤，但每个人看上去都是一脸饿相，瘦骨嶙峋的。他们每个人都有一只可以够到锅里的汤勺，但汤勺的手柄比他们的手臂还长，自己没法把汤送进嘴里。有肉汤喝不到肚子里，只能望"汤"兴叹，无可奈何。

"来吧！我再让你看看什么是天堂。"

上帝把这个人领到另一个房间。这里的一切和刚才那个房间没什么不同，一锅汤、一群人、一样的长柄汤勺，但大家都身宽体胖，正在快乐地歌唱着幸福。

"为什么？"这个人不解地问，"为什么地狱的人喝不到肉汤，而天堂的人却能喝到？"

上帝微笑着说："很简单，在这儿，他们都会喂别人。"

同样的道理，学生在学习中有没有合作，也直接关系到学生成绩能不能提高。在20世纪70年代，美国率先提出了合作学习的理念，认为合作能大面积提高学生的成绩。这种理念很快成为当代主流教学理论与策略之一，被人们誉为"最重要和最成功的教学改革"。

实践证明，开展合作学习，能够强化学生的主体意识，激发学生潜在的

创造力。学生通过交流进行学习，真正成为教学活动的积极参与者。在合作活动中，学生之间可以互相交流，彼此争论，互教互学，共同提高。合作学习还能密切师生之间的关系，让学生从被动服从向主动参与转化，从而形成师生平等、协作的课堂气氛，使教师真正成为教学活动的组织者、引导者、合作者。

另外，合作学习还弥补了教师一个人不能面向每个学生进行教学的不足，通过学生间的讨论与交流，某方面成绩较好的学生可以帮助这方面较差的学生，形成知识技能互补，从而达到人人教我、我教人人的目的。

（一）发挥教师的主导作用，让合作学习有效地开展

有些学校合作学习的有效性很低，他们只是把合作学习作为一种形式，一种点缀，每次只用两三分钟时间，学生还没有真正进入学习状态，就草草收场；有的看似全员参与，实际上是好学生"独霸天下"，学困生"袖手旁观"；小组合作学习中，学生不会倾听，不会合作，课堂几乎处于失控状态，教师缺乏组织教学的策略；有的课堂气氛看上去似乎很活跃，但思维含金量却很低，相互作用效果很差；有的往往重视对合作结果的评价，忽视如何提高对合作有效性的指导；有的不管问题是否适合采用合作学习这种方式，也不论问题大小、深浅，一律采用合作学习的方式。

为了"治疗"这些不良现象，张家港中学校长高万祥给出这样一道"处方"：发挥教师主导作用，让合作学习有效地开展。高校长认为，合作学习中教师是组织和引领者，只有教师发挥出了主导作用，才能管理好学生合作学习的过程。为达到合作学习的有效性，高校长要求教师坚持做好以下几个方面的工作：

1. 合理分组

为了让每位学生都能在合作学习中得到锻炼、提高和有所收获，教师在授课前将全班学生依个性化特征、心理倾向、认知结构、接受能力等方面的差异分为不同的层次，然后按"组间同质，组内异质"的原则，把不同层次的学生重新组合为多个学习小组。合作学习小组一般由4～6人组成。以4人为例，其中1名是优等生，2名是中等生，1名是后进生，分组时，尽量

使各小组总体水平保持基本一致。

2. 选取合适的教学内容

教学过程中会遇到一些复杂的问题，而这些问题往往是教学的重点或难点，如观察物体的空间位置、形状。学生对这些问题可能会存在许多不同的认识，教师运用一般的方法进行教学，往往难以奏效，这时，就需要运用合作学习的方式，从不同的角度，采用不同的思维方法来解决问题。

比如，新课程的教材，具有一定的开放性和创造性，课后往往会设置一些"想一想""做一做"等栏目，这些栏目都是很好的合作学习的教学资源，有利于学生对课本知识的巩固和拓展，培养学习兴趣。

3. 目标明确、合理分工

教师要充分挖掘每个学生的长处，特别是给那些平时不愿意说话或是不敢说话的学生提供展示自己的机会，让每个人在活动中做到会倾听、会表达、会讨论。保证事事有人做、人人有事做，杜绝"搭便车"现象，让每个学生都能承担个人对小组的责任。

4. 加强对合作学习方法的指导

高校长要求教师课堂上要真正关注学生。在小组合作学习时，教师不要等待，也不要做其他事情，而是深入到小组中去，了解学生合作的效果、讨论的焦点和认知的进程。教师要尽最大可能考虑学生需要什么和如何去引导他们，教给学生归纳、演绎、类比、推理等方法，从而完成知识的形成和再现。

5. 科学评价

实施评价时，教师不仅要评价学生的学习结果，更要关注学生合作的过程；不仅要评价每个学生的参与情况，更要关注小组的整体情况；不仅评价发言学生的答案是否正确，更关注学生在表达自己的观点、倾听学生发言的过程中所表现出来的态度；不仅评价学生的学习水平，更关注他们在合作中所表现出的合作精神、投入程度、情感与态度。

教师通过评价机制，帮助学生认识到自我，建立信心。教师可根据小组的表现评出"集体智慧奖""组合默契奖""共同进步奖"等，也可根据小组中成员的表现评出"最佳表现奖""合作标兵奖"等。

合理分组，既有利于优等生带动中等生的"拔高"，又能帮助后进生的"达标"，在小组中形成互帮互促的学习氛围。

合作学习的目的在于使每一个学生尽可能地参与到学习活动中来，因此，合作学习选取的内容要具有一定的趣味性、合作性，具有一定的深度、可评估性等特点。

目标不够明确，分工不落实必将导致合作学习费时、费力，难见成效。为了最大程度地提高学生的参与率，组内成员都应有相对侧重的一项工作，担任一个具体的合作角色，使每个成员都能从不同的位置上得到体验、锻炼和提高。

在评价中，教师应根据学生的发展制定不同的评价标准，对达标者给予优良评价；同时引导学生纵向比较，从中体会个人的进步，从而消除后进生的自卑感，增强其自信心。对于合作较好的小组，组织能力较强的组长，教师既要积极评价组长，也要及时表扬和激励小组成员，让他们充分体验到合作的乐趣，充分享受到成功带来的喜悦。

现在，在张家港中学，教师不再只站在讲台上"居高临下"地授课了，师生之间的距离拉近了，学生的主体地位开始凸现了，学生的头抬起来了，手也举起来了，话也多起来了。学生的积极性、主动性被激发出来，极大地提高了合作学习的有效性。

（二）加强过程关注，让学生成为学习的主人

铜陵市实验小学是一所有着悠久历史和辉煌业绩的学校。为了让课堂中的合作学习不流于形式，起到应有的效果，校长吴仕平结合新课程标准，提出《合作学习的管理方案》，要求教师做好合作学习中学生的过程关注，让学生成为学习的主人。

提出要求后，吴校长将合作学习的管理从三个环节抓起，即合作前、合作中和合作后，要求教师把握住这三个环节，让合作学习在学校如火如荼地展开。具体的做法是：

1. 关注合作前

合作开始前，教师先让学生明确合作学习的目的和任务，并对合作的操作程序加以说明，让学生带有很强的针对性进行合作学习，以防止合作中出现有些学生"合而不做"，滥竽充数的不良现象。

如果采用小组合作学习，那么教师就会在合作前给小组成员编号，并为他们安排不同的工作，比如，1号：报告员；2号：记录员；3号：激励员；4号：组长……小组成员在完成大任务的前提下，还各自负责不同职责，比如，组长主要进行任务分配，调控任务进度；记录员在合作完成任务的过程中记录讨论成果；报告员负责在成果展示时向小组或全班进行汇报；激励员主要负责在规定的时间内，鼓励成员取得更多的收获。当然，角色要进行轮换，让每个学生都能尝试不同的角色，得到不同的锻炼。

2. 关注合作进行时

课堂教学中，教师要把握合作时机，及时激发学生的学习兴趣。吴校长认识到，学生的讨论、争论、辩论，有利于创造性思维的发展和改变"喂养式"的教学格局。

吴校长要求教师把握时机，激发学生学习兴趣，提供"说"的空间，让学生敢说、会说、好说，各抒己见，取长补短。下面让我们看看铜陵市实验小学的教师是怎样把握时机，有效开展小组讨论的。

（1）把握合作学习的最佳时机

在学生获得大量的感性材料、尚未得出结论之前组织讨论。一般都采用"先放后扶"的方法来激活学生参与的热情。首先，提出使学生感兴趣的问题，放手让他们去思考，进而推出解决问题的各种可能的假设和答案，并对假设和答案从理论和实践上加以检验、补充甚至修改，直至解决问题。

（2）提出合作学习的可行任务

教师针对教材中的重、难点内容开展小组讨论，让学生之间互相取长补短，再加上教师的点拨，使学生的思路茅塞顿开。

（3）创造合作学习的开放空间

当一个问题有多种答案时组织讨论，以此激活学生的思维，从不同的角度去思考问题，培养学生的创新意识，并在多种答案中找出最好的结论和思路，从而训练学生思维的敏捷性，培养学生的创新意识。

例如，浙教版小学语文第四册课文《乌鸦喝水》，这是一篇同生活关系密切的童话，聪明的乌鸦想出办法喝到了水，那么，除了放小石子使水位升高可以喝到水，还有什么办法能喝到"水不多，瓶口又小"条件下的水呢？教师让学生们各抒己见，有的说，把瓶口打破；有的说，把大象找来，让它把瓶子用长鼻子卷起来，倒进乌鸦嘴里；有的说，把树叶卷成吸管……

在鼓励学生大胆设想和表扬他们标新立异的同时，教师让大家分组讨论：这些办法怎么样？你们还有更好的办法吗？这让学生的情绪异常高涨，大家开始热烈地讨论起来……

3. 关注合作结束后

多年的合作学习经验让教师们意识到，组织成功的合作学习，不应只在合作过程中轰轰烈烈，还应当给学生展示成果的机会。合作成果的展示本身就是一个极好的学习反馈机会。为鼓励学生下次积极参与学习，教师尽量让更多的小组充分展示其成果，让更多的小组成员尝到合作学习的甜头。

教师要对小组合作学习成果及时评价，在充分肯定小组全体成员成果的同时，也要指出今后努力的方向。

另外，除了教师评价外，还可以引入小组成员自评、互评以及组间互评等符合新课改理念的评价方式。

不可否认，由于教师的注意力有限，学生又多，合作学习很容易陷入混乱无序、难以调控的状态。有效地组织合作学习，就可以轻而易举地解决这个问题，它不仅可以将学生的注意力吸引到学习上，还能培养学生团结互助的凝聚精神。

国家教育部门曾在有关文件中专门提及合作学习，指出："鼓励合作学习，促进学生之间的相互交流、共同发展，促进师生教学相长。"由此可以看出国家教育部门对合作学习的重视。

新课标提出："学生是学习的主人。"铜陵市实验小学按照教育发展的要求，在学生管理中实行合作学习活动，让教师成为学生学习活动的引导者和组织者，让学生成为学习的主人。

铜陵市实验小学的合作学习，让每个学生都有了均衡的学习机会，充分体现出学生的主体性、互补性，培养了学生主动学习的能力，并让每一个学生都从中找到了自己的正确位置，为全体学生的发展提供了空间，从而达到个体与集体学习的统一发展。

（三）建立有效合作学习模式的举措

合作学习是新一轮课程改革所倡导的一种重要学习方式，小组合作学习是其基本形式。在学生管理中，建立科学的合作学习模式是组织学生开展合作学习活动，提高合作学习的实效，提高学生整体成绩的有力保障。合作学习的模式大致可以分成5个步骤：

1. 铺垫导入——初步参与

（1）创设新课情境

教师要灵活应用新课程教学理念，遵循"教学从生活中来"的教学原则，结合教材设置悬念；还可以利用回忆已学知识，展示图片实物，列举实验史实，分析错误等方式创设新课情境。通过富有引起学生学习兴趣的情境设置，将学生置于探索问题的氛围中。

（2）设置问题情境

教师设置的问题，要能将学生的思维引向纵深发展。需要设计出紧扣教材重、难点，符合学生学习心理和认知规律的思考题，思考题要难易适中，要有启发性，要有探讨价值。要能引起学生讨论的兴趣。

2. 自主探索——独立参与

独立探索是合作交流探讨、深入探究的基础。教师应充分提供学生独立学习的机会。教师要精心安排自学内容，提供充分的参与时间和空间，让学生通过阅读、操作、实验、分析、比较、抽象，利用各种信息探求新知。

3. 组织交流——合作参与

学生个体把未能解决的问题带入合作小组解决是合作学习解决问题的核

心。教师必须做好以下工作：

（1）组建合作小组

依据学生现有发展水平，将全班分为若干个讨论组，每组由前后桌的4～6人组成为宜。教师在组建合作小组的时候，应做到优势互补。

（2）进行合作分工

合作小组由小组长、记录员、中心发言人和补充发言人组成。为弥补学生的不同差异，可定期或有针对性地进行轮换，力争每人都要担当相应的角色。

（3）对学生要提出要求

一是学生分组讨论时，组长主持讨论，成员要明目标、讲步骤、高效率；二是要人人带着思考题，结合教学内容来探求答案，而非凭空设想答案，要禁止那种闭目应付、空话敷衍的现象；三是要人人积极参与讨论，个个乐于抒发见解，要变传统的个人讲练为互助互补，互相切磋；四是在教师讲授、点拨和学生发言时，要求每个人都必须认真听讲，听清别人发言的要点。

（4）进行有效管理

一是要求合作小组明确分工；二是要求各小组的小组长要协调好本组成员，力争使本组在最短的时间内形成一定的讨论成果；三是教师要宏观和微观相结合地做好课堂讨论的组织、调控和参与工作，坚决制止学生的放纵、嬉闹、捣乱等不良行为。

（5）科学评价学习效果

在对学生的小组合作学习进行评价时，注重把学生个人之间的竞争变为小组之间的竞争，把个人计分改为小组计分，把学生在合作学习过程中体现出来的参与积极性、合作诚意、合作技能和小组总体成绩等方面作为评价的重点。不求人人成功，但求人人进步，形成一种组内成员合作，组间成员竞争的格局。

4. 精讲解疑——深入参与

教师应针对小组学生的学习反馈，做评价式、解疑式或引申式精讲，使学生对知识、技能得到深入的理解和掌握，使学生完成由感性认识向理性认识的飞跃，达到学以致用。

5. 总结演练——拓展参与

教师精心点拨，启发学生对本节课所学知识进行全方位的总结，精心安排变式的综合操作演练。

合作学习是提高学生智育的有效方法，它不仅是形式上的组合，更是学生学习结构上的调整，也是以提高学习效率为出发点的教育改革。学校要强调教师重视合作学习，并在合作的方式方法上多加指导，让合作学习确实发挥实效。

五、加强创新思维培训，培养创新型人才

创新是民族的灵魂，是科学发展的动力，是技术革命的生命。学校应从创造教育活动入手，有效地运用信息技术，提高学生的创新思维能力，培养创新型人才。

如果用数字来表示，创新就是"0＋1"，是从无到有、标新立异，实现零的突破；创新还是"1＋99"，是从有到优，更高更好；创新更是"100＋1"，是从优到更优，直至创造新的纪录。

创新是民族的灵魂，是科学发展的动力，是技术革命的生命。人类社会的一切文明进步都离不开创新。

培养和造就高素质创新性人才的基本途径是教育，没有培养出具有创新精神的学生，则是教育的一种失职、失误。

江泽民同志曾指出："我们国家要屹立于世界民族之林，要赶上甚至超过发达国家，就必须以培养民族的创新精神和培养创造型人才作为教育改革的根本宗旨、学生发展的根本目标。"

如何开拓学生的创造性思维，培养创新人才，是关系到我们国家未来发展的重要问题。如何改革人才培养模式，深化教育教学改革，培养学生创造性思维能力，为国家培养出一大批高素质、富有创造力、能适应当前形势需要的人才，是教育亟待解决的一件大事。

（一）运用信息技术，启迪学生思维

21世纪是信息的时代，信息技术的发展给教育带来了革命性的影响，也给教育带来了无限生机。

甘肃省山丹县李桥乡巴寨小学（以下简称"巴寨小学"）在不断探索中

发现，现代信息技术是开发学生思维的有力武器，它能调动学生学习的积极性，体现学生的自主性，实现教学的优越性，发挥学生的创造性，有利于构建新型教学模式。

自 2004 年安装并使用现代远程教育设备以来，巴寨小学就特别注重运用现代信息技术，培养学生的创新思维。经过几年的摸索，巴寨小学已走出了一条运用现代信息技术，培养学生创新思维的特色之路、成功之路。

1. 以信息技术为平台，激发学生的学习兴趣

美国心理学家布鲁纳说："学习的最好刺激乃是对学习材料的兴趣。"

信息技术对于激发学生学习的兴趣、快速进入学习情境有着得天独厚的优势。因此，学校要求全体教师充分利用学校的现代远程教育设备，以信息技术为平台，调动学生的积极性，培养学生的想象力。

在教学中不少教师也发现，有的教学内容虽然结构严谨，有较强的趣味性和知识性，但离学生的现实生活较远，学生对事物缺乏具体的感受，而利用多媒体课件丰富的表现力，使学生产生身临其境的感觉，能大大地激发学生的创新欲望。为此，巴寨小学的教师们总是尽可能地运用现代教育设备，将书本上的文字信息真实再现在学生眼前，从而提高学生的学习兴趣和想象力。

例如，在教学《赵州桥》一课时，有一位教师精心制作了一套多媒体课件，通过图片展示、视频播放以及导游员的介绍等，让从未见过赵州桥的学生凭借现代信息技术，形象地感受到赵州桥，全身心地投入到赵州桥的雄伟壮丽之中。这节课，课堂氛围异常热烈，课文重点尽现其中，教学难点也随之突破。

2. 利用信息技术设置疑问，激活学生思维

亚里士多德曾说过："思维是从人的疑问和惊奇开始的。"有了疑问，才能激起学生解决疑问的欲望，而解决疑问的过程也正是凸现学生创新精神的过程。

因此，巴寨小学要求教师应充分挖掘教材中蕴涵的创新教育，善于根据学生的年龄特征，创设探究性问题的情境，从而激发学生的创新动机。

有一位老师在教授《翠鸟》一课时，适时提出了两个问题：一是翠鸟有哪些生活习性？二是听了老渔翁的话，我们的脸为什么红了？

接着播放介绍翠鸟的影片，将学生的注意力集中到解决问题的轨道上来，指导学生探究性学习。

由于这两个问题综合、集中、覆盖面大，教师让学生看完影片后，进行分组讨论。在自主探究的过程中，学生很快找到了答案，并从中领悟到了有效的学习方法，获得了成功的快乐。

3. 创设情境，深化学生思维

巴寨小学认为，教学是一门艺术，教师要努力创设情境让学生体验，充分发挥学生的想象力和观察力，使他们有身临其境的感受。

《飞机遇险的时候》一课重点写飞机遇险时，周总理毫不犹豫地将自己的降落伞让给小扬眉，体现了伟人关心下一代、爱护下一代的品质。有一位教师在教学这一课时，就创设了课文中描述的情境让学生感受体验。他通过多媒体课件，播放飞机遇险时人们惊慌失措的表情和各自逃生的场景，让学生从中体会周总理为什么在这样危险的情况下还将自己的降落伞让给小扬眉？进而体会出周总理把生的希望留给别人，把死的危险留给自己的高贵品质。

这位教师正是创设情境，以疑促思，深化学生思维，使学生进一步加深了对周总理舍己为人精神的敬佩之情。

4. 在信息技术中培养学生的发散思维

巴寨小学认为，所有的创新过程都离不开发散思维。因此，学校要求，教师在教学中必须为学生创造发散思维的训练机会，把握学生思维发散的时机。

例如，有一位教师在教学《乌鸦喝水》一课时，在利用多媒体课件演示完乌鸦喝水的过程后，学生都为乌鸦的聪明称绝。这位老师立刻抓住时机发问："有没有其他更好的办法可以喝到水？"针对这样的提问，学生的思维一下子变得活跃起来：有的说用石头打掉瓶颈；有的说用吸管喝水……这些独特的见解正是创新意识的萌芽。

如何在信息时代发挥信息技术的优势，顺应时代的要求，培养学生的创新能力，各个学校都在积极地探索和实践中。

巴寨小学采用的是一种新型的教学模式，是能够自觉、积极地培养学生创造性思维，将知识的传授与学生的愿望相结合，变被动学习为主动学习的教学。

虽然巴寨小学在培养创新性人才这条道路上才刚刚起步，但通过不断完善，学生的创造性思维就一定能真正得到培养和发展，学校也将会以更加蓬勃的活力向前发展。

（二）从创造教育活动入手，培养创新人才

2002 年，上海市清华中学提出了"和谐发展教育"主课题研究任务，明确规定把科技创造活动作为和谐发展的一项重要内容来抓，提出要把培养学生"会学习、会做人、会合作和会创造"作为学校矢志不渝的理想和追求。

开展创造教育，培养创新型人才，上海市清华中学首先成立了开展创造教育活动领导小组，由校长亲任组长，主管教学的副校长担任工作执行组长。领导小组成员定期研究工作，认真对创造教育活动进行安排，并设立了科技创造活动室，为学生开展科技创造提供了专门活动场所。

其次，上海市清华中学先后制定了《学校科技创造教育工作室章程》《科技创造教育三年发展规划》《清华学校创造发明教育活动目标》等制度，并在每个学年还制订有具体的活动计划。这些制度明确地规定了开展科技创造教育活动的目标、任务和活动办法，基本上保证了学校科技创造教育活动的开展。在学校的年度工作计划和总结中，创造和科技教育活动都成为其必要的组成部分。

最后，清华中学还制定了奖励制度，对那些在科技创造教育活动方面作出了贡献、取得了成就、为学校争得了荣誉的教师和学生个人，都给予较大的奖励。这对推动学校这项活动的开展，促进师生积极性起到了很好的激励作用。

上海市清华中学在开展创造教育、培养学生创新精神的活动中，坚持从学校具体情况出发，以点带面，突出重点，分类个别辅导；坚持发挥学校（教师）、学生、家庭三方的积极性，把课堂、课外活动和家庭三者结合起

来，把教师的培养和家长的指导结合起来。

归纳起来，上海市清华中学的创造教育活动主要从以下几方面入手：

1. 改革课堂教学，把课堂变舞台

上海市清华中学认为，成功的课堂教学应该是"教学目的与任务、教学内容、教学方法与手段、学生学习活动组织形式和教学效果"五个要素都达到最佳状态，其中"教学方法与手段""学生学习活动组织形式"是教师能够控制的主要要素。

因此，学校按照"二期"课改精神和素质教育要求，想办法使这两个要素达到最佳质量。要求把"灌输式"变为"启发式"，把教师"一言堂"变为学生"群言堂"，把"教师演示实验"变为"学生探索实验"，把教师的讲解过程变成师生共同探索体验过程，把"黑板＋粉笔"教学模式变为借助多媒体技术的"师生互动"教学模式。坚持把学习的主动权交还学生，让学生在自主探索中学会创造，使课堂成为学生各抒己见、大胆探索的乐园。

（1）激发兴趣，培养创新意识

学校要求教师首先要培养学生对所学学科的兴趣，而不是一味地强调本学科的重要性。如物理课应将"单纯的说教"变为"动手验证"，教师在教学中要不满于用演示实验来验证物理规律——因演示实验有其局限性，而是把一些演示实验改为学生动手操作，并让学生用生活中唾手可得的物品做实验器材，从而激发学生的兴趣，人人动手，个个操作，使学生既掌握了物理概念，又培养了动手能力。

（2）发散思维，培养创新能力

学校明确要求教师要注重发散思维，培养学生的创新能力。首先，教师要进行发散性思维，考虑同一个问题可能有多种原因和结果；其次，教师要鼓励学生进行发散性思维，让他们展开想象的翅膀，并采取支持和鼓励的态度，对有创意的思维要大力提倡，对无关和错误的思维要循循诱导，分析错误原因，将其纳入正确的轨道。

2. 加强课外活动

课外活动是丰富学生精神生活，拓展学生视野，陶冶学生情操，激励学生创新的有效阵地，是提高学生非智力品质的最好场所，是课堂教育的延伸和补充。

因此学校要求每个教师利用这个阵地，换一个角度去培养学生的创新精神和创新能力。

（1）在课外活动中唤醒学生的"创新精神"

在学校领导看来，"创新精神"主要包括好奇心，探究兴趣，求知欲，对新事物的敏感性，对真知的执著追求，对发现、革新、开拓和进取的百折不挠的精神。

因此，学校的课外活动打破课本内容和形式的局限，打破班级或年级的束缚，使有共同兴趣的学生走到一起，在教师的带领下，共同探讨或完成学生都喜欢的事情。其中有动手制作、课外阅读、参观访问、知识讲座、球类活动，等等。活动中，学生之间可以交流心得，相互鼓励和取长补短，从而激发他们科技创新的兴趣，形成开拓进取的精神，并在实践中进行创新尝试。

（2）在课外活动中发展学生的"创新能力"

学校认为，学生在完成某项活动的过程中，都有"想做好"的愿望，这就是促使他们开动脑筋，想出办法，从而进一步培养他们创造性思维的有利契机。

在课外活动中，大都是由教师指导，放手让学生通过动脑、动手来完成。对一些比较高深的探索性科技活动，学校更要求学生在活动中能联系实际发现问题，广泛联想，大胆想象，创造性地解决问题。

每个学生在做好某一作品后，不管是好是差，大家都很高兴，都有一种胜利者的感觉。即使被公认为是好的作品，但学生还不满足，积极开动脑筋进行改进，使自己的作品更趋完善，甚至比教师提供的样品还要好。在此过程中，学生的创新思维和创新能力得到了很大的升华。

（3）在课外活动中塑造学生的"创新人格"

学校认识到，在课外活动中完成某项活动时，每个人都会遇到挫折，都会有失败的经历，这会使学生处于沮丧之中，人格受到很大的冲击。

对此，学校要求教师对遇到挫折和失败的学生进行耐心细致的开导，言传身教，晓之以理，动之以情，不断激励，让学生的创新人格在课外活动中逐渐形成和得到发展，从而积极促进创新能力的发展。

3. 开辟家庭实验室

除了校园学习，学生大部分课余时间是在家庭和社会中度过的，如何利用家庭阵地，使之成为培养学生学会创造的第三战场，是学校考虑的又一个问题。

(1) 因势利导、循序渐进

现在有不少学生放学回家后不做作业，而是沉迷于不良的爱好中，久而久之，他们既荒废了学业，也消磨了意志，甚至做出令父母、教师遗憾的事。学校认为，教师有责任纠正他们的错误，培养他们成为创新人才。而这个措施就是因势利导、循序渐进，把学生的不良喜好引入探索创新的轨道上来。

比如，对喜欢看言情小说的学生，学校的教师便会从谈言情小说的情节开始，分析小说主人公的情况，一点点指出此类小说对青少年的毒害之处，从而逐步提高学生的认知水平；接着向他们推荐一些优秀读物，并在校内组织书评，甚至指导学生进行创作。

(2) 发动家长共同培养学生创新

家长本来就是孩子的启蒙教师，其一言一行对孩子都有很大的影响。充分利用这一宝贵资源，家校合作，共同培养学生的创新能力。

为此，学校经常与家长沟通，制订培养计划。比如，学校会建议有条件的家庭建立一个家庭实验室，利用家中原有的简单工具（如锤子、螺丝、起子等），再利用废弃物（如可乐罐、橡皮筋、导线等）制作一些实验工具，逐步完善家庭实验室器材；然后鼓励学生利用这些实验器材，依据学校传授的知识，在家长的配合下进行实验和探索。

上海市清华中学在进行正常教育教学活动的同时，努力贯彻培养学生创造精神和创新能力的行动策略，以科技创造发明及其教育为抓手，一方面强调创造精神在各门学科教学中的渗透和培养；另一方面开展一系列"让学生多动脑、多动手"的创造活动。同时，在校内外对师生以及学生家长进行广泛的创造教育的宣传，从而逐步形成良好的氛围。

几年来，上海市清华中学开展的创造教育活动工作增强了师生们的创造意识和素质，培养了师生们的创造精神和能力，提升了学校的内涵，也取得了一系列令人瞩目的成绩。学校在国家及市、区级举办的青少年发明创造、知识、技能比赛中共获得近百项奖励，其中有"希望杯"全国数学比赛三等奖和全国创新能力大赛三等奖，全国青少年航天模型总决赛上海地区航天知识竞赛一、二、三等奖。

虽然上海市清华中学的创造教育也难免还存在一些问题，但学校领导相信，只要努力克服困难，排涂影响，继续做好学校的科技创造教育工作，在学校力所能及的范围内，力争把活动开展得更扎实一些，更加有成效一些，让科技创造活动更多地受惠于学校的学生，就会为培养祖国的创造型人才做出应有的贡献。

（三）教育学生创新的举措

创新是一个永恒的主题。未来呼唤创新人才，特别是高素质的创新人才。培养高素质的自主创新型人才，是每个教育工作者义不容辞的责任。教育的使命、教师的使命就是要发掘学生的创造潜能，采用科学、可行的教育方法，把他们培养成创新型学生，以提高他们在未来世界的生存与发展能力，提高我们国家的自主创新能力。

培养学生的创新能力，除了要从思想上引起注意，加以重视之外，还应做好以下几个方面的工作：

1. 加强教育理论学习，更新教育观念

要想真正从理论与实践的结合上认识和培养学生的创新能力，学校必须要求教师认真学习和汲取现代的科学教育理论，继承和发扬古今中外一切有益的教育经验和传统，了解和运用现代科学中有关生命科学、脑科学、生理学、心理学以及开发学生脑力、潜力，进行学习革命等方面的信息和知识，加强理论学习，树立新的正确观念。

教师要更新教学观念，强调发现知识的过程，而不是简单地获得结果；应强调创造性地解决问题的方法和培养探索创新的精神。不仅如此，教师还要更新学生观念，明确教学中学生是学习的主人，是主动的求知者，而不是

灌输知识的容器。教师教学时要尊重学生，并创造条件引导学生积极思考、自觉创新。

2. 开展创新宣传教育，增强创新意识

培养学生的创新能力首先是要培养学生的创新意识，要让学生明白创新和创新能力对于社会的发展所起的巨大作用以及对于个人的极大影响。创新宣传教育可以从以下几点入手：

（1）注重校园环境布置

让学生置身于良好的创新环境中，感受到整个校园都渗透着浓浓的科技创新气氛。例如，可以利用墙报、黑板报等定期摘录科学家的名言警句，可以在显要位置张挂古今中外科学家的画像和名言，可以举办有关科技知识讲座，邀请科学家、科技人员做报告等。科学家的名言、画像在学生心目中具有崇高的地位，会潜移默化地影响学生，激发起他们热爱科学、追求科学的理想。

（2）开展科普知识大赛

以竞赛的形式宣传创新不失为一种很好的办法。因此，学校可以开展一些科普知识大赛，向学生介绍青少年学生创造发明成功的事例等，从而使学生消除对创新发明的神秘感，孕育创新意识。

3. 重视培养学生的创造性思维

创造性思维是人类最复杂最高级的思维过程，是一切创造活动的源泉，是智力的核心，也是创新素质的重要内容。

教师在教学时，一是要有目的、有计划地对学生进行想象思维、发散思维、联想思维、类比思维、逆向思维的训练，使学生不拘泥于现成的结论，善于应变，敢于创新；二是要通过寻找知识中的创造教育点，采用启发、引导的各种教学方法进行教学，使学生能以最大的兴趣投入到学习之中，从而加深对知识的理解，培养和训练创造性思维；三是教师要不断地对学生进行激励，如学生发表了有独创性的意见、写了有独到见解的作文或制作了有创意的手工艺作品时，教师都要不失时机地予以肯定、鼓励和表扬，以不断激发学生的好奇心、求知欲和创造力。

4. 重视参与社会实践

社会实践活动是科技启蒙教育、培养学生创新能力不可缺少的重要途径。教师要有意识地组织学生参与社会实践活动，有意识地让学生动手画、剪、拼、量，让学生参与操作，手脑并用，在操作中探索，在操作中发现。

在社会实践中，除了让学生受到科技启蒙教育外，还要引导学生寻找自身周围感觉不如意的事物，然后通过各种形式把不如意的事物表达出来，让学生相互传阅、参观、思考，再启发学生如何把不如意的事物改一改、拆一拆、加一加、减一减，从而引发学生的创新火花，从而把设想、创造、发明变成现实。

作为教育、培养未来社会人才的场所，学校应改变传统的教育模式，跟上时代的步伐，启迪学生的思维，为社会培养出优秀的、有创新精神的、可持续发展的人才。

培养创新型学生不是一朝一夕就可以取得明显成效的，而是一个系统过程，需要教师在教学中循序渐进，长期坚持；在教学中不断思考、总结，不断取长补短，以求取得预期的成果。

第 三 篇

学生身心健康管理的教导力

　　健康不仅是没有疾患和身体的缺陷，还要具有完整的生理和心理状态与良好的社会适应能力。

——世界卫生组织

　　目前，健康教育在中小学中已广泛开展，但青少年在心理素质、身体素质等方面尚未完全达到要求。特别是这一代青少年的成长正好处于我国社会转型的关键时期，学习、生活、人际关系、环境等因素的压力和影响，不同程度地增加了他们的负荷，如果得不到及时的引导和调控，就会产生障碍，甚至导致疾病，严重影响他们的健康成长。

　　面对上述现状以及不断出现的新情况、新问题，如青春期性教育、早恋倾向、留守儿童教育、贫困生救助等问题，学校该怎么办？教师该怎么办？

　　相信通过仔细品读本篇精心组编的名校实施学生身心健康教育的理念与方法，一定会对工作在第一线的广大教育管理者和教师构建具有自身特色的学生身心健康教育体系有所帮助。

一、直面禁区，让学生了解健康的性

性教育是学生成长历程中不可缺少的教育内容，是学校有待深入探讨的一个重要课题。学校应当从培养健全的人的认识高度来做好这一工作，去掉"性"的神秘外衣，还原科学的本来面目，给学生以健康的性教育，让他们走出困惑，在理智中成长，拥有一个健康的性心理。

调查表明，中小学生的性知识来源，53%是通过同伴、媒体报道和网络获得，但这些信息来源良莠不齐。比如，地摊上出售的小报、小刊和"口袋"书，很多都含有性行为、性暴力以及性过程的描绘，这些对中小学生的性心理侵蚀是非常大的。

中小学生正处在身体快速发育和心理快速发展的阶段，这个时期，他们心理过程的知、情、意和个性发展都很迅速，思想感情非常活跃、敏捷，同时也是心理状态最脆弱的一个时期，心理发展具有极大的可塑性。对于性，他们无法分辨什么是正确的什么是错误的，什么是应该接受的什么是应该排斥的。

在我国，与其他学科相比，中小学生的性教育，几乎是空白。目前，初中阶段仅有《新综合教材》作为青春期教育素材，但这里面除正常的人体生理知识点介绍外，只用了1页的篇幅介绍了性传染病和艾滋病的名称，而高中教材中涉及性知识的内容都只是一带而过。

一些学校把教学重点放在了核心课程上，以提高升学率，于是，忽视了性教育，只是将性教育作为上级布置的讲座来完成，蜻蜓点水，"点上一点"就交差了事；有的学校生怕讲多了，与色情沾上边，不好收场，于是照本宣读，不敢越雷池一步；还有的学校，干脆为学生"减负"，将教材扔给学生自修；即使是正儿八经进行课堂讲授的学校，也因为把握不住教育的深浅度而无所适从。

由此可见，性教育在学校教育中是多么匮乏。但学校越是对性讳莫如深，学生就越好奇，越想尝试。据中国人民大学潘绥铭、曾静两位教授统计："全国大学生上大学前有 35.8％的中学生约会过，有 20.1％的中学生接吻过，有 12.2％的中学生有过性爱抚，有 3.8％的中学生有过性行为。"

上述数据表明，性教育是学生成长历程中不可缺少的教育内容，学校性教育是我们有待深入探讨的一个重要课题。学校应当从培养健全的人的认识高度来做好这一工作，去掉"性"的神秘外衣，还原科学的本来面目，给学生以健康的性教育，让他们走出困惑，在理智中成长，拥有一个健康的性心理。

（一）多种教育途径，消除学生性困惑

随着生活水平的提高，青少年的发育有所提前，因此，有关专家呼吁，对学生的性教育应该有超前意识，性教育应从小学开始，到中学可能就为时已晚。适时适度的性教育，有利于学生的身心健康发展。

苏州实验小学非常注重学生的性教育，学校认为从小对学生进行性教育是势在必行的，应让学生从科学的角度去认识性，以打破性的神秘感。从 2000 年开始，学校对学生进行了较为有效的性教育，并收到了良好的效果。

1．分年级制定教育目标及内容

学校对不同年级的学生教育的重点不同。

（1）低年级（1～2 年级）

性角色的扮演：

①男、女孩的区别。（如服装、上厕所的姿势、第一性特征的不同等。）

②简单的生命起源问题。（如肚脐眼儿是怎么来的？我是妈妈生的吗？为什么妈妈能生孩子，爸爸不能？）

对于一、二年级的学生，学校会以性角色的扮演等方式，为学生解决一些常见的性别困惑。

（2）中年级（3～4 年级）

①学会自我保护。（如隐私部位不准别人摸。）

②生命的起源问题。（如小孩是从哪儿来的?）

在这个年级段，学生已建立起了性别意识，因此，学校的性教育需要更直接一些。

（3）高年级（5～6年级）

青春期教育：

①男孩的生理特征、发育及卫生保健。

②女孩的生理特征、发育及卫生保健。

③变声期嗓子的保护。

④青春期心理发育特点。

⑤学会自我保护。

⑥男、女生的性别要求。

⑦异性如何交往。

2. 教育途径与方法

苏州实验小学对学生进行性教育的具体方法：

（1）课堂教学

学校充分利用课堂教学这条主渠道，根据学生的年龄特点，用教学挂图、制作计算机课件、实物投影、磁带、小组讨论等多种教学方法和手段，帮学生直观形象地认识男孩、女孩，如服饰、发型、打扮、游戏、玩具等方面的区别。

（2）专题讲座

在给六年级学生讲解进入青春期后第二性特征的出现时，除配以插图讲解外，还给女生单独进行专题讲座，有"月经是怎样形成的""经期注意事项""卫生巾的选择和使用"等。学校为女生播放专题录像，并发放女生生理卫生的宣传小册子及卫生保健用品等。

（3）印发刊物

为了使进入青春期初期的学生更好地了解自己的发育特征，指导他们做好卫生保健，学校还向学生发放了自己编辑的《花季少年少女》宣传资料。为了指导家长正确辅导孩子，也给家长编辑了《家长学习资料》，具体指导家长如何对孩子进行性教育。

（4）观看录像

给六年级学生上《青春期身体的发育》一课时，组织他们观看《花季雨季》录像，以了解自己生理上第二性特征出现的发育特点，心理上的变化特点，了解卫生保健以及与异性如何交往等内容，帮学生能愉快地度过青春期。

学校在给四年级学生讲《小孩是从哪儿来的》一课时，采用实物投影的方法，选择美丽的图片，为学生讲解动、植物繁衍后代的过程，学生从一幅幅美丽的画面中，很自然地了解到自然界中动、植物是如何繁衍后代的。之后，教师再引申到人类的繁衍是由男、女两性共同完成的，以便让学生加深对性的了解。学校还采用计算机课件辅助教学，让学生观看精子和卵子是怎样结合成为受精卵，发育成胎儿的。

（5）问卷调查

为了使教育更有针对性，学校还时常进行问卷调查，这也是学校做好性教育不可缺少的方法之一。

（6）个别辅导

学校配备专门的男女心理辅导教师各一名，学生遇到问题，心理教师会对他们进行个别辅导，以解除他们的烦恼。比如，有的学生为自己不长个而烦恼，有的女生认为自己胸不发育、来月经肚子疼，有的异性交往遇到问题，有的女生遇到性骚扰等。

（7）家长培训

学校不仅对学生进行教育，同时为了提高家长的认识，还对家长进行了培训。学校为家长们编写了一本《知性儿童更健康》的科普读物，供家长们学习。同时还为家长们讲解开展性教育的意义以及如何给年龄小的孩子进行性教育等。

这些措施的实施，让学生正确了解了性方面的知识，解除了很多隐患。

在苏州实验小学，有刚从幼儿园大班走进学校的低年级学生，也有刚进入青春期初期的高年级学生，年龄一般都在6～13岁之间，这时的他们对性都处于懵懂、迷茫而又十分好奇的阶段。

为了解除学生的困惑，他们在课堂教学中采用了实物投影、录像、光盘、计算机课件等方式，让学生形象、直观、具体地了解男孩、女孩的区别，小孩是从哪儿来的，青春期生理发育特点，什么是月经，什么是遗精等知识，把父母难以启齿，又一时说不明白的生理卫生问题，从科学的角度讲解给学生。

对此，学生们非常感兴趣。高年级学生说："一开始会觉得不好意思，但后来就很自然了。"也有的女生说："每次来月经，我都特别烦，浑身不舒服，有时弄不好，还脏了裤子。听了老师讲的课，看了录像，使我知道来月经表示自己长大了，走向成熟了，这是可喜的事。通过听课、看录像，我们了解了怎样使用、选择卫生巾，经期该注意什么，学到了很多东西。"

另外，学校对家长的培训，也使家长的认识有了很大提高，让学生青春期的教育变得更有保障。

苏州实验小学把青春期性教育工作做到前面，让学生自然地接受性知识，从而消减了他们的怵心理困惑。

（二）开设青春专题课堂，为学生青春保驾护航

广东仲元中学始创于 1934 年，是广东一所名校。建校多年来，随着社会的开放和学生的成熟，仲元中学逐渐感到了对学生性教育的重要性。因此，从 2003 年开始，古毂校长提议开展"非常青春话题"性教育专题课堂，希望以此消除学生因青春期所带来的不良反应。

学校规定，凡是入学的高一新生都必须进入"非常青春话题"性教育专题课堂，接受性教育。鉴于性教育是一个比较敏感的话题，课堂内容的深浅、分寸的把握必须仔细推敲把握。因此，学校在开展性教育前，先开展一个学期的教学准备工作，意在与学生建立起融洽的师生关系，奠定一个相互信任的感情基础。

具体说来，广东仲元中学的性教育分为两个部分：前期准备和课堂教育。

1. 前期准备

师生之间只有互相熟悉甚至亲密，学生才可能打开心扉，畅所欲言，而教师也才能有的放矢地去教育学生，这是能顺利开展性教育的前提。因此，学校先对学生进行一个学期的团训，让他们彼此之间建立一个相互信任的感

情基础。团训的内容往往与青春期有关，但话题浅显，很少涉及敏感话题。这些都是为以后的性教育课堂打基础的。

活动中，学校采用有奖问答、游戏等方式，让师生相互熟悉、相互信任。活动在高一入学的第一个学期开展，过程往往会持续一学期。

第二学期开学，学生就会正式进入"非常青春话题"性教育专题课堂。专题课堂有6个课时，分别在历次的班会中进行。学生通过专题课堂的学习，就能顺利完成学校性教育课程了。

2. 教学内容和过程

广东仲元中学认为，从发展的观点看，在高中阶段对学生进行怀孕、避孕、生殖系统等的探讨与指导是非常必要的。

首先，要给学生介绍生殖系统、性特征等生理知识，其最大作用在于让学生从了解生理开始，逐渐适应青春期课堂教育的氛围，为以后的性心理、性道德等开放讨论做好铺垫，如果一开始就讨论性心理方面的问题，恐怕学生很难投入，更难坦然敞开心扉。

其次，怀孕与生育的知识看上去对学生没有什么实际帮助，但却能使学生通过对生命诞生过程的了解，感受到生命诞生过程的艰难和伟大，从而在心理上增强自珍自爱的意识，提升其自我价值感。

最后，教师还应该跟学生探讨最敏感的话题：避孕与终止怀孕。仲元中学在培养学生性道德意识的基础上，以科学而谨慎的态度让学生学会自我保护，学校认为，与其让一些更坏的后果发生后再来弥补，不如事先做好一切准备，尽可能避免让学生的身心受到伤害。

教师在讲授这些内容的时候，非常注重它的知识性和趣味性。

一是学生了解得少讲，不了解得多讲，尽量生动有趣，自始至终吸引学生的注意力。

二是教师注重营造学生谈论的气氛。触及"性"问题，学生往往不会一下子放开，教师应循序渐进，将话题逐渐深入，注意每个环节前的热身。

三是以讲生理为主，却始终以实现心理健康为目标。

"非常青春话题"涉及的内容有：

对自己身体的爱护、关注；

对自己生理变化的接纳、自豪，感受成长的喜悦；

体验生命的美好，对生命的珍惜，自我价值的提升；

对母亲、父亲的感激；

对性与爱的负责；

在讨论和回答中得到成就感；

让一些"隐忧"用科学明确的解释去消解；

冲破性的神秘，也解除了因渴望了解"性"产生的犯罪感；

性健康，包括避孕。

在进行性教育的时候，广东仲元中学采用了开放的教学方式，上课形式与平时一样，男女生在一起，教师与学生有问有答有讨论。这种形式让学生更乐于接受。

通过调查表明，广东仲元中学半数以上的学生对当时课堂上讨论的性教育的各项内容印象深刻，而且认为对自己的生活非常有帮助。

性是每个人都应学习的知识，尤其是处于懵懂阶段的青少年学生，性对他们充满了诱惑，同时也让他们困惑，因此学校应加强这方面的教育。广东仲元中学通过开展青春课堂性教育，让学生获得了很大的收益：

满足了学生对"性"的好奇，让他们了解了性，从而更好地了解了自己的身体；

使学生树立了健康的性意识、性观念，从而正确把握自身的性行为；

让学生了解了早期性行为的不良后果；

帮助学生进行正常的异性交往，丰富了他们的交友生活；

帮助学生解除了在青春期中遇到的各种困惑，从而使他们能以更积极的心态投入到学习生活中去。

总之，广东仲元中学通过开展青春课堂，培养了学生健康开明的性态度，使他们明白，每个人都要对性行为负责任，从而减少了一些因性而造成的社会问题。此外，学校的性教育还可以帮助学生了解社会上不同的性现象，培养了他们确立正确的价值取向。

（三）让学生正确了解性知识的举措

让学生爱惜自己，塑造正确的性意识，掌握一定的性知识，这些都是学校应该肩负的责任。因此，学校应制定切实可行的性教育方略，积极引导学生获取正确的性知识，建立符合社会要求的性行为观念。

1. 编写学生性教育教材

学校可以自行编写学生性教育教材或印制性知识小册子，让性教育落到实处。教材的编制不仅要从性道德角度出发，而且要针对不同年级学生特征编制生理知识教育、性卫生教育、性健康教育、避孕、性病防范等方面的内容。

2 对家长进行性教育培训

由于性教育会联系到一些隐私话题，所以有时不太适合在集体环境下统一讲解，而父母则可以在获取一些教育方法之后改变传统观念，对子女进行科学的性教育。这就要求学校能设计针对父母的性教育课堂，给那些有需要的父母讲解性教育方面的知识和方法，以加强对学生的性教育。

3. 遏止不健康的、成人化的信息进入学校

对于学校附近的色情书刊、网络上的色情信息、电视节目中不适合学生观看的情节等，学校应该会同有关部门进行整治，目的就在于净化学生的成长环境，保证学生们可以从正常渠道获取性知识。

4. 配备专门的性教育课程教师

虽然性教育已经被提及了许多年，但是当前许多学校依然对性教育课程采取了忽视甚至是无作为的态度。学校要尽早设置专门的性教育课程，配备经过培训的能顺利进行教学的教师，保证学校性教育落到实处。

5. 对受到伤害的学生一定要给予帮助

学生的性行为过错一般都是在无知或者一知半解的情况下发生的，一旦造成伤害，学生心中就会产生恐惧、惶恐、犯罪感、羞愧等不良情绪，从而严重影响学生的心理健康。因此，学校对那些已经产生了过错的学生一定要给予心理上的辅导。

6. 加强宣传教育

学校可以以每年的"世界卫生日"和"艾滋病日"为契机，在相对固定的时间段里，根据学生不同的年龄、生理、心理和情感有的放矢地进行系统的专题讲座，如课堂教育、主题班会、发放宣传小册子、专家讲座、行为干预等。这样，学生通过接受系统的性知识和性教育，能够提高自我保护意识。

学校应该从现实出发，积极应对新情况，从社会、家庭、学校、个人的角度出发，着力解决好学生的性教育问题，让学生正面面对性问题。否则，性意识的开放和性知识的缺乏结合在一起，必然会给学生带来不可估量的伤害，也会给社会和家庭带来沉重的负担。

二、正确疏防，让学生远离早恋

早恋的发生，实际上是学生生理与心理成熟的标志，是对性意识的明晰和体验的结果，是个体发展的一种现象。让学生远离早恋，教师宜疏不宜堵，学校应加强青春期教育。

学生早恋问题的存在是不争的事实。我们常常会看到这样的情景：两个"乳臭未干"的男女学生，在马路边上勾肩搭背，在公交车上卿卿我我，在公园拐角搂搂抱抱……与成人相比，都有过之而无不及。

据有关部门对 10 所中学进行调查的结果表明，大约有 37.7％的中学生承认有关系密切的异性朋友，其中超过 9％的学生承认自己有早恋行为。有这种行为其实不难理解，中学生年龄一般都在 13～18 岁之间，生理发育已逐渐成熟。处于青春期的男女学生其生理上第二性特征的出现，打破了少年期的心理平衡，使他们产生了青春期特有的困惑、恐惧、疑虑和痛苦。同时，对异性存有的神秘感、新鲜感而导致的探究心理，又驱使他们与异性频繁接触，于是一些学生也就自觉或不自觉地涉入"爱河"。

早恋对学生的身心是有很大危害的。早恋容易使学生情绪不稳定、好冲动、易动感情、自控力差，常常会产生各种影响身体健康的不良情绪。

早恋，使学生过分好奇、兴奋、痴迷，过分沉醉于爱的幻想中，无法全身心地投入学习。也有的学生因为早恋而遭到父母、同学、教师的反对，造成心理失衡的，当不能与恋人见面时，便坐卧不安而沉迷于幻想，在幻想中乞求慰藉。如果早恋发展过深，一部分学生会抑制不住自己的情绪而与异性发生性关系，造成怀孕、堕胎等严重后果……

学生的早恋，一方面是他们生理趋于成熟的自然结果，另一方面，这种事实往往会带来极大危害。于是，如何协调好这对矛盾就成了学校管理中最为头痛的问题。

学校管理者应该认识到，早恋的发生，实际上是学生生理与心理成熟的标志，是对性意识的明晰和本验的结果，是个体发展的一种现象。西方社会心理学家称学生这种早恋现象为"青春期恋爱"。但是，学生身体发育的必然不等于说学生早恋也是不可阻止的，让学生远离早恋，教师宜疏不宜堵，学校应加强青春期教育。

（一）早做预防，消除早恋倾向

要解决中学生的早恋问题，主要是预防。一旦早恋表现出来，不仅会给学校管理造成极大难度，学生自身也会受到伤害。为此，江苏省仪征市第五中学（以下简称"仪征市第五中学"）防"患"于未然，把预防学生早恋的工作做在前面。

校长李玉和认为，解决仪征市第五中学学生早恋问题，应从学生心理、思想入手，做好预防和疏导工作。"防"胜于"疏"，"疏"是不得已的措施，是补救措施，"防"的意义远远大于"疏"。仪征市第五中学"早恋"的预防工作，主要从以下几方面着手：

1. 帮助学生学会正常的异性交往

李校长认为：初中生心理萌发的异性吸引是性心理和性生理走向成熟的必然结果，是一种正常的自然表现。对中学生而言，异性同学之间的正常交往不仅有利于学习进步，而且也有利于学生个性的全面发展。

在多年的教育实践中李校长发现，既有同性朋友又有异性朋友的中学生，往往性格比较开朗，为人诚恳热情，乐于帮助同学，自制力也比较强；而那些只在同性同学中交朋友的人，往往缺乏健全的情感体验，不具备与异性沟通的社交能力，社交范围和生活圈子也比较狭小，人格发展不甚完善。

因此，李校长在学生管理中，常常鼓励学生和异性公开交往、群体交往。同时，学校给予交往指导，让学生学会交往。

在指导男、女生交往的过程中，学校强调了两点：一是强调男、女生的集体交往，反对个别交往、个别约会。二是在交往过程中注意掌握一个度，既不必过分拘谨，也不可过分随便；不可过分冷淡，也不可过分亲昵；不可过分严肃，也不可过分卖弄。就这方面，李校长还为学生总结了十二个字的交往原则："交往目的健康，平时举止得体"，即要求学生与异性交往时做到真诚坦率、落落大方，同时也应注意男女有别。

2. 通过性教育消除神秘感

李校长认为，对性的朦胧认识是学生早恋的又一诱因，消除性别的神秘感可以预防早恋。长期以来，有些学校一直视性教育为禁区，中学生应该接触的不让他们接触，应该了解的不让他们了解，应该知道的不让他们知道。对两性关系的神秘感和好奇心，驱使他们从淫秽刊物、音像和道听途说中寻找答案，从冒险中探索真谛，这样早恋的大量产生也就不足为怪了。因此，仪征市第五中学一反其他学校的做法，公开讲授生理健康教育课程，向学生讲解必要的生理卫生、心理健康、青春期特征等知识。

这样，学校在知识上给学生以及时弥补，在行为上给学生以恰当引导，及时而必要地填补了学生有关性知识、身心健康知识的空白，满足了他们的好奇心，从而达到矫正思想、指导行为的目的，有效地防止了学生"早恋"情况的发生。

3. 抓住苗头，将早恋"扼杀"在萌芽中

为了防患于未然，学校要求教师细致地观察每位学生的行为、心理变化，一旦发现苗头，便及时给予有针对性地个别教育。根据李校长的经验，有早恋倾向的学生一般会发出这样的信息：突然过分地追求时髦，讲究穿戴，修饰打扮；活泼好动、喜欢和教师交往的学生，一下子变得沉默寡言，不愿再和教师特别是班主任接触；经常瞒着父母和同龄异性单独去看电影或去游乐场；突然有人寄信来，而且寄信人不留地址；喜欢看有恋爱情节的电影、电视、言情小说……因此，学校教师一旦发现有上述情况，就会根据学生个性发展的过去和现实的心理状态认真分析，做出正确的诊断。如果确定有早恋倾向，教师会遵循尊重、理解、关怀、信任的原则，晓之以理，动之以情，引导学生进行自我反省，认识早恋的危害，及时消除早恋的倾向，把问题消灭在萌芽状态中。

4. 加强与家长的联系，共同应对

学校加强与家长的联系，形成家长、学校教育的合力。他们通过开好家长会，取得与家长的联系与沟通，提高家长在这方面的认识。另一方面，学校还加强与外出家长的联系，以保证留守学生教育的到位。

5. 培养学生高尚的情操

学校利用班会、团组活动，组织学生开展第二课堂活动，将学生充沛的精力引导到高尚志趣和对各种知识的探求上。这样，校园中就会形成一种健康的环境和正确的舆论氛围，使学生各种朦胧的感情得到约束和自制，自觉抵制社会上的一些不良影响，如不健康小报、书画、录像等。学校还让学生经常参加一些健康的、丰富多彩的集体活动，以转移他们产生的性兴奋，增强他们的理智水平和自制能力。

6. 适当运用"异性效应"

教师经常有意识地组织异性学生间互补，编排座位时注意男女生的搭配，安排班干部时考虑男女生的比例，开展学校、班级集体活动时注意男女生配合等，增加男女同学接近的机会。

李校长认为，这样有利于消除中学生进入青春期后产生的烦恼和对异性的神秘感，使男女同学间保持和发展正常的同学友谊。另外，学校还经常开展异性同学间的互帮互助活动，使之成为一种风气，影响学生行为。

学校运用"异性效应"，不仅成功预防了学生"早恋"行为的发生，还给班级管理带来意想不到的良好效果。

仪征市第五中学对中学生早恋问题从不掉以轻心，在李校长的管理下，他们把预防学生早恋的工作做在前面，引导学生用理智战胜了不良情感。

他们在综合分析中学生早恋特点、原因等基础上，首先在学生身上下工夫，从他们的心理认识、举止行为入手，着力提高学生对早恋的免疫力。为了更好地预防学生早恋，学校还发挥教师的监管、调控作用，有力地遏制了早恋的发生。

他们通过采取各种教育措施，不仅使男女学生关系得以巩固，还防止了学生早恋现象的发生和蔓延。在仪征市第五中学，很少有家长为孩子的早恋问题犯愁，也很难看到该校的男女学生有任何举止不得体的行为发生。仪征市第五中学的管理者以高度的责任心，从理论与实践两方面下手，找到了预防和纠正学生早恋的措施，最终促进了学生的健康成长。

(二) 早恋问题处理要和风细雨

"管理才能出成绩，管理才能出人才。"这是云南邵通中学校长张其金的座右铭。在云南邵通中学的管理中，领导层里的每个人都有明确的管理任务，比如，副校长李伟兼抓后进生的转化工作，教导主任要兼抓留守学生的工作等。学校领导把学生管理中的难点担当起来，其他授课教师就能专心地去做好教学工作了。作为学校一把手的张校长任务更重，他负责的是处理学生的早恋问题。

邵通作为一个经济较为发达的城市，当地人的思维具有一定的开放性，开放的思想也影响到了懵懵懂懂的中学生，在一段时间内，中学生早恋现象尤为突出。为了避免早恋给学生带来危害，张校长主动承担起对"热恋"学生的劝导工作。

众所周知，男女学生一旦坠入"爱河"，教师很难将其"拔出"，因此，张校长最初从事这项工作时有很大难度。但经过一段时间的实践，张校长摸到了其中的规律，并为解决学生的早恋问题总结了四个字："和风细雨。"意思是消除学生的热恋行为应讲究方法，正确疏导；要从心理、思想入手，摸清学生的想法，对症下药，进行逐步的疏导，切忌对学生粗暴压制，强逼屈从。

那么，张校长的"和风细雨"是怎么做的呢? 我们可以从以下的事例中看出一些端倪。

小佳的学习成绩在学校一直名列前茅，而就在快要进入高三的时候，他的成绩居然后退了十几名。教师意识到其中肯定有什么原因，于是加以询问，但每次问到这个问题，小佳总是逃避，教师猜到他心里可能有个小秘密。

这时，有学生反映说，小佳恋爱了。班主任将这件事立即告诉了张校长。

张校长知道后很着急，因为小佳是一名品学兼优的好学生，如果他早恋了，传出去不但会影响他自身的发展，还会给其他学生造成不良影响。张校长开始左思右想，该如何处理这件事情呢？由于没有确凿证据，也没发现不良举动，张校长不敢贸然行事，而是决定先冷处理，不过问太多，只是密切关注他的行踪。

经过观察，张校长发现小佳性格比较活泼，对任何人都很热情，跟任何人都谈得来。但两次月考，他的成绩都下降了；有一段时间，甚至连平时的作业质量也开始下降，上课精力不集中。这些都是从来没有过的事情。

看来是真的出了问题！张校长把小佳找来谈话。交谈中，小佳的目光一直不敢和张校长对视，这让张校长更相信自己的判断。

"是不是遇到什么困难了？有什么问题我会帮你。"张校长说。

"没什么。只不过这段时间感觉状态不是很好，没法集中思想上课和完成作业。"小佳也意识到了自己存在的问题。

"为什么会出现这样的状况呢？"张校长和蔼地问。

小佳的脸红了，低垂着头，一句话不说。

既然不想说，张校长也不再勉强，聊了几句家常，就让他回去了。之后继续对他关注，以寻找适当时机疏导。

这一次谈话，张校长主要是让小佳明白，学校已经注意到他的情况了。

后来，张校长又试着接近小佳，和他谈心，但没有一次提及到早恋问题，张校长只是和小佳谈一谈他成绩下降的原因。渐渐地，小佳和张校长变得熟悉了，有时还主动谈起早恋问题。

一次交谈中，小佳问张校长："我们班有很多早恋学生，这样恐怕会引起大的混乱，怎么办？"

张校长知道小佳在试探自己对早恋的态度，于是故作轻松地说："你说得不全对，早恋现象有，但混乱则夸张了点，异性同学间有好感没什么大惊小怪的。这是每个人在成长过程中都会经历的事情，只要不过分，没有必要刻意扼制。听说你也有一些小情况，能说来听听吗？"

张校长轻描淡写的一番话，让小佳脸红了，同时也让他感觉到校长并不是对此深恶痛绝，反而还有几分理解。但即便如此，他还是没有对校长坦白真相。

张校长也没有再接着问下去。

一来二往，张校长和小佳已经很熟了，张校长感到与他正面交流的时机到了，于是，找了个时机，把小佳单独叫进办公室谈话。

话题从张校长告诉小佳自己的"秘密"开始——讲述自己在成长的过程中一些困惑和一些可笑的事，甚至与爱人恋爱的过程都说给小佳听。张校长把自己的"隐私"说给小佳听，目的是要打开小佳的心门，让小佳也说出心事。

等小佳饶有兴趣地听完张校长的"隐私"后，师生间的距离也近了很多，这时张校长对小佳说："每个人都会有自己的烦恼，这不是什么见不得人的事。你有什么烦恼和压力，说出来，看老师能不能帮你解决？"

这时，小佳低下了头。很显然，小佳想把成绩下滑的真正原因说出来，但又有些犹豫。看到小佳的这一反应，张校长笑着问："你有什么问题？愿意把具体情况说给我听听吗？你希望我帮你做什么呢？"

这次，小佳抬起了头，开始讲述自己的故事。原来他喜欢班里一个叫小利的女生，于是提出跟她交朋友，没想到小利不但不和他做朋友，还不再搭理他，小佳为此非常苦恼，常常在上课时精神恍惚，成绩因此一落千丈。

为了进一步了解小佳内心的想法，张校长说："我理解你现在的心情，我也体验过喜欢一个人而不被理睬的感受，但做朋友是两方共同的愿望，也许小利不愿意与你做你所希望的那种好朋友呢？"

小佳听了张校长的话，急忙辩解说："我只是想与她做好朋友，不是谈恋爱。"小佳着急的表情告诉张校长，他非常喜欢小利，但又不想在校长面前承认，只好以做好朋友为借口。张校长没有直接点破，而是说："也许小利只是想与你保持一种同学关系呢？就像你不能与其他所有同学都做好朋友一样。"

小佳没有立即反驳，而是开始沉思。张校长知道，自己的话起了一定作用。过了一会儿，他又说："感情不能一厢情愿，要把感情分成两部分来处理：一是丢掉，一是珍藏。你觉得自己已经很成熟了吗？你能确定将来的想法与现在还会一样吗？"

小佳默默地摇了摇头。

张校长又进一步说道："任何感情都要经得起推敲。以我的经验，高中时期的男女同学之间保持过分密切的交往是不合适的，对双方都有影响，你自己好好考虑考虑。"

"嗯。"小佳点了点头。经过这次谈话，小佳又慢慢变得开朗起来，有一次张校长碰到他，意有所指地问道："最近怎么样？"

"还不错，您放心，我不会有事的。"小佳高兴地回答。

早恋是教育过程中一只令人生畏的"拦路虎"，每个教育者都要以宽容的态度和合理的方式加以疏导。教师应充当倾听者，而不是裁判者，把自己当做是学生的朋友，帮助他们解决问题，并有针对性地加以疏导。在倾听过程中必须注意疏导的方式，疏导得好，学生的心扉就容易被打开，疏导得不好，他们就会守口如瓶。

张校长就是通过心理疏导，扫除了小佳心理上的阴影，使其转变的。

青春期是学生一生发展的重要时期，绝大多数学生在这个时期，都对两性关系有很强的好奇心。学校管理者应要求教师尊重学生的感情，同时用恰当的语言给予正确的引导，这样才能收到良好的教育效果。

（三）教育学生避免早恋的举措

对学生早恋，我们要正确对待，因为这是学生这一年龄段的正常现象。怎样看待学生早恋问题，又如何处理好这个问题，关键是要做好心理疏导工作，尽量避免这种现象的发生。

1. 理解学生的情感

教师要懂得学生身心发展的规律，理解学生的情感需要。

歌德说："天下哪个俊俏少男不善钟情？天下哪个妙龄少女不善怀春？"因此，不要轻易地把一切涉及感情的问题都看成是道德问题。班主任教师要平等地与早恋学生进行推心置腹的交谈，进行心灵的沟通，让学生体会到教师是理解他们、关心他们、爱护他们的，是为他们的前途和未来的幸福生活着想的。要向学生指出什么样的情感和需要是可以理解和允许的，什么样的行为是错误的，是必须反对的。要针对学生的思想热点或难言之隐进行有针对性的教育，使教育的期望与心愿，内化为他们自觉的行为。

2. 尊重学生的情感

要尊重学生的人格、情感和隐私，对于学生中出现的情爱方面的种种问题，切忌不问情由一味指责，简单粗暴对待；也不能动辄训斥谩骂，吓唬威胁。对于这类问题我们最好不要当众点名批评，因为性心理活动往往处于一个人心灵中最深沉、最神秘的一角，一旦遇上矛盾，思想斗争就比较激烈，有时一瞬间的思想变化甚至会影响终身。

学校应要求教师真诚地尊重学生，启发和保护学生的自尊、自爱和自信。这是尊重学生人格的需要，也是取得学生信赖、引导和教育学生的重要条件，可以更好地防止少数学生产生逆反心理。

3. 指导学生的情感

对早恋学生的指导者一般都是班主任，因此班主任的态度必须真诚，在具体的指导策略上，要注意三点：一是"跳"出来。要教育学生学会用理智战胜情感，主动"跳"出恋爱的漩涡。二是"冻"起来。即要求双方在理智的情况下，把早恋的情感"冷冻"，把精力集中在学习上，这种快刀斩"情丝"的方法，可称为"急速冷冻"。三是"隔"开来。要求双方尽量避免两人单独接触，注意和其他同学多交往。班主任可引导他们多参加一些集体活动和兴趣小组活动，用多层次、多角度的同学友谊来冲淡业已"浓缩"起来的恋爱关系。

4. 多沟通、教育

班主任可利用班会课、个别交谈等形式对早恋学生进行教育。教育内容可从以下方面考虑：

（1）心理上尚未成熟

中学生的心理尚处在发展阶段，在自我意识方面，存在着一种"盲目的成熟感"，爱自以为是；在情感发展方面，自控力较差。所以在恋爱时极易感情用事，做出"越轨"的事情来。

（2）思想上尚未定型

中学生由于世界观尚未形成，对社会对人生的看法还较幼稚、片面，其思想、道德品质在今后的人生道路上还会有很大的变化。因此，中学生时代谈恋爱失败的居绝大多数，后来能结合成伴侣的为数甚少。

（3）事业上尚未定向

学生时代是读书学习的黄金时代，是积累知识、增长才干、奠定人生基础的时期。大量事实证明，中学生谈恋爱后，感情往往为对方所牵制，学习开始分心，成绩也就下降了。

5. 采取各种措施预防

苏霍姆林斯基说："重要的是在青年小伙子对姑娘产生爱慕之前，就应该教育这些未来的男人正确对待姑娘的美，也就是把这种美作为人的美来赞美，对这种美充满尊敬的感情。而姑娘也应该从多方面来丰富自己的精神世界。"这就提示教育工作者，为了防止学生早恋，学校必须主动采取措施。

在具体的预防措施方面，可以通过组织主题班会、组织专题讨论、演讲比赛等以及集体和个别心理咨询等形式进行预防。总之，学校要积极采取措施主动预防，把工作做在前面，避免被动局面出现。

作为学校的管理者，不要把学生早恋看成是洪水猛兽，更用不着惊慌失措，大呼小叫。对待学生"早恋"问题，应当耐心、宽容，加以合理的引导，结合他们心理发展的特点，以疏导、预防为主，进行科学的青春期教育，就能够让学生远离早恋。

三、注重体能修炼，增强学生体质

> 培养身心健康、体魄强健、意志坚强、充满活力的青少年群体，不仅关系青少年个人的健康成长和幸福生活，而且关系整个民族的健康素质，关系国家和民族的未来。学校必须重视学生体能的修炼。

从 2002 年教育部建立"全国学生体质健康监测网络"开始，每两年一次的监测结果无一例外都是"继续呈下降趋势"。全国青少年学生的体质逐年下降，包括力量、耐力素质及肺活量等指标持续下降，超重与肥胖学生的比例增加，肥胖率比 5 年前增长了 1 倍。学生视力不良检出率继续上升，特别在城市学生中，有一半以上的"眼镜学生"。

面对当前青少年学生体质逐年下降的趋势，国家领导人及社会各界人士忧心忡忡。让广大青少年拥有健康的身心和强健的体魄，已经成为全社会的关注焦点。

2007 年 4 月 23 日，胡锦涛总书记主持中共中央政治局会议，研究加强青少年体育工作。随后，中共中央国务院下发 7 号文件《关于加强青少年体育增强青少年体质的意见》，并召开电视电话会议，全面动员加强青少年体育工作。

《中共中央国务院关于深化教育改革全面推进素质教育的决定》强调指出："健康体魄是青少年为祖国和人民服务的基本前提，是中华民族旺盛生命力的体现。学校体育要树立健康第一的指导思想，切实加强体育工作，使学生掌握基本的运动技能，养成坚持锻炼身体的习惯。"中央把"健康第一"确立为学校教育的指导思想，是对 100 年来我国学校体育教育正反两方面经验的总结，是推进素质教育，培养德、智、体、美、劳全面发展人才的必然要求。

体能修炼即增强体质、开发体能的修炼。叔本华说："我的幸福十分之九是建立在健康基础上的，健康就是一切。"体能是一个人所有一切的物质基础，失去了体能，一切都谈不上。正如毛主席所说："无体是无德智也。"身体是德、才、学、识的载体，离开了这个载体，一切都成为空话。

培养身心健康、体魄强健、意志坚强、充满活力的青少年群体，提高青少年健康素质水平，不仅关系青少年个人健康成长和幸福生活，关系人才培养的质量，而且关系整个民族健康素质，关系国家和民族的未来。加强体育锻炼和体育运动，提高青少年体质健康水平，是进行爱国主义、集体主义教育，弘扬民族精神、传承民族文化的重要途径，是大力推进素质教育、促进青少年全面发展的重要方式，对青少年的思想品德、智力发育、审美素养的形成具有重要作用。

（一）认真实施健康教育，全面提高学生体质

全面实施素质教育是当今社会对教育的迫切要求，也是我国现行教育改革的重要任务。陕西省汉中师范附属小学（以下简称"汉师附小"）认为，学校的体育卫生工作应是素质教育的重要内容。为此，汉师附小把体育卫生工作作为全面实施素质教育的突破口来抓，并努力做好以下几个方面的工作：

1. 提高认识，落实责任

汉师附小各部门和各科教师切实转变教育观念，结合本校学生的特点和学校实际情况研究制定了行之有效的措施，并统筹规划，全面安排，有计划、有步骤地分期分批推进，逐一落实了国务院批准颁布的《学校体育工作条例》和《学校卫生工作条列》中的有关规定和要求。

（1）汉师附小领导高度重视学校的体育卫生工作

学校设有体育卫生教研组，各位班主任与学校签订卫生安全工作目标责任书，校园卫生、教室卫生、学生个人卫生等均有专人负责；各班设有卫生值日小组和卫生监督岗；各少先队中设有卫生宣传员和监督员；校医室设有专职校医，负责全校师生个人卫生、卫生习惯和校园卫生工作的检查评比，

定期进行量化考核。学校这样做的目的就是让全校师生明确职责，实行科学管理，真正做到健康工作有人抓，卫生工作有人管，并且常抓不懈，切实将卫生工作落实到实处，促使学生健康成长。

(2) 抓好课堂教学，提高健康课和体育课的开课率和教学质量

汉师附小严格按照国家教育部颁发的九年义务教育教学计划，开齐开足体育和健康教育课。全校1~6年级每周保证0.5课时的健康教育课，另外还不定时地开设健康教育讲座，利用升旗或周会时间，由校长或班主任进行健康知识和各种卫生习惯的宣传和教育。

学校的健康课由各班主任担任，严格按教学计划进行。班主任除让学生掌握课本上的知识以外，还结合汉中地域特点、气候特点、人口素质特点、生活习惯特点等对学生不失时机地进行卫生常识和生活卫生习惯的教育。

汉师附小要求教师课堂上把握准健康教育的知识点，认真备课，充分利用教具、挂图幻灯或人物形态、解剖结构模型等进行施教。学校也会不定期开设质量较高的学生、家长健康教育讲座，开设心理咨询点，定期举办班级卫生小报、卫生广播、宣传栏等活动。

学校每学期还举行1~2次学生卫生知识竞赛或专题队会活动，按不同季节安排篮球、乒乓球、跳绳、踢毽子、拔河等有利于学生身体健康的比赛活动。

(3) 抓好学生各种卫生习惯的引导和督促工作

学校要求家长和教师相互配合，使学生个人卫生做到头发整洁、无异味、无头虱；不穿不利于学生身体发育的衣服和鞋袜，不用不适宜的化妆品；勤洗澡、勤换衣服、勤剪指甲、勤洗手，经常保持面、耳、颈干净；衣服鞋帽整洁、无异味；注意用眼卫生、口腔卫生、饮食卫生；保持良好的读书、写字和站立行走姿势等。

学校一直坚持"两课一操"活动，每学期分别举行一次学生眼保健操、广播操比赛活动。

2. 建立健康教育网络

建立健康教育网络，预防各种常见疾病，养成良好的卫生习惯。

汉师附小根据有关要求，不断提高教师队伍的素质，尤其对学校卫生保

健人员采取多种方式进行业务培训。定期选派相关教师参加各种业务培训，力争让每位健康教育课教师都成为卫生知识的行家，心理咨询的顾问。在此基础上，再由教师向学生延伸，从而形成学校卫生健康教育的网络系统。

3. 创造条件，优化环境

汉师附小尽可能地创造一切有利条件，消除不利于学生生长发育的因素，为学生创设良好的学习环境。

近几年来，无论从校舍修建，还是硬件设施，汉师附小都加大了投资力度，尤其是对校园净化、美化、绿化等方面做了很大的努力。

学校每年安排1～2次教室采光照明设施的更换或维修。对灯具的配置、黑板重新刷漆、课桌凳的维修和添置等均有科学、合理化的配套方案，切实把《中小学教室采光和照明卫生标准》《学生课桌椅卫生标准》《中小学卫生室器械与设施配备目录》等文件精神落到实处。

学校尽可能地为学生提供充足、符合卫生标准的饮用水；安排专门的勤杂工负责学校厕所卫生和垃圾的堆放清运工作。汉师附小的校园一直保持着环境优雅、干净卫生、墙壁无污迹的面貌。

为了确保学校卫生工作的顺利进行，汉师附小压缩其他开支，挤出经费购置了学校医务室所需的器械设施和学生突发病、常见病的防治药品。

近几年来，在汉师附小师生的共同努力下，学校学生常见病发病率稳中有降，身体发育趋向良好，学生因病缺课率低于千分之五。据统计，学校学生近视率控制在6.8%以内，贫血率7.5%以内，龋齿62%以内，沙眼15%以内，肥胖肿病4%以内，营养不良率25%以内，身高下等的学生在0.1%以内，体重下等的学生在4%以内。

汉师附小管理者深刻感受到，学校教育是全面对学生施加影响的工作，每一个环节都是不可忽视的。他们相信，只要学校同家长、社会结合起来，共同培养，就一定能让学生成长为对社会有用的健康人才。

（二）每天一小时，增强学生身体素质

为贯彻国务院、市人民政府、区教委关于加强青少年体育锻炼，增强青

少年体质，确保学生每天一小时体育活动时间的相关文件精神，落实《学校体育工作条例》，北京市房山区良乡第三小学（以下简称"良乡三小"）树立了健康第一的指导思想，切实加强体育锻炼，确保学生在校期间每天至少有一小时的体育锻炼时间，并认真组织开展好每天的体育锻炼活动，让每一个学生终身受益。

1. 提高师生一小时体育锻炼的认识

健康体魄是青少年为祖国和人民服务的基本前提，学生的身体素质却持续下降，超重学生比例迅速增加，近视率居高不下等问题引起了良乡三小的高度重视。良乡三小认为，尽快遏制学生身体素质持续下降，有效提高学生体质健康水平，是当前深化基础教育改革推进素质教育的紧迫任务。

因此，良乡三小坚定不移地树立"健康第一"的指导思想，将增强学生体质健康水平和体育文化素质作为出发点和落脚点，激发师生对体育锻炼的热情。同时，学校加强宣传工作，利用板报、橱窗、校园广播、网络等宣传"每天锻炼一小时，健康工作五十年，幸福生活一辈子"的理念，提高全校师生一小时体育锻炼的认识，为深入持久地开展好每天一小时体育活动奠定思想基础。

2. 创造条件，开展好体育锻炼一小时活动

（1）成立领导小组

为了加强对学生在校一小时体育锻炼工作的领导，良乡三小成立了学生在校一小时体育锻炼工作领导小组。校长任组长，组员由副校长、教导处主任、体育组组长、总务处主任、校医等相关人员组成，负责具体落实、指导、协调、检查各年级各班的体育锻炼情况。

（2）增添体育教师，充实体育组力量

为了进一步加强体育工作，经校务会研究，良乡三小调整了体育教师队伍，在原有五名男体育教师的基础上，又增加了一名年轻的女体育教师，担任低年级体育课和校本课程中的部分内容，使体育与美育等更好地相结合。

学校另外聘请校医为健康顾问，使体育与健康直接"对话"。体育教师不仅要上好每一节体育课，还要负责大课间学生体育锻炼活动的指导，保证

学生的锻炼形式、内容、效果有利于学生的健康成长。

（3）改造校园环境，营造体育锻炼氛围

为了扩大学生活动范围，良乡三小将校园水泥路面全部换成彩色瓷砖，并且拼成绿色迷宫图案，以便于低年级学生在校园里做游戏。学校操场的墙壁上全是奥运会吉祥物福娃和各种各样的运动图案；操场地面进行了全面硬化，彻底改变了刮风黄土漫天、下雨楼内不见地面等活动场地受限的状况。

围墙上大型壁画《攀登》《和谐》的绘制，让校园充满了体育和艺术氛围。各班级独具特色的大力宣传运动和健康知识的黑板报、壁报、宣传栏等，俨然成为校园里一道道弘扬健康美的亮丽风景。

（4）与社区联合，拓展活动空间

受条件所限，校园内学生活动场地紧张，人均不足3平方米。为了拓宽学生的活动空间，良乡三小领导经过与相邻小区物业多次协商，利用了学校后门直通小区健身公园这一便利条件，让小区的各种健身器材为学生所用，让小区公园变成了学生们健身的乐园。

3. 执行国家政策，将体育锻炼一小时落到实处

（1）坚持上好每天的两操，保证质量

良乡三小坚持每天上好课间操和眼保健操，并且让各班开展评比，每日一评，每周公布结果，将评比结果作为评选优秀班集体条件之一。

学校每学年举行一次全校课间操比赛，以促进课间操质量的提高。学校的体育教师还在国家规定的两套操的基础上自编了韵律感、节奏感强的健美操，以丰富学生的体操活动。

（2）开足、上好体育课，抓好体育教学

良乡三小严格按市教委规定的课时计划开足体育课，一、二年级每周4节，三、四年级每周3节，五、六年级每周2节。在没有体育课的当天，严格落实下午一小时集体体育锻炼，课外体育活动时间排进课表形成制度。

体育教学中，良乡三小将培养学生运动兴趣和爱好及其参加体育锻炼的思想意识，形成坚持锻炼的习惯作为首要目标，利用多种形式激发学生参加体育锻炼的兴趣，使学生"动"起来。

在教学中，良乡三小的教师以学生为中心，让学生更好地掌握体育锻炼

的基本知识、技术、技能，有效地增强学生的体质；提高课堂教学质量，不断提高学生学习的兴趣，调动学生的积极性，把被动学习变为主动学习；创设多种生活情境，设置疑问，有目的、有预见地给学生设置疑问，使学生亲身体验，解决问题。这样既提高了学生的学习兴趣，又开拓了学生的思路，使学生能够更好地掌握技术动作，从而有效地活跃了课堂气氛。

体育教学内容不仅仅适应学生在校时的需要，更要适应学生离开学校后休闲和个体活动的开展，适应成年后的运动。因此，良乡三小更注重于培养学生对体育活动的终身兴趣和习惯。

4. 开展活动，为学生的终身健康奠定基础

（1）一年一届运动会，展示师生体育风采

在良乡三小举办的每年一届的校运会中，从入场式到闭幕式均体现出创新的热情，一年比一年新颖、和谐，引人入胜，成为师生展示风采的大舞台。

运动会项目繁多，除了跑、跳、投等项目外，还有踢毽子、扔沙包等学生们平时课间喜好的传统游戏。学校举办运动会旨在使全体师生参与，在竞赛中游戏，在游戏中体验，在体验中感受快乐，从而体现出良乡三小"我参与、我奉献、我快乐"的精神。

（2）开展"阳光体育运动"活动

良乡三小每年都会开展"阳光体育运动"。每次启动仪式上，校长都要做重要讲话，号召全校师生积极行动起来，走向操场，走在阳光下，参加体育锻炼活动，增强身体素质。学生代表也会在大会发言，保证积极参加到阳光体育健身活动中来，健体强身，为学习打下基础，为将来更好地建设祖国、保卫祖国打下基础。

阳光体育运动不只是停留在语言上，启动仪式一结束，良乡三小的全校师生就在用自己的行动展示着阳光体育运动的各种风采。他们有的在踢毽子，有的在跳绳，有的在拔河，有的在打篮球……

短短一小时的阳光体育运动，激发了师生锻炼身体的积极性。阳光体育运动使良乡三小到处充满了欢声笑语。

（3）组织多种形式的体育比赛

为了激发学生体育锻炼的积极性，良乡三小每学年都会有计划地组织多

种形式的体育比赛。第一学期开展课间操、跳绳、冬季长跑、投球比赛等；第二学期召开春季运动会、踢毽子、跳皮筋、乒乓球比赛等。每月一项大型的比赛，每次比赛都力争让学生全面参与。

在比赛的准备与参与中，学生的竞技水平、身体素质得到了不同程度的提高。

正是这样一个朝气蓬勃、锐意进取的领导群体，这样一支师德高尚、业务精良的教师队伍，才培育出了良乡三小这样一群健康活泼、团结友爱的学生。

温馨美丽的校园、宽敞明亮的教室、和谐宽松的育人环境，已成了良乡三小教师工作的家园，学生成长的乐园。

良乡三小还在不断规划着未来的发展，以"求实、求真、求索"的校训为动力，用"以质量创品牌，以服务求发展"的理念为指导，在让学生学到知识的同时，也让他们拥有强健的体魄，从而全面促进学生的健康发展。

（三）增强学生体质的举措

身体素质的高低反映人体机能的水平。在学校体育教学过程中，应根据青少年机体生理解剖特点和各种身体素质练习的不同特点，采用科学、系统的训练手段，正确引导学生进行体能修炼，以增强学生体质，提高其运动水平。

学校在认真贯彻落实国家关于加强青少年体育、增强青少年体质的部署和要求的基础上，还应该注重以下几点：

1. 提高学生对"终身体育"的认识

要让学生自觉进行体育锻炼，关键在于让学生树立正确的体育观，真正懂得体育锻炼对身体、对生活的意义。

学校可以通过理论讲解，通过典型事例证明，开展健康教育宣传活动，使学生懂得体育运动可以使大脑获得积极的休息，同时改善大脑的供血情况，改善和提高中枢神经系统的工作能力，使头脑保持清醒，进而使学习效率得以提高。

此外，还要让他们知道，体育运动有助于缓解焦虑和紧张的心理状态，可以减轻压力，可以将头脑转向其他事情而忘掉郁积的失意和压抑。当学生真正体会到体育运动的重要作用后，就会自觉地加入到体育运动中。

2. 加大体育教学中身体素质练习的比重

教师可根据不同的实际情况，在教学内容的安排上考虑素质练习的功能性，适当增加对学生身体素质的练习，从而全面发展学生的身体素质。

比如，在进行短跑教学时，教师可增加跳绳活动，增强学生腿部力量练习，提高其速度素质；在锻炼学生的耐力素质时，可运用长跑、长距离游泳等项目，加大练习，从而达到培养学生毅力和意志的教学目的。

3. 加强体育教学的育人功能

体育课不仅能教给学生科学锻炼身体的方法，养成经常锻炼的习惯，更重要的是还有育人的功能。体育锻炼可以培养人的勇敢、果断、坚毅、自信心、自制力、进取心和坚韧不拔的意志品质，还能在增强人的体质过程中，培养、开发和提高学生的智能。

4. 教给学生科学的锻炼方法

同样的运动能力，不同的锻炼方法，所导致的锻炼效果也不同。

因此，在体育课的教学中，教师要重视教给学生体育锻炼的方法，让学生把课堂中学到的体育锻炼方法运用到课外。

比如，教师要教会学生掌握正确的体育运动技能，使之形成正确的动力定型，这样不仅能提高学生的运动技术水平，避免运动损伤的发生，还能体现力与美的有机结合，获得精神上的愉悦和艺术上的享受。

5. 为学生体质情况建档

学校应该为学生建立健康卡或体育作业卡，体育教师要对学生体质进行跟踪，对体质较差的学生要布置体育家庭作业。

在作业卡上，体育教师可写明锻炼目标、锻炼内容、锻炼方法、锻炼时间、运动负荷，学生的作业完成情况要得到家长的签名确认后才能上交体育教师，以使作业能实施到位。

这样，家长就能从体育教育的过程中看到孩子的薄弱环节，明白怎么样去训练孩子，以此来提高学生的体质。

提高青少年学生的身体素质需要多管齐下，除了从制度上重视体育教育，保证学生体育锻炼的硬件条件外，还需要学校不断更新教育者的教育观念，不断思考、探索，引进多元化的体育教育新思路，从而将体育教育进行得更全面、更高效、更有力，将学生的身体素质提高到一个新的台阶。

四、加强心理教育，促进学生身心和谐发展

心理健康教育是实施《面向 21 世纪教育振兴行动计划》，落实跨世纪素质教育工程，培养高质量人才的重要环节，是素质教育的重要组成部分。学校管理者必须将学校当成心理健康教育的主阵地，消除学生心理问题，促进学生良好心理品质的发展，提高其心理健康水平。

联合国世界卫生组织对"健康"如此定义：健康不仅是没有疾患和身体的缺陷，还要具有完整的生理和心理状态与良好的社会适应能力。

心理健康是指人的心理功能正常，无心理障碍或心理疾病。

过去，一些学校对学生身体健康比较重视，而对心理健康注意的却较少。大部分学校对心理健康教育认识不足，忽视心理健康教育的独特地位，只重知识、技能传授，轻视良好心理品质的培养，造成了学生心理素质的畸形发展。

中小学生正处于心理快速发展时期，由于受认知水平和心理调节能力的限制，往往无法正确认识和理解各种自然、社会现象，不会正确处理与父母、教师、同学的关系以及学习上遇到的困难，容易产生心理困惑，带来紧张、焦躁与烦恼等不正常情绪，如果长期得不到正确辅导，就会形成某种心理问题。学生的心理困惑若不及时给予消除，任其长期积累，超过其年龄心理所具有的挫折承受力和环境适应力，就会容易产生自暴、自弃、自卑乃至忌妒、憎恨等不健康心理，形成孤僻、懦弱或急躁、粗暴等人格障碍。

为此，开展心理健康教育，预防心理疾病已经成为学校义不容辞的使命。

（一）构建心理教育体系，共筑学生成长乐园

临淄区雪宫中学（以下简称"雪宫中学"）自 2000 年以来，一直在进行心理健康教育的尝试，在校长李春森的带领下率先在该地区成立了第一个校园内的心理咨询室，对本校及外校学生进行心理健康教育，开展心理咨询和家长咨询，对有心理困扰和心理障碍的学生给予科学、有效的心理辅导，积累了一定的心理辅导经验。

2004 年，学校心理辅导教师考取了国家二级心理咨询师职业资格证书，而且取得了山东师范大学教育学硕士学位。

结合这些实际情况，李校长提出了从心理咨询着手，科学构建学校心理健康教育工作框架，整体推进学校心理健康教育工作快速发展的工作思路。

1. 领导高度重视，完善心理健康教育工作机构设置

（1）将心理咨询室更名为成长咨询室

学校领导高度重视心理健康教育工作，为了让更多的学生便于接受心理咨询，2005 年 9 月，李校长将学校的心理咨询室更名为成长咨询室。更名的原因是后者更容易拉近与学生之间的心理距离。

学校专门为成长咨询室的成立做了专题报道。在报道中，对成长咨询室的服务内容、成长咨询室的咨询教师及咨询方式，进行了具体介绍。学校领导对学生提出了殷切希望，号召大家当遇到成长中的困惑和烦恼时，要勇于走进成长咨询室，寻得咨询教师的帮助，及时调节自己的情绪，永葆阳光心态，塑造健全人格。

（2）积极进行师资培训

学校购买了中学生心理健康教育软件系统，购置了多种图书资料，并积极支持心理骨干教师、班主任参加相关部门组织的一切培训活动，抓住一切机会，努力提升心理健康教师队伍的整体素质。

2005 年 5 月，学校派教师参加了市心理健康教育研究会组织的第三期心理健康教育的培训，8 月底，安排教师到心理健康教育工作起步较早、成绩较好的寿光一中参观学习。

2006 年，学校派教师参加了青岛王国梅老师的"父母效能感的培训"，并随

市研究会去上海、浙江等地一些心理健康教育工作做得较好的学校考察、学习。

2007年，学校派教师参加了上海杨敏毅老师的班级经营艺术培训，参加了绘画疗法培训班的学习。

以上这些举措为心理健康教育工作的迅速开展提供了有力保障。在不断的探索、学习和交流中，雪宫中学的心理教育工作水平不断提高，工作思路越来越清晰。

2. 加大培训力度，提高心理健康教育重要性的认识

工作中，李校长深切地感受到做好心理健康教育工作，必须引起教师们的高度重视，当大家普遍意识到心理健康教育工作在学校发展中所起的重要作用时，学校的心理健康工作就会迅速开展起来。

为了做好这个工作，学校主要从两方面着手：

（1）注重对全体教职工的培训

首先转变每一位任课教师的观念，这是做好心理健康教育工作的关键。2006年上半年，李校长结合区教育局的"爱与责任"主题教育活动，为全校教职工做了"牢记爱与责任，实施赏识教育"的专题讲座。让每一位教师明白，爱是教育的前提，没有爱就没有教育。学生的阳光心态，需要教师的精心呵护，师爱是学生心理健康所不可缺少的营养，师爱是做好心理健康教育工作的前提。

随着成长咨询室工作的开展，前来咨询的学生越来越多，具体负责心理教育的学校领导发现，学生的心灵是稚嫩的，学生的心理也是脆弱的，学生们希望得到教师的关爱与呵护，哪怕是一句温暖的话语。而仅仅依靠心理教师的力量是不可能满足所有学生的需求的。该领导及时向李校长反映了这一问题，李校长针对现状，提出了"全员育人"的管理理念，明确提出全校教职工都有育人的责任，并提出了全员做好学生心理疏导的要求，每位任课教师都要负责几名学生，每周要与所负责的学生进行几次交流，并做好辅导记录，发现有严重问题的学生及时与成长咨询室联系。

在全员培训的基础上，雪宫中学特别加强了对班主任的培训。这些培训，一是提高了大家对心理健康教育工作的认识；二是渐渐形成了全员参与心理健康教育的氛围。

（2）注重对家长的培训

李校长认为，学校的教育氛围建立了，家庭氛围也不可忽视，提高家长的心理健康教育意识也是非常重要的。2007年1月，李校长在学校家长委员会成立大会上，专门安排心理教师为家长们做了"关注学生心理健康"的专题讲座，家长们认识到了心理健康教育工作的重要性，同时也更加了解了自己的孩子，在预防孩子心理问题的出现方面协助学校做了大量的工作。

3. 课题引领，确保心理健康教育工作的科学性

2005年底，雪宫中学的"十五"规划科研课题"中学心理健康教育模式构建"通过了省级专家组的鉴定，并进行了结题。心理健康教育模式构建的探讨，确保了学校心理健康教育工作的科学性，并为心理健康教育工作的进一步开展打下了坚实的基础。

2007年，李校长的又一项心理课题"心理咨询的技巧与策略"获得省"十一五"规划科研课题立项。

重视科研课题的研究，提高了学校心理健康教育工作的科学性、指导性，为心理健康教育工作的长足发展不断注入了新的生机和活力。

4. 围绕体系开展工作，不断创新思路

（1）形成心理健康教育的氛围

①编好心理小报。心理小报名字叫"心灵绿洲"，小报第一期的内容，学校专门介绍成长咨询室的位置、成长咨询室的服务内容与方式、成长咨询室的咨询教师。每一个刚刚踏入雪宫中学的新生，都会拿到这样一张小报，它让刚入学的新生以及家长能在较短时间内，迅速了解了本校心理健康教育工作的开展情况，增强了家校联系，为他们走进学校咨询奠定了基础。学校每两周出版一期的心理小报，给学生提供了一个修整心理的空间，让学生在这里发表言论，交流感受，提高思想认识。

②办好心理橱窗。心理橱窗是心理健康教育工作的缩影，学校不断向学生传递一些心理健康教育的信息，如成长咨询室开展的一系列的活动等。可以加深全校师生对心理咨询的了解，有力地促进了心理健康教育氛围的形成。

③写好心理展板。学校在校大门口，在南北教学楼的楼门口，分别制作了三块展板。展板上每天都要出现一些心灵感悟。小小的展板，是与学生心灵对话的圣地，当他们的目光与展板接触时，他们的心灵就会受到鼓舞和振作，思想与境界也会得到陶冶与升华。

（2）拓宽心理健康教育的渠道

为了拓宽心理健康教育的渠道，雪宫中学着重抓了以下几方面的工作：

①开设班级心理辅导活动课。心理辅导活动课的宗旨是体现需求，实现干预。即根据学生的心理需求选择合适的心理辅导内容，在问题出现之前或之初提前实施心理干预。

②全员做好心理咨询。李校长提出了"全员育人"的管理理念，全校教师人人都有对学生进行心理疏导的责任，在全员疏导的基础上，成长咨询室重点做好个别咨询工作，帮助已有心理问题的学生走出困惑，建立自信，抚慰其受伤的心灵，帮助学生健康成长。

③举办心理讲座。定期举办一些有针对性的心理讲座，给青少年的成长指明航向。心理教师为全校教职工举办了"牢记爱与责任，实施赏识教育"的讲座，为家长举办了"关注学生心理健康"的讲座，为班主任举办了"如何进行班级心理辅导的讲座"。这些讲座旨在提高大家的意识，创设共同的氛围，为成长咨询室工作的开展奠定了坚实的基础。

④开展心理沙龙。提供一片自由的天地，让学生敞开心扉，交流思想，尽情投入，释放自己，从中不断提高思想认识。学校已为学生举办了"发现父母""做自己的贵人""克服考试焦虑""春天只做春天的事""做情绪的主人"等团体沙龙活动。

以上几个方面，较好地做到了点与面的结合，有力地推动了整个心理健康教育工作的开展，做到了心理健康教育工作与德育工作的相互渗透融合。

从雪宫中学心理健康教育工作发展的历程中可以看出，要做好心理健康教育工作，首先要落实好以下几个关键要素：

一是领导高度重视。校领导重视是做好心理健康教育工作的前提。

二是虚心学习。抓住一切学习和培训的机会，通过学习，不断提高心理教师的理论水平和工作能力。

三是不断反思与改进。经常反思工作的不足，善于发现问题，努力想办法改进，不断创新工作思路。

四是处处注意渗透与融合。做到心理健康教育与教育教学工作的融合，在融合中实现发展。

五是注意氛围的形成与框架的构建。当人人心中都有心理健康意识的时候，教育氛围就更浓郁了；当有组织有保障的时候，框架就可以发挥作用了。

正是通过努力做到以上几点，雪宫中学的心理健康健康教育工作才逐步走向了成熟。

（二）注重心理健康教育，打造安全校园

学校安全是指创建一个远离伤害的、没有焦虑与恐惧的学校氛围，使学生积极地适应校园环境，避免与环境的失调。与一些校园意外事故相比，由学生心理疾患引发的事件更加不容忽视。学生的心理疾患已经成为影响校园安全的一个重要因素。由于学生心理问题具有较强的隐蔽性，加之青少年的自我保护意识，学生心理疾患不易被发现，也给校园安全埋下了隐患，容易发生校园暴力、自伤等不良事件，学校应该给予足够的重视。

为了更好地创建安全校园，章丘四中的校长刘金水以心理健康教育为突破口，进行了一系列的尝试。

1. 开展心理调查

做好学生的心理辅导工作，首先要了解学生的心理状况，这样才能有效开展心理辅导，防患于未然。

学校对每一位学生反映的问题都认真记录，尽最大可能给每个学生具体的回复。对其中的共性问题则在自办刊物《心理导航》或在专题讲座中讲述解决办法；个别问题则单独找相关学生进行个别辅导。

学校还根据实际情况分别设计了《新生适应性调查问卷》《高一心理调查问卷》《高二心理调查问卷》《高三心理调查问卷》《高中生心理健康状况调查问卷》等。这些问卷中设立了很多开放性问题，让学生自由畅谈在学校的学习、生活感受，受到了学生的热烈欢迎。学生在问卷中说出了很多以前从

未公开的心里话，这对学校了解学生的心态起到了很大的帮助作用。另外，学校还购买了"心理健康测试""学习适应性测试"等5套心理测量软件，对学生进行科学、标准的心理测量，帮助学生更加深入、全面地认识自己。

2. 个别辅导

开设心理咨询室进行个别咨询，对学生在学习和生活中出现的问题给予直接的指导，排解其心理困扰，并对有关心理行为问题进行诊断、矫治。

章丘四中的心理咨询室成立之初，一项最主要的工作就是个别咨询。学校的个别咨询方式主要有以下4种：

（1）面谈

学生任何时候都可以直接到咨询室咨询，最大程度地满足学生的需要是学校工作的宗旨。章丘四中的心理专职教师每学期都接待学生咨询百余人次，而且不只是接待学生的咨询，很多时候也接待家长的咨询。

（2）信箱咨询

学校在办公楼楼梯口放置了咨询信箱。每隔两天开启一次信箱。给学生回信不超过两天，一式两份，并认真填好心理咨询信件存档资料册，以便随时查阅。

（3）热线咨询

开通了心理咨询热线，每周周一到周四下午4:30～6:30为热线接听时间。

（4）电子邮件咨询

网络咨询很受学生欢迎，学生可以毫无顾虑地大胆说出自己的心事。

对学生进行个别咨询是心理教师的重要工作之一，为做好这项工作，刘校长制定了相应的工作制度，规范了进行咨询时的各项注意问题，规定了咨询的时间，规定了值班制度等。

3. 讲座

开设心理健康讲座。围绕大多数学生经常遇到的或关心的问题，结合实际加以讲解，给学生以辅导和帮助，也是章丘四中在心理健康教育实践中经常运用的方式。

（1）根据各阶段的具体情况，以年级为单位进行电视讲座、广播讲座针对高一新生入学后普遍存在着对新的学习方式、新的生活环境、新的角色的适应问题，学校结合心理问卷调查结果举办了"走入新环境——与高一同学谈适应问题"的讲座；针对高二文理分科后学生的心态变化，举行过"方法与心态"的讲座；高三学生面临的主要问题是随着学习压力的增加，如何调整心态，增强心理素质，找到适合自己的复习方法，对此，学校心理工作小组在学生刚升入高三时做过"走好高三第一步"的报告，临近高考又举办"轻松进考场——克服考前焦虑，做好高考准备"的讲座。这些讲座针对学生在某一阶段的心态，具有针对性，收到了良好的效果。

（2）以班级为单位的专题讲座

主要做法是先与班主任探讨班级的现状、学生的主要问题，然后确定讲座的主要内容。

4. 出版《心理导航》刊物

章丘四中的《心理导航》于2000年8月开始出版，每月一期。主要设有"心理世界""校园生活""成功人生""编辑部之声""快乐校园"5个大栏目。

"心理世界"栏目主要有普及心理辅导观念的"走入心理辅导"，介绍心理保健常识及学生常见心理问题的"心理讲座""心理人生""心理自助"，指导学生学习方法、学习习惯、学习心态的"学习指导"，学生喜闻乐见的"趣味心理测验"，介绍心理科普知识的"心理广角"等板块。

"校园生活"栏目主要是刊登师生的稿件，报道学校事件，营造一种良好的校园氛围。在这里有架设师生沟通桥梁的"师生之间""老师的话"，反映父母与子女情感的"两代之间"，抒发学生情怀、展示学生风采的"校园情怀""心灵牧歌""青春风采""人生感悟"，鼓励学生自由争论、倡导校园积极生活的"校园热点论坛"等板块。

"成功人生"栏目主要刊登一些富有哲理性的成功故事，著名人物的成功人生，学校优秀学生的事迹、成功经验等。

"编辑部之声"栏目主要是刊登编辑部内的一些信息、编辑部同学发表的稿件。

"快乐校园"栏目以放松、娱乐、展示学生特长为主，主要有"漫画在线""大话音乐""书法刊登""开心幽默"等。

乌申斯基曾经说过："教育的主要活动是在心理和心理—生理活动现象领域内进行的。"一个优秀的教育工作者，应该了解每个学生的个性心理，当好学生的心理医生，客观、准确地鉴别"问题"学生的心理病因，才能有针对性地做好教育工作。

安全教育是学校常抓不懈的大事，要高效开展安全教育必须有创新、有突破。在新形势下，积极开展心理健康教育是塑造安全校园的重要组成部分，必须高度重视，从理论和实践两个层次加强研究，确保校园安全。

（三）加强学生心理健康教育的举措

良好的心理素质是人的全面素质中的重要组成部分，是未来人才素质培养中的一项十分重要的内容。那么，如何加强学生的心理健康教育呢？学校管理者不妨借鉴以下 3 个方面的做法：

1. 利用课堂教学，渗透心理健康知识

课堂是学校进行教育活动的主要场所，课堂教学不仅是科学知识传授的过程，也是学生心理发展的过程，从教材内容看，各科内容都具备很好的心理健康教育素材，例如，政治、语文、历史、地理等学科可以陶冶学生的心灵，塑造高贵优雅的品质；数学、物理、化学、生物等学科可以进行科学思维的训练；美术、音乐等学科可利用特有的旋律、线条、色彩培养学生的审美能力；体育课则可锻炼学生的坚强意志，培养学生竞争、拼搏、进取的精神。

学校领导者可以让各科教师在教学过程中渗透有关的知识，使学生处处都感受到真、善、美的教育，提高自身的心理素质。

2. 联系家庭，引导家长关心子女的心理健康

学校要联系家庭，引导家长关心子女的心理健康。这是对学生进行心理教育的重要方式。由于父母是孩子的第一位教师，家庭教育直接影响着学校教育的效果，也是学校教育所不能代替的一种力量。学校要指导家长在关心子女的生理健康的同时，还应积极关心他们的心理健康。

3. 充分利用各种途径，进行心理健康教育

（1）利用各种媒体

利用各种媒体上的相关内容，对学生进行正面的心理健康教育以及心理干预，是一种与时俱进的好方法。

（2）开设心理咨询活动，帮助学生解除心理障碍

学校可由各年级优秀学生组织成立年级的咨询小组，共讨成长中的烦恼。也可通过师生之间的朋友式的交流，既能解决学生因学习方法、成绩等方面产生的困惑，又能增强学生的交往能力。也可以通过建立"悄悄话"信箱的方式，学生如有什么疑问，可以随时把自己的心里话或疑问以书信或电子邮件的形式发给相关人员，学校要尽快回复学生的咨询，疏导、解除学生的心理困惑。

（3）努力建设好校园文化阵地

做好宣传广播，办好宣传栏、黑板报等，使学生时时处处感受良好文化的熏陶。

要使学生的心理得以健康发展，学校管理者和教师都应掌握好心理知识，遵循学生心理发展的规律，在实践中灵活运用心理教育规律，探索学生的心理发展轨迹，总结心理教育的经验，与家庭、社会紧密联系，力争取得良好的成效。

五、关爱贫困生，为他们解除后顾之忧

贫困生问题已成为政府高度重视、社会普遍关注、家长操心、学校担心、学生忧心的带有社会性的问题，甚至影响到了当前学校的稳定和发展。为了学校的发展，为了学生的身心健康，学校必须把贫困生管理作为学校学生管理的一项重要工作，加大力度保障贫困生能够顺利地完成学业，帮助他们成长、成才。

据国家权威部门统计，我国目前贫困学生的人数较多——因家庭贫困而失学或辍学的中学生有 500 万左右，小学阶段的贫困失学儿童有 246 万左右。

同样是一条求学路，贫困生却走得异常艰难。当其他学生可以随心所欲地用自己的零用钱买零食、玩具时，贫困生却只有餐餐吃着家里带来的咸菜，甚至饿肚子；当其他学生从头到脚都穿戴名牌时，贫困生却可能连双像样的袜子都穿不上；当其他学生可以无忧无虑地坐在教室里享受教育时，贫困生却可能迫于生计而中途辍学。

贫困，不仅给学生及其家庭带来物质上的压力，更影响学生心理健康成长。学生因贫困而引发的各种心理疾病已屡见不鲜。贫困生问题已成为政府高度重视、社会普遍关注、家长操心、学校担心、学生忧心的带有社会性的问题，甚至影响到了当前学校的稳定和发展。

因此，贫困生问题的解决既有重大的现实意义，更具有深远的战略意义。如何推进贫困生工作，帮助贫困生顺利完成学业，促进贫困生健康成长，既是构建社会主义和谐社会的时代要求，也是学校教育发展道路上面临的一大挑战。

学生在学校生活时间最长，和同学交往最多，受教师的感染最深。学校的重视、教师的关怀、同学之间的和谐相处，是贫困生健康成长的动力。只有学校各方面对贫困生加以爱护、帮助，交给他们解决自我困惑和认识社会的钥匙，才能促其自立、自强。

为了学校的发展，为了实现教育的意义，学校必须把贫困生管理作为学校学生管理的一项重要工作，加大力度保障贫困生的学业顺利完成，保护贫困生身心健康成长。

（一）爱心满校园，真情助学业

盐城市第一中学（以下简称"盐城一中"）是江苏省省级重点中学之一。近年来，由于学校规模扩张和生源构成的变化，目前在校学生4 677人，其中贫困生491人，特困生37人，两者之和约占全体学生的12％。贫困生经济拮据，基本生活难以维持，给学业带来了较为严重的影响。

"绝不让一名孩子因贫困失学"，这是盐城一中多年来关爱学生的宗旨。为了不让一名学生因贫困失学，学校采取了减免学杂费、实施人民助学金制度、校希望工程基金会资助、师生捐助、党员干部"结对帮扶"、开设"博爱班"等措施，构建了全方位、立体化的帮扶解困体系。几年来学校资助总人数5 600人左右，金额共计70万元左右，使经济困难学生能够解除后顾之忧，安心学习，从贫困中奋起，在自强中成才。

几年来，盐城一中已经形成了稳定的资助体系，他们采用的具体措施有以下几项：

1. 减免学杂费

学校切实落实区政府关于建立资助特困生长效工作机制的意见和区教育局《关于做好全区特困生学杂费减免工作的通知》，对经济特别困难的学生采取减免学杂费、代办费、住宿费等办法，到2008年止，该校已资助了70多人次，金额达30多万元。

2. 实施人民助学金制度

根据区教育局制定的《盐都区中小学教育助学金管理办法》，盐城一中对人民助学金（以下简称"人助金"）的发放标准、对象、人数、程序等都做了严格的规定。从2003年下半年起各班享受人助金的人数控制在2～4

名，且每人不少于100元。凡不能严格遵守校纪校规，生活中浪费现象严重的学生都不能享受。学校每学期实施一次资助，到2008年为止已资助了4 450人左右，资助金额共计25万余元。

3. 建立希望工程基金会

每年3月份、12月份盐城一中都会开展"手拉手献爱心送温暖"师生募捐活动。募捐所得款项（最近3年已募捐到33 537元）全部作为希望工程基金，用于资助校内贫困学生。

另外，盐城一中教职工还采用"日薪献爱心""一日捐"等捐款形式对贫困学生进行帮扶。

4. 开展党员干部"结对帮扶"工作

盐城一中每一位教职工党员根据自己的具体情况，采用自愿的形式，每学年资助1名贫困学生200～400元生活费。近两年，学校共收到党员资助19 900元，已资助了80多人次。

5. 各级红十字会资助

盐城一中红十字会在上级红十字会的帮助下，每年至少对特困生进行一次资助，主要资助他们一些衣物，如内衣、运动鞋、棉衣等。

6. 建立博爱班，减免全额学费

盐城一中"博爱班"的开设，获得了社会的广泛赞誉。"举办'博爱班'是学校对社会所做的回报，不让一个贫困学生失学也是我们义不容辞的责任。"这是盐城一中开设"博爱班"的宗旨。

"博爱班"主要招收具有下列8种境况的学生：革命烈士子女；持有民政部门发放的低保家庭的子女；父母双双失业、且无正常经济来源的学生；父母一方失业，另一方收入不足以维持正常学习和生活的学生；家庭主要收入创造者因故丧失劳动能力，正常学习生活受到严重影响的学生；家有危重病人，造成家庭经济异常拮据的学生；父母残疾（持有残疾人证）、家庭收入不足以维持正常学习和生活的学生；由于其他原因造成经济特困的学生。

经确认的博爱班学生，每生每学期可获资助款 400～800 元。盐城一中博爱班自 2004 年开设以来，已经资助 167 名学生，这些学生绝大部分能关心集体、刻苦学习、成绩优异，希望通过自己的努力改变自己和家人的命运。

博爱班的学生比其他学生更加明白"读书改变命运，知识成就未来"的道理，他们锐意进取、努力追求，希望早日实现自己心中的梦想！学校也鼓励他们正视困难、树立自信、自胜自强、磨炼成才、学会感恩、回报社会，成为同龄人中坚强有为的社会精英！

"对学生一生的发展和幸福负责"是盐城一中的办学理念，"让每一位学生成人，让更多的学生成才；让每一位学生合格，让更多的学生优秀"是盐城一中追求的办学境界。

这"每一位"显然包括贫困学生，并且贫困生是学校特别关注的一个群体。在资助贫困生方面，盐城一中仍在做以下几项工作：

1. 学校积极建立扶助贫困生的有效机制

盐城一中明确界定奖学金和助学金范围，突出奖学金"奖优"和助学金"助贫"的功能，并进一步完善贫困生学杂费的"减、免、缓"制度；建立健全已有的助学体系，设立贫困生专项奖励和扶助基金；学校积极争取社会各界的支持与帮助，增设专门的贫困生基金；积极开展勤工助学活动，实施贫困生"以工助学"工程，利用双休日、寒暑假积极稳妥地组织和引导年满16 周岁的贫困生开展勤工助学活动。

2. 动员全社会广泛参与，共同解决贫困生问题

盐城一中动员社会团体或个人积极捐资助学，建立畅通的社会捐资渠道，比如，设立各种扶贫助学基金；倡议经济状况较好的企业、事业单位、社会团体等积极主动地与学校建立贫困生"对口助学"关系。

盐城一中承诺，学校将继续扎实开展扶贫助学工作，帮助经济困难学生撑起一片晴朗的天空。

（二）让关爱铸就阳光学生

在延吉一中，学校领导非常注重对贫困生的关爱。学校曾有一名叫小优的学生，3岁时父母离异，小优随母亲生活。母亲患有心脏病，完全失去了劳动能力。这样的家境可想而知，母子每月靠250元生活费生活。小优很聪明，但一度不好好学习。学校领导、班主任多次找他谈话，听到的却是一句："考上好大学也没钱念。"这是多么令人痛心的一句话。

对此，延吉一中没有坐视不管，而是动员各方力量为其解忧。班主任用爱心开导、鼓励小优，学校为他免学费，免食宿费，还为他家每月提供200元的生活补助。为了让小优有一个阳光的心态，学校又让他免费参加学校组织的北京夏令营活动。

渐渐地，小优变成了一个无忧无虑、乐于助人、微笑总挂在嘴角的阳光少年。再后来，小优以优异的成绩顺利地考入西安邮电学院。上大学前，延吉一中学校党员爱心基金会及社会各界又一次性资助他18 000元，免去了他家庭的筹钱之忧。小优的母亲被学校的关爱举动感动得几次落泪，她语重心长地对小优说："儿子，没有学校就没有你的现在，你就是辜负谁，也不能辜负校长和老师呀！"

学生小梅，母亲无工作，父亲去世后，家里生活更加艰难。小梅因为受到父亲去世的刺激，再加上营养不良，上课时曾几次休克。学校领导、教师及时给了她热情的关怀和资助。在学校和教师的关怀下她最终考上了长春税务学院。小梅的母亲给学校送来锦旗，上面写着："学校如家，校长如母。"

像这样的例子在延吉一中不胜枚举。学生们的共同体会是："我们学校充满关爱。"

为了给贫困生更多、更好的关爱，延吉一中成立了由全校41名党员教职工组成的"党员爱心基金会"。他们每月把工资的零头都捐出来，"牵手特困学生，扶助困难教师，情系贫困家庭，关注学生未来"。

高考是一个令众人关注的焦点。为了顺利冲过高考这一关，每年高考前，延吉一中都会做一次细心排查，对父母外出打工、出国，或是家在农村，或是有特殊困难的高考学生给予更细心的关照。为了让他们消除紧张，解除后顾之忧，不因为亲人不在身边而感到失落和无助，考试期间，学校都会对这些考生给予特殊照顾，为他们免费提供营养丰富的伙食和水果，免费提供住宿等。

延吉一中针对贫困生入学难、就学难的问题，设立多项助学金、奖学金等办法，为贫困生开设了求学绿色通道，较好地解决了教育公平问题。延吉一中成立了"扶困助学基金会"，争取社会力量资助达 600 余人次，多方筹集助学基金共计 100 余万元；结合贫困生的不同情况，为低保家庭学生免学费，为品学兼优的特困生免学费、免住宿费、免餐费。学校每年扶助的贫困学生都在 100 名以上。学校教师，特别是班主任为贫困学生献爱心、送温暖的举动让学生和家长感动不已。

数年来，学校资助 60 余名特困学生免费在校学习 3 年，为 20 余名考上大学的特困学生资助上学费用。

贫困生是学校中的一个特殊群体，很多学生因为家庭贫困，交不起学费而选择辍学，这不仅对其个人发展有很大影响，更是国家和民族的重大损失。因此，学校作为教育主要场所，应尽量让每个学生不因贫困而失学，想方设法为学生解除后顾之忧，让他们以阳光的心态享受学习的快乐，健康地成长。

延吉一中做得非常到位，他们不但从自身做起，还积极号召社会人士扶困助学，这些举措让很多贫困生重新拥有了受教育的权力，他们也因此而倍加珍惜学习，而且大都学有所成，品学兼优。

（三）关爱贫困生的举措

资助和关爱贫困生对于创建和谐校园，实现教育公平有着积极的意义。多年来，各所学校都积极行动，切实采取有力措施应对贫困生的管理工作，但所取得的效果却不尽相同。那么，如何才能更全面、更有力地关爱贫困生呢？

1. 坚持贫困生认定原则

制定一个认定贫困生的"科学"标准并不难，难的是如何用这一标准去认定贫困生。只有认准了，我们才能避开那些滥竽充数者，帮助那些确实需要帮助的学生。

学校可以在每年的固定时间进行贫困生评定工作。贫困生的认定应该把握主要原则：学校自身认定为主，生源地证明为辅，还要完善学生监督、举报机制。

班主任、辅导员教师应把握全局，关注贫困学生，以高度的责任心去精心做好贫困生认定工作，从而将资助金用到最需要帮助的学生身上，保证国家帮贫助学政策的顺利实施，创建和谐班级、和谐校园。

2. 开辟勤工助学岗位

勤工助学作为缓解贫困生经济困难的重要途径，已得到学校和社会的一致共识。

学校可以在食堂、图书馆、学生浴池等场所设立勤工助学岗位，并将学生宿舍、教室等公共场所的保洁工作交给家庭经济困难的学生来完成，并支付给他们相应的劳动报酬。这样，一方面让学生得到了相应的锻炼，另一方面，学生利用业余时间，通过自己的辛苦劳动所获得的报酬，会让他们更懂得珍惜。

3. 完善资助体系，建立长效机制

除设立勤工助学岗位缓解贫困生问题外，学校还应该努力内、外结合，完善贫困生资助体系，建立长效机制，多方筹资。如通过政府建立资助基金、争取希望工程资金、募集社会资助资金等途径，积极开展资助贫困生的工作，从而保证贫困学生能得到及时有效的帮助。

4. 关爱贫困生心理

资助贫困生必须"以人为本"，资助的前提是对其人格的尊重。我们既要对贫困生提供实质性的援助，又要做到不伤害他们的自尊心，让他们与同龄人一样有尊严地学习和生活。

学校要充分考虑到部分学生不愿公开贫困的心理感受，在给予物质帮助的同时，也要给予精神的抚慰，让贫困生既能得到及时的资助、感受到雪中送炭式的温暖，同时也要注意对其开展扎实、细致的心理辅导工作，使其脆

弱的心灵和"面子"也能得到呵护和保全。

比如，学校可以举办学习洪战辉、"自强之星"英语演讲比赛、"自强、自立、自爱"文艺晚会等各种活动，用正确的人生观和价值观武装贫困生的头脑；心理咨询室通过心理健康讲座及咨询服务等活动，从精神方面对贫困生进行关爱。

5. 营造和谐氛围

不少学生会因为自己是贫困生而变得孤僻，不愿与他人交往、沟通。长此以往，学生的社交能力就会明显降低，心理负担加重。

因此，教师要努力在学生中间营造出一种"贫困不是谁的过错"的宽松氛围，主动与学生沟通，以朋友身份与学生交流，鼓励学生参加各种活动，融入集体生活中，以使贫困生能放下包袱，努力学习，并健康快乐地成长。

关爱贫困生，不是金钱或物质的施舍，而是从心中传达出的爱心！

关爱贫困生，不是为了解决他一时的需要，而是要把他培养成一个自食其力的劳动者！

关爱贫困生，不是让他做金钱的奴隶，而要让他做金钱的主人，要从思想上去解放贫困！

同在蓝天下，同在校园中，让我们伸出双手为贫困生送去一片温暖，让贫困生分享到阳光雨露，从而健康成长。

第四篇

学生综合素质管理的教导力

要解放孩子的头脑、双手、脚、空间、时间，使他们充分得到自由的生活，从自由的生活中得到真正的教育。

——陶行知

课堂学习不应该是一个孩子校园生活的全部，校园也不应该是孩子获取知识和技能的唯一场所。学校可以开辟内容丰富、形式多样的第二课堂活动，让学生多才多艺，促进学生素质的全面优化及提高；也可以以社团活动为锻炼平台，提高他们的社会实践和社会交往能力；还可以加强假期管理，将积极的、有意义的学校生活延伸到学生的假期中，科学合理地安排他们的假期生活。

总之，通过对本篇内容的研读，体味和领略其中所蕴涵的名校学生综合素质提升的蹊径，一定会引起你的共鸣和深思！

一、利用多种渠道，让学生多才多艺

内容丰富、形式多样的第二课堂活动，能促进学生素质的全面优化及提高，学校对此必须要有清醒的认识。大力发挥第二课堂广泛的、深刻的、主动的教育效能，能够丰富学生的精神生活，陶冶其情操，培养他们的兴趣和爱好，发展他们的智能。

众所周知，内容丰富、形式多样的第二课堂活动，能促进学生素质的全面优化及提高。但遗憾的是，由于一些教师对第二课堂的教学缺乏专业性，学生的活动往往会偏向文化知识的培养，从而使得第二课堂失去原有的意义；另一方面，由于有些学校教育资源不足，第二课堂的活动内容比较单一枯燥，以致使学生对本应生动活泼的第二课堂失去兴趣。

当第二课堂存在缺失的时候，经常会给学生带来不良影响。

首先，缺乏有效调味剂。学生在学习文化知识时容易产生疲倦，缺乏调味剂就会大大增加其厌学的可能性。

其次，第二课堂是发展学生特长，培养学生才艺的主阵地。实践证明，经过丰富多彩的第二课堂活动的训练，学生的思想觉悟会得到提高，个性特长会得到发展，知识面会得到拓宽，动手能力也会得到增强。而第二课堂内容的匮乏，则会极大限制学生的个性发展。

再次，学生难以树立正确的审美观。开展第二课堂是对学生审美教育的有效武器。从现实中看，忽视第二课堂的开展，一些学生就会只追求外在美和注重美的享受，而忽视内在美和审美情趣的高雅性；只注重外表的装饰打扮，而忽视内在素质的提高和美化；只注重物质的、感官的刺激性娱乐，而轻视精神的、心理的熏陶怡养，等等。他们会把单纯追求娱乐享受混同于美育。

第四，削弱学生的抵制力。学生时期生命力最旺盛，精力最充沛，思想最活跃，如果这个时期失去了富有营养的精神乳汁的哺育，则会自然分流，有的在人生探索中可能会找到正确的方向，而有的则会沉溺于低级庸俗的趣味之中，丧失前进的动力。

因此，学校必须要有清醒的认识，大力发挥第二课堂广泛的、深刻的、生动的教育效能，丰富学生的精神生活，陶冶情操，使学生学到多种新鲜知识，培养他们的兴趣和爱好，发展他们的智能。

学校领导要克服教育资源不足的困难，千方百计为第二课堂谋出路。校内缺乏资源，我们可以让学生走出校门，到社会、到社团、到大自然中去，体验生活，学习技能；缺乏师资，我们可以把人才请进来，可以通过多种渠道，让学生掌握唱歌、戏曲、跳舞、绘画、手工制作等基础知识和基本技能，让学生在这些具体活动中达到美化生活，美化心灵的目的。

学校要通过第二课堂真正做到让学生品德高尚、身心健康、知识丰富、学有专长、思路宽广、实践能力强，让学生学会做人、求知、劳动、创造、生活、健体、审美，成长为有理想、有道德、有文化、有纪律的社会主义事业的建设者和接班人。

（一）让高雅文化艺术进入课堂

开展文化艺术教育是第二课堂的主要内容，但有些学校只是随波逐流，一味按学生的口味安排第二课堂的活动内容，合肥中学校长陈栋在这方面却从不流于俗，有着自己独到的看法。在他看来，应当将文化艺术按照对学生教育力的大小进行严格区分，具有深厚历史底蕴和民族性的文化艺术才是"正统文化"，如京剧、书法艺术等。陈校长看重的是这些艺术对学生的教育功能，因此，陈校长大力引进正统文化，让学生得到思想熏陶。

1. 变京剧进课堂为戏曲进校园

现在，教育部在中小学推行"京剧进课堂"，要求"1～9年级学生学唱15首京剧经典唱段"，以此作为"中小学音乐课"的内容之一。但陈校长却认为，如果仅仅止于"京剧进课堂"，不见"戏曲进校园"，那也大抵是只见树木不见森林。中国的"戏剧森林"才更让人叹为观止。

中国戏曲剧种有 300 余种，京剧之外，昆曲、越剧、黄梅戏，粤剧、评剧、二人转，秦腔、花灯、花鼓戏，川剧、豫剧、碗碗腔……古今名人、名曲、名段和剧目在中国文化史和世界文化史上占有极其重要的地位。鲜明的人物形象、生动感人的人物故事、高尚的人物品质，无不陶冶学生情操，振奋民族精神，培养学生的实践能力和创新精神，使其形成良好的道德品质。因此，学校在"京剧进课堂"的同时，把戏曲也引进了校园。

学校把对戏曲的赏析与学唱、学演结合起来。学校先让学生通过看录像、听录音、看演出、参观演出前的准备工作等形式，实际接触戏曲表演艺术。通过真真切切的看和明明白白的听，化被动为主动，使学生饶有兴趣地进入到学唱阶段和学习表演阶段。

接下来，教师根据学生的不同特点与喜好，选择一些易学、易唱、易演的剧目进行学唱与学演，使学生循序渐进地步入不同角色和人物的学习之中。

学校集中戏曲爱好者每周固定活动，以聘请戏曲艺术家指点和本校音乐教师训练辅导相结合，对学生进行专业指导和训练。通过学习戏曲的念白和唱腔，学习戏曲的身段和一招一式，让学生能够初步掌握戏曲的一些特点，并可以进行简单的表演。

2. 为学生搭建学习乐器的平台

在陈校长的支持下，学校购置了一批乐器，聘请教师，安排固定学习时间，为学生搭建学习乐器的良好平台。让学生人人有条件、有机会可以学习乐器，掌握一定的演奏技巧。学校在第二课堂开办了古筝、二胡、笛子、手风琴、口风琴、葫芦丝、电声乐等课外小组，并把乐器表演作为学校定期会演的节目。

学校的激励，点燃了学生学习乐器的兴趣。在第二课堂活动中，学生个个情绪高涨，完全沉浸在音乐艺术的魅力之中，很自然地接受着艺术的熏陶。学生在各种文艺演出中登台亮相，展现风采，张扬个性。

第二课堂器乐学习的推广，不仅推动了合肥中学音乐教学的改革，还促进了学生整体素质的提高。

3. 让学生学习书画

陈校长认识到，让学生学习书画可以得到艺术人文的熏陶。书画怡情，人文养性。学生在学习书画的过程中，耳濡目染，能渐渐感受到中国书画艺术的魅力，感受到中国文化的博大、丰富和多样，能在学习中逐步养成注意力集中、安静内省的好习惯，这比一味上网、打游戏等要好得多。

首先，兴趣是最好的教师。让学生在书画学习中感到快乐，他们就能够乐意地参与这一活动，因此，学校首先着眼培养学生对书画的兴趣。比如，从学生的心理特点出发，让他们参观名人书画作品展，听书画家谈作品、谈人生，调动学生学习书画的积极性、主动性。

现在，学校在课外分设书法、国画两个班，邀请书画家每周定期来校悉心指导。其间，很多老艺术家亲临学校，现场传道、授业、解惑。同时，还让一些学生走出学校，拜访合肥市书画艺术名家，亲聆教诲，感受大师风范。2008年，学校还将部分学生的优秀作品结集成《合肥中学学生书画集》。

第二课堂在合肥中学的大力推广下，使很多学生不仅学会了唯美的戏剧表演、优美的乐曲演奏、浑厚的书画创作，还掌握了诸如茶道、雕刻等其他的高雅艺术。

合肥中学加强第二课堂建设，把优秀文化艺术融进其中，积极营造"健康向上、充满活力"的第二课堂氛围，通过第二课堂建设凸现学校特色，使学生时刻自觉地接受道德规范的约束，从而实现了对学生的思想观念、思维方式、精神状态、心理素质、行为习惯和价值观的显性和隐性塑造。

例如，在合肥中学的第二课堂上，学生在学习戏曲中懂得了更多做人的道理：京剧《岳母刺字》传递了一种民族自豪感和爱国热情；黄梅戏《六尺巷》教育学生为人要有谦让的品德，等等。另外，戏曲熔歌唱、舞蹈、杂技、美术于一炉，表演上讲究唱、念、做、打。上千年的艺术实践所形成的意象和形象相结合的表演形式，很好地培养了学生优雅的气质。

在合肥中学，文化艺术教育不仅使学生逐步学会认识音乐，掌握音乐的基本知识和演奏技能，更使学生获得了身体、智力、情感、个性、社会性等方面的和谐发展。他们通过调查发现，对乐器有喜好的学生，在教师眼中是全面发展的好学生，在同学眼中是快乐合群的好同学。

近几年来，合肥中学坚持将"正统文化"作为第二课堂的重要内容，开展了一系列形式多样、丰富多彩的高雅艺术活动。通过这些活动的持久开展，使得学生对高雅艺术产生了浓厚兴趣，从而提高了他们的欣赏水平和艺术素养。合肥中学学生不仅展现出"谈吐文雅，举止文明"的良好形象，更能展示出"琴棋书画，吹拉弹唱"无所不能的高超技能。

（二）开展丰富多彩的民间艺术活动

为进一步深入开展学校特色教育，丰富学生的课余生活，让学生充分发挥各自的特长，真正达到学有所乐，乐有所得的素质教育理念，苏州市苏锦实验小学（以下简称"苏锦实验小学"）充分利用得天独厚的自然资源和人文资源，在校内开展了丰富多彩的"第二课堂"特色教育。

为突出"第二课堂"特色教育的实效性和趣味性，学校摒弃了传统教学中枯燥的文化教育内容，而是应广大师生的要求，开展了象棋、泥塑、剪纸、乒乓球、校园金话筒小主持人等一系列动手、动脑、动口的趣味性和益智性的民间艺术教育内容。为确保开设项目的质量，该校不仅充分发挥广大教师的热情，而且还积极调动社会各界的力量，专门聘请了民间有特长的艺人，定期到校为学生进行专业性授课和指导。

1. 因地制宜进行技能培训

学校与苏州刺绣研究所有限公司联合开办苏绣传习所，聘请著名苏绣技师为艺术指导。参加培训的学生以3～5年级为主，在专业技师的精心指导下，苏绣班学员们的针法技艺得到了较大的提高。

学校与虎丘山风景名胜区管理处联合成立苏派盆景培训班，聘请苏州园林局专家任艺术指导，利用课余时间，对学校的30多名盆景班学员进行指导。培训班的学生们在教师的带领下还来到虎丘风景区的万景山庄、拙政园，实地感受苏派盆景的无穷魅力和博大精深。

为促进学生对园林艺术的了解，增进学生对园林实物的认识、接触，学校开展了以园林艺术欣赏为主题的实践活动，让学生走进苏州各大园林进行参观、赏析。丰富多彩的实践活动，让学生深刻地了解了园林艺术及其应用。

学校与苏州市民间艺术交流中心共建合作，聘请民间艺人每周五下午定期来校传授技艺，让学生在学习中了解中国深邃的传统思想、古老文化以及独特的美学价值和艺术价值，并更好地将民间手工艺这一独特的文化表现形式传承下去。

2. 让民间艺术走进校园

学校通过民间文艺家协会邀请全国民间艺术家来到校园，现场表演。邀请来的艺术家们向学生们展示了剪纸、中国结、彩蛋、草编、面塑、泥塑等传统民间艺术项目。

例如，在 2007 年，学校邀请了安塞剪纸艺术大师李秀芳老人走进校园，请她给学生们传授剪纸艺术。在活动中，学生们认真地构思画稿，兴奋地操剪练习。李秀芳老人边辅导边讲解。十几分钟后，一幅幅形式多样、活泼灵动的作品在学生灵巧的手中诞生了。学生们纷纷表示，"能得到大师的指点，学起来兴致也格外高""以前总觉得剪纸没什么了不起，现在知道了安塞剪纸真是一门博大精深的艺术""看着自己剪好的作品，增强了自信心""剪纸使我的手变灵巧了"……

大师走进校园向学生表演各种绝活，不仅培养了学生的课外兴趣，提高了学生动手、动脑的能力，更重要的是让学生切身感受到民间艺术独特的魅力，激发出了他们学习民间艺术的热情。

3. 建立民间艺术兴趣小组

学校先后开设了草编、面塑、泥塑等几个项目的兴趣小组。为确保学生能掌握这些技艺，学校除了让民间剪纸、泥塑等艺术家不定时指导外，还聘请在这方面有特长的社会人员到校做专职老师，指导学生学习。

如今，苏锦实验小学已成为"民间艺术传承基地"，这里的学生能进行30 多种民间艺术展示。

许多民间艺术堪称"华夏一绝"，如果不及时传承，最后难免"绝迹"，彻底消亡。这是很多民间艺术家所担心的事。

苏锦实验小学在第二课堂上推广这些技艺，让那些老艺术家们看到了技艺得以传承的希望。当他们看到民间艺术后继有人时，甚至主动把独门绝学艺术传授给苏锦实验小学的学生，这使得一些学生不但成为民间艺术大家的弟子，而且也成为传承民间艺术的主力军。

据统计，苏锦实验小学有 66.2% 的学生掌握了不同的民间技艺。学生通过对民间艺术的学习，了解了中国民间艺术的基本理论知识，学会了分析中国民间艺术品的文化内涵和美学意蕴，掌握了一些民间艺术的制作、创作、应用方法，从而提高了民间文化艺术素质以及对民间艺术的鉴赏能力、制作能力、创造能力。

（三）让学生多才多艺的举措

让学生多才多艺，开展艺术教育是最好的途径。一般来说，应该做好以下几方面的工作：

1. 艺术活动个性化，方法个别化

方法个别化，就是重视学生的个别差异，注重因材施教，在全面了解学生个性特征的基础上，充分开发他们的潜能，让学生获得最大收益。

教师在艺术活动中要依靠师生的情感，创设良好的第二课堂艺术氛围，利用艺术的魅力吸引并感染学生，尽可能地调动学生的多种感官，使学生自觉、自愿、积极主动并富有创造性地在无拘无束、轻松愉快的氛围中参与艺术活动。

2. 途径要多元化

第二课堂中实施艺术活动的途径要多渠道，多层次。

（1）改进艺术学科教学

传统的教学方式把音乐、美术进行分科教学，学校可以要求教师把音乐、美术两科结合在一起进行综合教学。

（2）渗透性艺术教育

即在语文、数学等学科教学中渗透艺术教育。

（3）艺术课外活动

学校应该把艺术课外活动作为学生实施艺术教育的重要途径。学生可以根据自己的爱好参加合唱、舞蹈、乐器、剪纸、美术等课外活动。学生可以自己精心布置教室内外的环境，例如，窗上和墙上可以贴上自己画的彩色画，走廊上可以摆放一些自己亲手栽培的花卉，教室的上空可以挂上学生自

己制作的工艺装饰物，五彩缤纷，这样就会为他们提供一个具有艺术氛围的快乐学习环境。

3. 艺术课堂生活化

艺术课堂不可以再搞"注入式""一言堂"，否则就会使学生在本应感到愉快的艺术活动中体会不到成功感，从而产生难学、厌学的情绪和不良的活动效果，就会偏离艺术教育的根本宗旨。

"生活是艺术创造的源泉"，艺术本来就是从生活中创造出来的，学校要让艺术与生活沟通起来。因此，学校应尽量让学生们全方位地接触了解五彩缤纷的世界，扩展他们的视野，为其艺术创作打下基础。

4. 实施人文教育

艺术教育把培养学生的艺术能力和人文素养作为总目标。在多艺术门类，多学科综合的艺术教育活动中，学校要通过艺术与生活、艺术与情感、艺术与文化、艺术与科学的结合，达到学生艺术能力、审美意识和审美情趣的逐步形成和提高。

在艺术活动中，学校要以"以人为本"的现代教育理念为指导思想，关注"人"的发展，关注学生健全人格的养成，从教学观念、教学方法、师生关系等各方面逐步转变角色。

5. 发展特色教育，培育学生特长

特色教育是指学校在实施教育的过程中，根据自己的优势与特点，逐步形成独特的、不同于其他学校的教育模式。这种特色表现在：人无我有，人有我优，人优我精。始终立于教育发展的潮头，形成一枝独秀，唯我独优。

任何一所学校都有自己的传统优势，如传统体育项目优势、传统艺术教育优势等。这种传统优势，就是实施特色教育的契机和出发点。以此确立学校的特色目标，往往容易被承认，并能在短时间内取得好的效益。

特色教育往往能使学校在师资、生源方面更富有吸引力，并在发展中形成良性循环，有利于学校办出水平和质量，取得最佳社会效益；特色教育有利于优化教育手段，改革教学思路，使教育形式多样化，从而有利于教育质

量的提高；特色教育有利于培养全面发展的高素质的人才，使教育"产品"更富有竞争力，从而适应更广泛的社会需求；特色教育更有利于学校未来的生存与发展，拓宽办学路子，扩大社会联系和交往，有利于得到社会各方面的支持，使教育更加贴近社会。

学校管理者在思想上要充分认识艺术教育是现代社会中建设精神文明的重要手段和促进社会现代化的强大动力，充分认识艺术教育在开发学生潜能，促进学生现代化素质发展中的地位、功能和作用。要借鉴发达国家艺术教育现代化的经验，对学生全面实施艺术教育，使每个学生都接受艺术教育，都具有一定的艺术素养，使艺术教育真正成为义务教育必不可少的重要组成部分。

二、以社团为锻炼平台，提高学生的综合素质

学生通过参加各种形式的社团活动，会学到很多课堂上学不到的知识，提高自身的社会实践和社会交往能力，增进对社会的了解，增强角色意识和社会责任感，在与他人、社会的接触中，开阔视野，增强才干。

学生社团是根据学生的兴趣爱好和各自特长，在学校团委的引导下，以团员、学生为主体，组织建立起来的群众性团体。它是校园文化建设的重要载体，是中学生第二课堂的重要组成部分，也是学生开发潜能、展示自我的良好舞台。

在大力提倡素质教育的今天，学校要善于利用自身资源，组织一些社团活动，提高学生综合素质。

（一）通过完善社团建设，构建学生发展平台

在当前全面推进素质教育的形势下，海门第二高级中学一直在思考如何进一步发挥青年团员的凝聚力，使之有利于学校素质教育的推行。学校决定以社团建设为切入点，让社团以"育人"为核心，紧紧围绕学校中心工作，坚持"大众、普及、提高、发展"的原则，以"丰富活跃校园生活，宣传弘扬先进文化，激发学生兴趣爱好，培养提高综合素质"为根本目的，努力使学校社团在大众化、普及化的基础上向着高品位、高层次方向发展。

全校学生社团的总体指导工作由校团委负责，为引导社团活动顺利开展，团委专门设置了社团部来主抓社团的具体管理工作。学生社团分为四类，共17个，其中政治理论型2个，占12%；科学知识型7个，占42%；娱乐健身型4个，占23%；公益爱心型4个，占23%。人数超过100人的社

团 2 个，占 12%；人数在 50～100 人之间 3 个，占 17%。在校生共 2 607 人，参加社团的学生共 532 人，占全部在校生人数的 21%。社团组织结构如表 4-1 所示：

表 4-1　社团组织结构表

社团类型	社团名称			
政治理论型	邓读会	党章学习小组		
科学知识型	《点亮心烛》周刊、东隅文学社	校园之声广播台	书法协会、美术爱好者协会	计算机协会、摄影协会
娱乐健身型	球类协会	舞蹈队	棋类协会	合唱队
公益爱心型	各班的志愿服务队	校礼仪队	爱心屋协会	环保部

为更好地引导、管理学生社团活动，促进社团活动竞争的公平、公正和公开，校团委对学生社团的申报审批和日常管理都有明确规定，从而使社团管理科学化、制度化、可操作化。

1. 登记注册

凡在校学生要成立新社团，必须先向社团部提出申请，提交负责人简历、组织机构、社团章程、成员名单及主要活动方式等，社团部对申请材料进行审核备案，组织登记注册后，方可成为学校的正式社团。同时，以公告的形式向全校师生公布。每年 5 月份，由社团部对各个社团重新审查，审查合格的，由社团负责人填写《海门第二高级中学社团注册表》。在一个月内不履行注册程序的社团，以自行解散论处。

2. 招募方法

每年 9 月份，由社团部组织对在校学生进行公开招募，其主要方式有学生自愿报名和社团内部成员推荐两种方式。各社团在招收新成员后，须到社团部登记，并由社团部签发会员证。

3. 组织结构

社团设置会长、副会长、秘书长、财务人员等，会长负责社团全面工作，副会长、秘书长负责日常工作和外部联系等，对于违纪违法的各层负责人，社团部有权罢免。

4. 解散与退出机制

凡是从事营利性活动；开展不利于学生身心健康的活动；内部管理混乱；不服从社团管理；隐瞒经费使用情况，并不接受财务检查的；违反社团章程；不履行学期检查和注册制度者，社团部均可将该社团解散。

学生社团是学校学生根据各自兴趣、爱好、特长自发组织起来的群众性组织，具有广泛性、松散性、自由性等特点，因此强化学生社团的管理必须依靠行之有效的规章制度作保证。

目前，校团委已经建立、健全了《海门第二高级中学学生社团管理条例》。此条例对社团的登记申请、活动组织、会员管理、考核奖惩等方面做了详细统一规定。经核准登记的社团，自觉接受团委、校学生会社团部的领导与指导，在组织管理上严格按《海门第二高级中学学生社团管理条例》办事。各社团也建立了切实可行的管理制度，严格按照社团章程和制度开展活动，做到有章可循，有据可依。同时，为保障学生社团的权益，促进学生社团的健康发展，适应学校建设的要求，团委专派一名委员负责社团管理工作，对各个社团负责人进行业务培训和自身建设，并定期开展培训班，切实加强社团思想政治工作建设，保证社团正确的政治方向。

在社团建设的管理机制上，学校实行社团自我管理与团组织规范引导相结合，即学生社团的日常管理以学生自我管理为主，充分发挥学生的主观能动性，倡导健康向上的活动和规范有序的内部管理。团组织通过完善运行机制，积极为社团成员创造良好的软环境。校团委还为某些社团配备了专门的指导教师，利用课程知识引导会员对社团活动增强理解，从而提高其积极性。同时，根据社团的专业性为学生社团提供专门的活动场地和器械设施，保证会员交流思想、开展工作的质量，把社团活动进一步引向正规化。

关于社团经费的筹集和使用，学校也进行了有益的探索。社团经费主要有三个来源：一是各社团承办活动的所需经费从校团委的活动经费中划拨；二是颁发一定数额的奖金作为社团的日常开支；三是自筹资金，各社团通过与一些企业联系，获得相应的赞助费用，社团利用这些赞助费开展活动。上述三种筹资途径，确保了社团能够顺利开展活动。

近年来，海门第二高级中学的学生社团保持了良好的发展态势，学生社团的数量、人数不断增多，各种活动百花齐放、精彩纷呈，为广大学生锻炼技能、加强交往、发展个性、完善人格提供了广阔的舞台，团结、活泼、健康向上的校园文化氛围日渐浓郁。学生们在活动中放飞着自己的智慧：有技能的展示，有毅力的体现，有青春的旋律，有思想的翱翔，有感情的抒发，有诗意的飞扬……可以说，社团活动已经成为校园内一道亮丽的风景线。

（二）打造特色社团，给学生特色教育

随着教学改革的发展，素质教育的不断深入，学生除了掌握必备的科学文化知识外，迫切需要增加人际间的交往，提高自身多方面的素质，增强能力。在校园文化多元化的背景下，学生活动参与意识不断提升。根据这一现状，浙江省德清县第一中学（以下简称"德清一中"）让具有共同志趣爱好的学生自愿组成群体，自我管理，自我教育，自我服务，使校园文化活动出现社团文化的新趋势。

德清一中社团建设有以下4大特点：

（1）多样性

当前，学生获取知识的渠道拓宽了，信息时效性大大增强，这就使得他们的兴趣爱好内涵十分丰富，由此以理想、兴趣为动机纽带的学生社团表现出繁多的种类。

德清一中的社团分为3类：

①文学艺术类，如朝花文学社、文艺社、书画社、学生报社、广播电视社等；

②实践感悟类：如同仁教育社、绿之荫环保社、阳光爱心社、英语社、摄影社、励志宣讲团、实验超市等；

③劳作竞技类：如航模社、数码时代俱乐部、机器人制作社等。

（2）时代性

青少年的特点决定了学生永远是潮流的追随者，时尚的拥护者。他们追逐梦想，向往创造，比如，文学社的"少年作家群"，时尚社的"服装模特"，宣讲团的"主讲人形象"等。这反映在学生社团的组合、构建和运作上都带有时代的特征。

（3）自主性

自主地决定学生社团的活动和发展是学生社团生存的标志性要素。学生根据自己的爱好特长自愿报名参加某一社团，自己去聘请指导教师，自己组织策划各种社团活动。自主性不仅是学生社团内涵的显形特征，而且也是学生强烈的期待和呼唤。

（4）开放性

已告别自我封闭的当代学生越来越寻求打破围墙，增进交流，积极寻求走向社会的路径和渠道。随着思想观念的更新，学生思维与实践的视窗不断扩展，学生社团走进社区，走向社会，校校联动成了一种必然的选择。学校朝花文学社在江苏周庄开展夏令营活动，同伴教育社在德清老年乐园开展心理咨询等，扩大了学生的视野，丰富了学生的心灵内涵。开放式的社团活动有效地做到了资源整合，使之不断充满新意和朝气。

德清一中社团建设始终贯彻"以人为本"的办社理念，以"培育特色"为主要目标，充分发挥学生的主体性、积极性和创造性，在加强社团建设方面做了积极的努力和探索。

德清一中的社团建设凭借自身的优势，在特色化的道路上迈出了坚定的一步。他们的主要经验：

（1）完善社团管理，增强主体意识

学校成立了以校长为首的"德清一中社团建设指导委员会"，由分管校长、书记、团委书记为副主任，由各社团指导教师与学生代表为委员，每学期召开三次会议，分别是学期初任务布置，期中分析研究，期末总结评比，努力做到领导得力，措施扎实，保证社团建设稳步发展。

团委书记担任社团管理部的领导，协调各社团的活动，每学期组织一次社团整顿工作，以社团章程为依据，加强对各社团的指导，促使各社团学期初有活动计划，学期末有工作总结……使各社团走上规范化、制度化的有序发展之路。

校社团建设指导委员会充分发挥各社团成员的主体意识，对各社团每学期上交的两个案例进行仔细审阅。对有特色的重点案例从人员到资金上进行重点扶植，比如，朝花文学社的"少年作家群"；学生报社每月一期的学生报出版，等等。通过重点扶持，学生的主体意识得到了尊重，他们的智慧和潜能也得到了最大程度的发挥。

（2）丰富社团活动，提高综合素质

学校对不同的社团提出了不同的活动要求：文学艺术类社团要注重人文底蕴，多开展雅俗共赏类的活动；实践感悟类的社团要注重生活体验，多开展开拓创新类的活动；劳作竞技类的社团要注重交流共进，多做些拼搏类的活动。如时尚社的服装展、摄影社的古镇专题摄影展、文学社的课本剧小品比赛，都展现了社团成员的才华。

学生在社团中，解放自己的头脑，解放自己的双手，充分利用自己的生活空间，把一个个社团变成自我展示的小舞台，尽情地发展个性，展现才能，培养特长，提高了审美、实践和创新能力，综合素质得到了显著的提高。

（3）整合社会资源，延伸学习领域

学生在课堂上学到的知识显然是不够的。在各科学习中，充分挖掘本土资源，延伸学习领域，是社团活动的重要阵地。学校所在地西部有闻名遐迩的避暑胜地莫干山，"莫干山别墅群"已被列入世界文化遗产；中部三合乡是古代防风文化的故里，下渚湖湿地是浙江省十大休闲胜地；东边是"小桥，流水，人家"的水乡名镇，遗存了不少历史文物。这些都是学校社团活动重要的社会资源，是新课程"综合实践活动"的最佳学习方式。各社团成员在实地考察、亲身体验中获得了美的感受，提升了爱国爱家乡的思想情感。

（4）丰富校园文化，提高办学水平

学校社团活动的时间根据集中与分散相结合的原则，以充分利用学生的课余时间。学校将星期天下午作为各社团集中活动的时间，学校报告厅、多媒体室、健身房、实验室等全部开放，各社团在指导教师的带领下开展各种活动。比如，文学社成员在报告厅听取各类讲座：有本校教师担任主讲的，也有外聘专家主讲的；文艺社的成员分成合唱部、声乐部、舞蹈部，由不同的专业音乐教师带领学生开展排演活动；同伴教育社的成员在校心理活动室与心理指导教师一起，开展"生日派对""解开千千结""解除学生困惑""讨论异性交往""头脑风暴"等各类活动。

社团活动打破了学校单一、封闭的课程结构，使教师的教育观念获得了根本性的转变，教学目标、课程结构一体化的课程设置得到建立，综合实践活动课程体系进一步确立，教学效果更为显著。

德清一中全体社团成员在组织活动中充分展示了自己的才能，发现了生活之美，增强了审美情趣，感受到了高中校园生活的快乐，提高了自身的人文素养和艺术修养。

为此，学校获得了多项荣誉：省教学活动实践奖、省体卫工作先进集体、省青少年科技活动先进集体、省中学劳技教育先进集体、省科研兴校200强。这些成绩的取得，都得益于学校的特色社团建设，是社团推动了德清一中这艘教育航母的快速前行。

（三）促进学生社团发展的举措

学生社团是校园文化的重要载体，对学生的发展起着重要作用。用什么样的社团管理方法，才能保证社团向健康方向发展呢？

1. 加大对社团的扶持力度，制定相关的政策办法

学校要结合实际，加大对学生社团的扶持力度，要营造从组织上重视、从政策上支持、从工作上关心、从活动上保证、从资金上倾斜的社团发展的宽松环境。要根据形势的变化，不断开创社团工作的新思路，鼓励社团在正确方向的前提下自主发展，充分发挥学生的主体作用，调动学生参与社团活动的积极性、主动性和创造性。

将社团管理工作列入重要议事日程，及时掌握社团的发展动态，并定期召开社团负责人会议，了解各社团的具体工作，并对社团工作进行统筹部署，指导社团开展活动。要制定适合本校的规定，如《社团经费管理条例》《社团干部培训条例》《社团奖惩条例》等，激发各级各类学生社团的潜力，调动学生社团的竞争意识，保持学生社团的生机和活力。对学生社团的审核制度、例会制度、考核评比制度、激励表扬制度、社团展示制度都要讲求科学化、可操作化。

2. 建立教师激励机制，形成社团良性循环

激励机制是保证指导教师多参与、多关心学生社团的必要条件，学校一

定要有鼓励教师参与学生社团活动的导向政策。比如，在教师每学期的考评制度上增加社团指导教师的评分比例，并有相应的奖励办法，从精神、物质上鼓励教师参与学生社团的指导。

3. 激发学生的潜能，强化学生的自我意识

学生社团是学生自愿组成的群众性组织，学校在成立社团时要尊重学生的兴趣爱好，体现学生的特长、信念，突出学生的需要。

学校要针对学生自身强烈的自我发展意识和自我展示的欲望，激发学生的主动性，变"教师需要"为"学生需要"，从学生的特长、爱好和兴趣出发，来确定组织社团。要注重激发学生的自主潜能，强化学生的自我意识，提高学生"自我服务，自我管理"的能力。

4. 争取各方支持，创造良好环境

学校要克服困难，研究解决社团管理和发展中面临的场地不足、经费短缺、设施不全等实际问题，清除社团发展障碍，畅通社团发展路径。

对于经费，学校既要给予必要的支持，又要鼓励学生大胆走出校园，充分利用社团自身的人力和资源优势，多方面争取活动资金，为社团发展提供经费上的保证。

5. 严格管理和放手搞活相结合

严格管理是社团能够发挥作用的重要保证，但在管理工作中学校要遵循严格管理与放手搞活相结合的原则，既不能把社团管得太死，也不能不闻不问、听之任之，而应该采用鼓励、引导、激励等方式促使社团健康发展。

学生社团的建立是不分年级、班级的，是学生真正为了一个"共同的目标"而走到一起的组织。社团让他们找到了知音，扩大了交际的范围。实践证明，学生社团的建设，对丰富校园生活，提高学生素质起着不可替代的作用。

三、加强假期管理，充实学生生活

学校要调整视角，转换观念，提高认识，将假期作为学生校园生活的延伸，科学合理地安排他们的假期生活，尽量让学生在假期过得轻松、过得愉快、过得充实。

目前我国中小学生的假期生活整体上存在不少问题。调查显示：学生参加补习、训练班的时间占去暑期生活的70％以上；上网、电视、体育活动是学生假期的主要休闲方式；大部分学生家长与孩子沟通较少，假期生活指导不够、措施不到位，学生假期存在一定的安全隐患。

学校要调整视角，转换观念，提高认识，将假期作为学生校园生活的延伸，科学合理地安排学生的假期生活，消除一切隐患，尽力让学生在假期过得轻松、过得愉快、过得充实。

（一）开展多种活动，让假期生活更丰富

铜陵人民小学注意到，学生在假期里除了完成教师布置的作业以外便无所事事。一些学生会把时间浪费在互联网上、电视机前。新学期开学后有些学生常会有这样的牢骚：假期独自在家，也没有什么活动，很无聊，还不如在学校里感到充实。为此，周波校长决定在假期开展第二课堂活动来规范学生的假期生活，让学生的假期过得更有意义。

从2001开始，周校长在假期为学生开展多种活动，丰富学生的假期生活。活动由学校统一安排，并要求各班高度重视、认真落实，督促学生积极参加，并邀请家长共同参与到假期活动中来。他们的做法是：

1. 体验劳动者的艰辛

为了让学生了解普通劳动者工作的艰辛，周校长特地和交警支队、环卫所联动，开展"夏天送清凉"活动。学校把每班的学生分成若干组，每组学生在教师的带领下找离家较近的交警岗亭和环卫工人的工作场所进行活动，体验他们的艰辛。学生拿着学校购买的矿泉水、遮阳帽等物品，去慰问交警和环卫工人，把清凉送到他们身边。

2. 深入开展"自护教育"，确保学生过安全假期

学校在放假前会请法制教育报告员来校做报告，让每个学生在假期中做到"四自觉"和"六不"。"四自觉"指自觉学法守法；自觉协助有关部门维护好地区的治安；自觉参加地区的"四防"（防火、防毒、防盗、防事故）宣传活动；自觉遵守交通法规和公共场所的秩序。"六不"指不随便下河游泳；不玩赌博游戏；不看黄色书刊；不做危险举动；不参与封建迷信活动；不进网吧和歌舞厅，让学生人人争做遵纪守法的小公民。

暑假期间，学校以"自护·平安"为主题开展活动，重点加强对少年儿童安全自护知识的教育，避免事故的发生，使学生在活动中丰富自护知识，更好地掌握自护技能。

3. 开展"我们与希望同在"活动，让学生奉献爱心

学校每年有针对性地开展"我们与希望同在"活动。比如，在08年暑假，他们在这方面开展的具体活动：

（1）关注地震灾区重建工作

汶川地震灾后的重建是一场爱与希望的接力，尽管身在灾区之外，铜陵人民小学的师生除了解囊相助外，还在暑假期间通过报纸、网络等资源关注灾区重建工作，特别是关注灾区小伙伴的暑假生活，通过为灾区小伙伴写一封信或画一幅画等方式，来表达对灾区小伙伴的问候与鼓励。

（2）组织爱心慈善活动

学校让学生利用假期以个人或"雏鹰假日小队"的形式，深入所在社区全面开展"捐出一张废纸，贡献一片爱心"慈善公益活动。学生将学习生活

中的废纸收集整理好，并送往社区回收点，汇集爱心基金，为需要帮助的人奉献爱心。

（3）开展红领巾志愿者活动

为了培养学生的爱心和责任意识，周校长在各年级提倡并开展了红领巾志愿者服务活动。在放假前，学校政教处和社区干部共同走访，了解学校周围社区的孤、寡、残人群及军烈属家庭生活情况，并进行登记造册，根据不同对象，学校在各中队志愿者中成立了"雷锋小队""爱心小队""扫盲小队""文艺宣传小队""卫生清洁小队"，让学生在假期经常性地开展帮助和服务活动。

4. 开展社区活动，让学生了解社会、锻炼自我

每到假期临近时，学校就和家长委员会、社区工委主动商议，有计划地安排好各个年级学生的假期生活。一方面以社区的小区或村委会的村民小组为单位，安排一名教师与一位社区干部结对子，共同指导、监督学生完成假期作业，组织学生参加社区、社会开办的各种特长兴趣班，以丰富学生的假期生活，做到了学生放假，教育不停。另一方面，在社区和家长的监护下，在本社区开展各种有益的社会实践活动，并要求学生所在社区或家长对其假期表现如实反映，并签署意见，保证社会实践活动不走过场。

5. 开展"寻访家乡足迹"活动，感受地方巨变

开展"寻访铜陵历史，感受古城巨变"活动。通过探访铜陵周边的古镇老村、老街名巷，让学生体味铜陵民居的传统韵味。通过查阅资料，走访遗址，让学生感受城市新貌，体味铜陵新城市建筑的现代气息。活动中，学生们以研究性学习小组为单位，通过实地走访，摄影绘画，撰写寻访日记等，深入了解了铜陵历史文化和环境的变迁。

铜陵人民小学在假期开展的活动有规律、有内容，既充实了学生在假期的空白时间，又让学生丰富了知识，增强了爱心，使学生不至于把闲暇的时间过多消耗在网络、电视中。而且，通过这种方式，使学生及早地融入了社会、参与了社会，极大地提高了他们的社会实践能力，增强了社会责任感。

假期丰富多彩的活动，已成为铜陵人民小学学生假期生活的大餐，而且，涌现出一大批先进分子。评选产生的"爱心助困小天使""清洁环保小卫士""送福小记者""调查研究小能手"的人数已达 200 多名。2008 年，荣获市"我为铜陵添光彩"假期道德实践活动优秀组织奖的班级共有 12 个……

（二）设立军事训练营，提高学生综合能力

一些学生为了补偿一学期学习的辛苦，会在假期毫无顾忌地放松自己，这就很可能会养成很多坏毛病。芜湖市第四十一中学很早就认识到这一问题所在，每年暑假，除一般的实践活动外，学校还设立假期军事训练营，让学生体验为期 15 天的军事化管理。

芜湖市第四十一中学的学生家长都知道，每年的 8 月 10 号到 8 月 25 号是学校假期军事训练营开营的日子。在此期间，学生将在军事训练营接受军事化管理。

学校首先制订并完善了军训安全管理预案，从以下 7 个方面保证学生安全：

（1）加强宣传教育工作

军训前召开学生军训动员大会，专门对学生进行安全教育。军训期间每天对学生进行安全教育，包括活动安全、交通安全、财产安全、饮食安全、游泳安全、防暑安全、防暴雨雷电等自然灾害安全等，不断强化学生的安全意识，提高学生的安全防范能力。

（2）做好各项检查工作

军训期间，管理人员经常检查相关负责岗位的安全情况，班主任负责检查学生的身体情况，了解学生身体特质与生理周期，并做好记录，在军训中给予高度的注意；生活教师每天做好宿舍的巡查工作，提醒学生关闭好门窗，预防学生宿舍失窃事故的发生，每天晚上对学生进行查铺，预防学生私自外出不归；后勤保障人员经常检查学生食堂的卫生情况，保证食品卫生安全；医务人员定期巡查学生的身体情况，防患于未然。

（3）做好军训期间学生进出校园的管理工作

军训期间实行封闭管理，学生不得无故私自离开校园，如有需要离开校园的，必须向班主任提出申请，经政务处批准后凭离校证离开校园，并在规

定时间内返回学校。

（4）做好防暑降温、防雨工作

每天向学生提供必要的防暑凉茶，提醒学生要准备太阳帽、雨伞等防暑、防雨工具。

（5）做好学生突发疾病的紧急救护工作

医疗人员全程陪同学生军训，一旦发生情况要及时给予救护，保证学生的生命安全。

（6）做好学生财产的管理工作

班主任提醒学生将贵重物品、现金等寄放在教师或亲戚处。

（7）做好学生军训的考勤工作

严格把关，保证学生能按时按量完成军训任务。学生的考勤将作为军训评价的重要依据。

在军训前，学校会对学生的问题进行总结，目的是在军训中做到有的放矢。针对这些问题，学校会在军训中强化管理。

另外，学校还把军训当做锻炼学生意志的好办法。

在军训期间，学校开展"我为学校站班岗"的活动，锻炼学生的耐力和恒心。让学生像战士一样为军事训练营站岗，站岗的方式完全采用部队军营的方式，每一个小时轮换一次，教官和教师按时查岗。教官负责检查学生的站姿、军容、军貌，教师负责安排岗位的轮换。每一次查岗，教官和教师都要对站岗的学生进行评价，并计入军事训练考核。

通过"我为学校站班岗"的活动，使学生意识到坚守岗位的重要性，既培养了学生的耐力和恒心，又锻炼了学生的意志品质。

在芜湖市第四十一中学，学校还用军训来磨炼学生心智。

校长李广德说："在每年假期军训期间，学校都有好几次长途行走计划。这是一种特殊的训练方法、全新的教育方式，我们想通过长途行走的方式，锻炼这些平时被宠坏的学生们的意志力，增强学生们的团队精神，让他们学会生活。"李校长要求参加活动的学生，在行军途中及宿营时学会自我照料，如按天气情况着装、整理行李包、洗衣刷鞋、打被包等。每天还需要坚持写日记，并把途中的经历写成汇报寄给家长。

芜湖市第四十一中学通过军训到底让学生收获了什么？正如一位学生在军训总结里写的那样："通过军训，军事教官既向我们展现了新时代军人的风采，又用自己的行动无声地教育着每一位同学。军训就像一条鞭子，时刻鞭策着我们前进；军训又像一把尺子，时刻规范着我们的行为；军训更像一盆火炬，时刻照耀着我们的前方。军训，让同学们普遍增强了体质，磨炼了意志，培养了团结协作的精神，形成了良好的纪律观念，增进了师生之间的了解和情感的沟通，为较快地形成一种积极向上的良好班风和班级凝聚力奠定了基础。"

从起床、整理内务、早操到就寝，军训不仅锻炼了学生强健的体魄，而且培养和提高了学生亲自动手的能力和自律能力。从军训中体验部队严格的组织纪律性，雷厉风行的作风，令行禁止的服从意识，提高了正规化的管理水平，使学生能自觉遵守学校各项规章制度，最终达到校园和谐、秩序规范、生活有序、作风严谨、纪律严明的效果。

（三）加强假期管理的举措

基础教育改革和发展，在价值取向上更加关注以学生为本，更加关注学生的全面发展，更加重视实践学习。这就要求学校不仅要关注学生的在校成长，还要关注学生在校外的活动，特别是假期中的生活情况。为了使学生的假期生活充实、富有意义，学校应该加强学生的假期管理。那么学校具体应该怎么做呢？

1. 制订计划

学校对学生的假期安排要有计划，不能对假期生活放手不管。完好的寒暑假计划不仅有助于学生文化基础的夯实、学习能力的提高，对身体状况的改善和心理素质的提高也是一次很好的锻炼机会。抓住这个机会，就会在新学期事半功倍。

学校应在寒暑假开始之前抓紧时间制订寒暑假计划，但不要把学生的日程安排得过满，要让学生有足够的休息、娱乐时间。

2. 保障安全

假期中保障学生安全应该是学校的首要任务，必须抓紧、抓好。

（1）加强安全教育

学校要求学生假期注意身体安全的同时，还应注意学生的思想安全教育，要求学生拒绝到不健康的网吧、拒绝看不健康的书籍等。

（2）制定假期安全管理措施

学校要制定假期安全管理措施，要禁止组织学生参加有毒有害和有危险的活动。学校要以高度的责任感重视学生安全教育和假期安全管理工作，要坚决贯彻"安全第一，预防为主"的方针，积极采取措施，把学生安全教育和假期安全管理的各项措施落到实处。

（3）提供安全上网的环境

学校要正视学生的上网行为，堵是堵不住的，应该以疏导为主，积极为改善上网环境而努力。学校的电脑机房可以面向社区学生开放，有组织、有限制、有监控地让学生上网，丰富学生的假期生活。

3. 假期的学习应该侧重引导

对于假期学生的学习任务，学校应从以下几方面扎扎实实抓起：

（1）针对学生的实际，采取相应对策

对于成绩优异的学生，鼓励其拓宽知识面，丰富精神世界。

对于中等成绩的学生，设法提高成绩，注意学习方法和方式的引导。

假期对于成绩不佳的学生来说是一个重要的契机，因为假期里不进行新课程的学习，他们可以对过往的知识进行查缺补漏，还可以对错误的学习方式和方法进行修正。

（2）引导学生学会学习

让学生取得理想的学业成绩，并没有想象的那样复杂，抓好习惯培养、学习方法指导这两件大事，就有可能取得理想的成绩。学校应利用寒暑假的有利契机，帮助学生养成良好的学习习惯，促使他们步入科学的学习轨道。

4. 假期的娱乐活动不能丢弃

假期的目的是让学生休息好、玩好，使学生的精神和身体得到放松和调整，学校不能强行改变这个初衷。

学校要开展形式多样、丰富多彩的活动，让学生既能够在活动中得到放松，又能够在活动中锻炼身体、增长知识。

四、加强社会实践，让学生走向生活大舞台

社会实践是学生走向社会的一个很重要的锻炼环节，也是教育与实践相结合的具体体现。学校要善于开展社会实践活动，使学生获取直接经验、发展实践能力、增强社会责任感，为其今后走向社会打下坚实的基础。

社会实践是学生走向社会的一个很重要的锻炼环节，也是教育与实践相结合的具体体现。当今社会的竞争是人才素质的竞争，随着人才被推向市场，学生的自我优越感将逐渐消失，发展方向更加扑朔迷离。因此，要适应时代的需求，学生不仅要具备丰富的专业知识和高超的业务水平，更必须具备一定的综合素质。

学生社会实践能力的培养要从小抓起，这已经引起了教育部门的重视。据《北京晚报》报道，北京的教育部门规定，今后北京小学生每学年参加的社会实践活动时间将不少于 10 天，初中生每学年参加的社会活动时间将不少于 20 天。

除了制度上的因素外，学校教育本身的缺陷是使学生缺乏各种社会实践能力的重要原因之一。学校要从社会需求出发，通过各种社会实践活动去培养学生的社会实践能力，让学生在将来走进社会这个大舞台时不至于手足无措。

（一）多方联动，为学生走向社会做准备

安徽省霍山县与儿街中学（以下简称"与儿街中学"）是一所地处大别山腹地的农村全日制普通高级中学。该校有近六成的学生高中毕业后就要踏入社会。校长王荣飞认为，普通高中的高考落榜毕业生在步入社会时处于一

205

个非常尴尬的境地。他们既不能够进入高一级的学校深造，又不像职业学校的学生有一技之长。于是，王校长决定利用社会实践活动对那些考大学无望的学生提前进行职业素质的培养。为此，王校长在学校特别成立了"社会实践活动领导小组"，制订计划和目标，落实措施，确保社会实践活动的推行。

1. 转变观念，保障社会实践活动的开展

花大力气开展社会实践活动，在一般人看来，这好像是职业学校要做的事。为此，王校长的第一步工作是让相关人员转变观念，保障实践活动的顺利开展。

（1）改变教师观念

一些教师认为，在升学率主导一切的今天，让学生多参加社会实践活动势必会在一定程度上影响考试成绩，影响学校、教师的考评，进而影响教师的福利待遇。王校长为此多次召开全体教师会，反复做教师的思想工作，让教师明白，那些上大学无望的学生既考不上大学，又没有学到一技之长，步入社会茫然无助，这不是教师所愿意看到的，也是教师责任的缺失；社会实践活动能够锻炼学生的动手能力，对学业成绩也不会有什么影响。教师的观念转变了，实践活动的开展就有了必要的保障。

（2）改变学生观念

"万般皆下品，唯有读书高"的观点在学生中还是有市场的，再加上父母平时的"谆谆教诲"，他们对于学校积极开展实践活动并不热心。学校便让班主任深入学生，做学生的思想工作，让他们明白实践活动的目的是培养他们的实际动手能力，为他们的将来做两手准备。学校还在班级开展"理想与现实"等讨论活动，让学生认清现实，毕竟有相当一部分学生考不上大学，这些学生马上就要进入社会成为劳动者，现在不通过实践活动学习一些基本的职业技能，到时候是要摔跟头的。在认清事实的基础上，相关学生的观念也随着发生了改变，也能积极投入到实践活动中去了。

（3）改变家长观念

利用社会实践活动提前对学生进行职业能力的培养，对此，部分家长感到不理解。他们认为，既然让自己的孩子上普通高中，就是想让孩子考大学，将来有个好工作、好前程。学校对学生进行职业能力的教育，那不成了

职业学校了吗？学校利用家长会向学生家长摆事实、讲道理，帮他们认清现实状况，说明学校的做法既不会影响学生的文化课的学习，同时又能够锻炼和培养学生的职业能力。通过沟通，家长的观念也发生了改变，大都积极支持学校的做法，并教育自己的孩子要抓住机会，不要错失良机。

大家的观念转变了，开展社会实践活动、提前对学生进行职业能力培养的障碍也就没有了，学校就可以顺畅地落实自己的措施，完成既定的目标。

2. 校企联手，培养学生的实用技术

普通高中的学生与其他职业高中、职业中专的学生相比，具有较高文化基础的优势，但缺乏实际动手、实际操作能力；不能够把自己的优势转化为自己的强势，是普高学生的劣势。为此与儿街中学的管理者想到了与企业联手来开展实践活动，培养学生的实际能力和实用技术。

（1）与企业联手，培训学生初步掌握数控、制造技术

安徽应流集团是霍山县内的一家大型民营企业，主要以铸造、加工为主，产品出口100多个国家，产品制造的技术含量也较高。企业每年都要外出招聘技术工人，特别是那些能够操控数控机床的技术工人。由于企业地处小县城，外地的技术人员不愿意来，本地的工人技术又达不到要求，企业为此大伤脑筋。与儿街中学的管理者知道这个信息后非常兴奋，认为这是一个非常难得的机遇，就与企业管理者联系，要求与企业合作，建立社会实践活动基地，为企业储备后备技术人员。企业也觉得高中生的文化基础较为扎实，电脑操作能力强，这都是他们的优势，长期合作将会是双赢。

通过合作，学校和企业都感到十分满意，学校为以后的高考落榜生找到了一条新的出路而感到欣慰，企业也为自己储备了后备技术骨干而感到高兴。

（2）与销售企业联手，培训学生的营销技术、管理技术

安徽迎驾集团是一家以白酒和饮料制造、销售为主的大型企业集团，下辖旅游、餐饮、酒店等多种服务性公司。与儿街中学的管理者注意到一些学习文科的高中生，他们的理科基础比较薄弱，于是就想到了与迎驾集团联手开展实践活动，让学生去学习营销技术和管理技术。由于文科学生在语言表达、人际交流等方面有一定的优势，在学习销售和管理时进入角色较快，学

生在学习时的积极性也很高，企业和学校很快签订了协议。学校要求企业为学生提供培训场所、培训师资、实践机会等，企业要求学校为企业输送高素质的后备人才，并表示招工时将优先安排在企业受训且表现合格的毕业生。

3. 校校联合，提高学生的求职技巧

学生从学校毕业走入社会后，会面临就业这一现实问题。然而很多学生在进入劳务市场时却不知道怎样求职。对此，学校采取了以下措施：

（1）与职高联合，提高学生的人际交往能力

霍山职高是一所全国重点职高，在职业培训和安排学生就业方面有着丰富的经验，与儿街中学的管理者与霍山职高联合开展实践互动，互相帮扶，探索普教与职教合作的道路。

（2）与县教育资源中心联合，提高学生的应用文书写能力

择业是一种双向选择，也是一种社交活动，要讲究方法和技巧。求职信等应用文是求职材料中的龙头，它给考评人以直观的感觉，因此要写好。普高学生只会写一些类似八股文形式的作文，在求职时用不上。

与儿街中学的管理者意识到这个问题后，就与县教育资源中心联合开展实践活动，由教育资源中心送教下乡，派专门的教师向学生介绍特殊应用文的写作常识。

经过这种形式的实践活动，学生们的应用文写作水平得到了提高，为以后的求职打下了基础。

农村普通高中有相当比例的学生毕业后要踏入社会，这在他们人生的道路上是一次重大的转折：由学生转变为劳动者。角色的转换、能力的缺失可能会使他们在走进社会的初期遭遇种种挫折，这是我们无法回避的社会问题。

与儿街中学的管理者在问题面前不是回避，而是积极去面对，积极去解决。他们通过社会实践活动培养学生的实际动手能力，把普高学生的职业教育提前进行，这是一个具有前瞻性的决策。他们把普通教育与职业教育有机地结合起来，在普通教育和职业教育之间搭起了一座桥梁。在具体操作上充

分发挥多方面的力量，采用校企联动、校校联动等多种形式，为普高毕业生在职业能力方面的培养探索出一条崭新的道路，取得了良好的社会效果。

（二）利用综合实践活动，培养学生社会责任感

托尔斯泰说过："一个人若是没有热情，他将一事无成，而热情的基本点正是责任心。"责任心是健康人格的核心，是高素质人才的保证与动力，是一个人日后立足于社会，获得事业成功与家庭幸福的至关重要的品质。

对学生责任感的培养，如果停留在空洞的说教上，可能不会收到很好的效果，因为责任感往往来源于对实践的体验。洛阳第一小学认识到了这一点，他们用活动代管理，通过实践活动这一新课程形式培养学生的社会责任感。

1. 开阔学生视野，明确社会责任感

学生在实践活动过程口，在不断增长知识、见闻，开阔视野的同时，也能切身感受或发现一些社会问题，从而会明确自己应该担当的责任。

例如，自然课《水》一文让学生认识到水的重要性，没有水就没有生命。通过调查、分析让学生感受到水资源的危机。这些经历和体验会使学生自发地产生珍惜水资源的意识，并在以后的生活中自觉养成节约用水的好习惯。

2. 知行合一，增强社会责任感

学校引导学生走向社会大舞台，让他们在丰富多彩的实践活动中去体验、磨炼、打造，从而学会关心社会、关心他人，乐于为社会、他人奉献爱心。

比如，在开展"谁言寸草心，报得三春晖"的活动时，通过一系列亲情活动，让学生亲身体会父母养育自己的艰辛；通过做"孝心家庭作业"，如洗碗、扫地、整理房间、煮饭、炒菜等，增强学生对家庭对社会的责任感；在开展"我是社区小主主人"的活动时，让学生通过调查、访问社区的干部、群众，通过上网咨询、文献查阅等方式，了解社区的过去、现状以及以后的发展目标，让他们明白作为社区的小主人，社区的未来接班人，应该为社区做点贡献。

3. 深化主题，让学生献计献策

综合实践活动最终的课程价值指向学生个性的健康发展。学校通过活动成果的展示，再现学生的学习过程以及实践成果，能进一步体现学生的社会责任感，并能将这种责任感传递给其他学生。

如"可怕的白色污染"调查结束后，学生将调查结果进行认真的统计，制成调查表，接着介绍自己在调查中的经历、体会。有的学生还提出许多很有建设性的问题，发表自己对白色污染危害性的看法以及治理的措施和建议；有的学生决定向学校提出倡议，用自己的亲身体验去号召全社会关注环境，并以手抄报的形式做成展板，在全校广泛宣传"白色污染"的危害现状；还有学生写好了倡议书，走出校园，分发传单给路上的行人。

在活动中，学生以自己的实际行动影响身边的人，关心自然，关注社会，充分体现了学生的社会责任感。

洛阳第一小学把对学生的管理渗透到综合实践活动，让它成为充满生机、充满活力的课堂。学生在解决实际问题的过程中提高了个人素养，在主动的探究中享受了团队合作的快乐，在展示实践成果的过程中体验到了成功的喜悦。事实证明，综合实践活动是培养学生社会责任感的有效途径。

洛阳第一小学对学生的管理立足于个性的整体性，立足于每一个学生的健全发展，让学生在活动中发挥主体地位，促进学生初步形成对人与自然、人与社会关系的正确认识，懂得"社会发展，人人有责"的基本道理。这些都会帮助学生树立强烈的社会责任感。

（三）加强学生社会实践的举措

学生社会实践是学生在教师的指导下，走出教室，进入实际的社会情境，直接参与并亲历各种社会生活和社会活动领域，参与社区和社会活动，以获取直接经验、发展实践能力、增强社会责任感为主旨的学习手段。通过实践，可以使学生获取直接经验，发展实践能力，增强社会责任感，使学生的人格不断完善。

根据活动特点，学校在活动内容选择与组织时应该做到以下几点：

1. 密切联系社会生活

选择内容时，应从学生接触的生活世界出发，从学生熟悉和关注的社会实际中选取主题，把学生所学的学科知识与生活联系起来。

由于中小学生已具备一定的知识和经验，选择的内容可从日常生活扩展到地区、国家乃至世界范围的一些问题，从而进一步拓展学生的学习领域和发展空间，增进学生的经验积累，加深学生的生活体验。

2. 充分考虑学生的身心特点

在组织社会实践方面，中小学生有两大特点需要引起学校的注意，一是他们身心发展迅速，虽然没有完全成熟，但对周围世界也有了自己的一些看法；二是他们对社会生活中的许多事情都感兴趣，但又缺乏持久性。在选择活动内容时，学校应充分考虑中小学生的这些身心特点，寻找、组织适合学生发展需要的社会实践活动。

3. 鼓励学生自主选择

中学生已有较强的自主意识与自主能力，教师在选择内容时应尊重学生的自主权利，引导学生适应课程目标的需要，根据自己的兴趣与特长去选择和设计内容，教师可帮助与指点，但不能包办代替。

4. 充分反映学校和社区特色

每所学校、每个社区都有自己的优势和特点，学校选择实践内容时应根据课程目标，尽可能就地取材、发挥优势、把握特色，注重利用社区资源，组织活动主题。另外，实践活动的内容和形式要符合当地的社会经济发展的需要。

5. 注重与学科知识融合

综合实践活动选择的内容要注重学科知识的融合，既要保证社区服务与社会实践的落实，又要尽可能考虑综合实践活动的三大指定领域内容（研究性学习、社区服务与社会实践、劳动与技术教育）的贯通，使各学习领域能够彼此渗透、融合。

学校开展社会实践活动一定要结合学生的实际情况，让社会实践活动的效益最大化。学生的优势是什么，兴趣在哪方面，就让他们去发挥这方面的潜能。

学校管理者要转变观念，积极开展各种社会实践活动来锻炼学生自身的能力和毅力，为将来学生走向社会舞台打下坚实的基础。

第 五 篇

学生行为习惯管理的教导力

> 教育是什么？往简单方面说，只需一句话，就是要养成良好习惯。
>
> ——叶圣陶

学生良好习惯养成教育是素质教育的重要内涵，是衡量一个学校管理水平的重要指标，其目的是培养学生的良好习惯，提高学生综合素质，促进学生健康成长。

在学生行为习惯养成教育的过程中，广大的学校教育管理者和教师一定为学生的"恶习"头疼过，也一定为学生的"恶习难改"焦急过，甚至为学生的屡教不改愤怒过……当你感到无计可施、备感无奈时，你是否反思过，是不是你的教育方法出现了问题？你又是否进行过换位思考，真正从学生的角度来思考问题？

读一读本篇中精编的典型案例，品一品案例中蕴涵的教育思想，你或许会茅塞顿开！

一、加强住校生管理，促进学生形成良好的习惯

> 住校生是特殊群体，同时也是学校的重要组成部分。学校要通过完善的制度、严格的管理和周到的服务，促进住校生形成良好的学习习惯和生活习惯。

对任何一所学校来说，其学生群体都不外乎两类，一类是走读生；另一类就是住校生。

目前大多数学校或多或少都有住校生，对于那些寄宿制学校和住校生较多的学校来说，学生管理的核心就是住校生的管理。

住校生从住家到住校、生活被包办到生活自理、个体自由到集体约束都会有一个适应过程。相对走读生来说，住校生缺少亲人的教育和关爱，缺少家长的督促和引导。尤其是小学生和部分中学生，他们生活上不能完全自理、行为上不能自律，往往思家心切，容易出现各种各样的问题。如果学校只是一味地以生硬的规章制度去规范他们，不但会导致学生和学校的生活常规难以顺利接轨，而且极易使他们产生畏惧、甚至抵触的情绪。

住校生是特殊群体，同时也是学校的重要组成部分。从某种意义上说，管好了住校生也就管好了学校。学校应积极响上级部门的管理精神，切实做好住校生的管理工作，并把它作为学校管理的一个重点内容来抓。

（一）加强住校生管理，培养学生养成良好的习惯

在农业转型、农民外出务工人员急剧增加的情况下，住校生也随之增多了，这给江苏省宝应县柳堡镇郑渡小学（以下简称"郑渡小学"）带来了一个新的课题：从加强住校生的管理入手，培养学生良好的生活和学习习惯。

1. 全员参与，人人有责

郑渡小学有住校生 200 余人，学生年龄 6～14 岁不等。人数多、年龄小、在校时间长，小到吃饭穿衣，大到生病护理……住校生管理工作十分烦琐，大部分教师都不愿干。针对这种情况，郑渡小学校长毅然做出了一个决定：既然一个人都不愿干，那就大家一齐上阵，全员参与住校生的管理工作。

校领导都亲自参与住校生的管理工作，这让负责住校生管理工作的教师找到了平衡，也充分调动了他们的积极性和责任心。教师们不再把住校生管理工作看成是一种负担，个个干得开心，管得细心，学生也生活得舒心，住校生管理工作渐渐步入正轨。

为了真正做到管理的"全员化"，郑渡小学对每一位参与管理的人员都明确了职责。总值人员从每天早晨 6 点开始进入岗位，一直到学校熄灯才离开学校，大到学生的早操、三餐，小到洗脸、刷牙，甚至倒尿桶，都进行深入细致的指导、检查、督促；值日教师主抓学生的晚自习情况，每个值日教师负责一个年级，指导学生学习、完成作业，组织学生开展有益的娱乐活动，收看一些儿童节目……班主任更不例外，他们不仅要利用"两会"（班会、晨会）加强住校生的思想教育，同时对他们的学习、行为习惯进行一系列的指导和培训。

2. 专职指导，人文关怀

小学生年龄偏小，缺乏生活自理能力，如何让他们尽早适应环境、解决家长的后顾之忧，是郑渡小学一直思考的问题。

郑渡小学抽出责任心强、有爱心、有耐心的教师作为生活指导教师指导学生的生活、学习，每周分别安排男、女教师值宿，让教师既要当低龄住校生的上级、大朋友，又要成为他们的勤务员、保姆。

郑渡小学的生活指导教师对住校生实施人文化管理。他们关注学生的一举一动，小到教学生洗脸、刷牙、换鞋、洗脚、叠被子，帮学生修理箱子、缝补衣服等，大到教学生如何同室友相处、护理生病的同学等。从生活到学习，从思想到行为，他们都给予无微不至的关怀。

针对一些住校生因为学习掉队受到冷落而学习意志消沉的情况，生活指导教师便会热情耐心地给他们"开小灶"，做个别辅导，让他们真正感受到，自己由过去的"弃儿"变成了"宠儿"。很多学生由"要我学"变成了"我要学"，变得爱学习、爱动脑。

一位六年级男生，父母离异，家中只有年迈的奶奶和在校读书的姐姐，家境贫寒，一位生活指导教师了解到情况后，热情伸出援助之手，帮他买学习用品，为他联系帮扶单位，解决了他学习生活的后顾之忧。这位教师还在课余帮他辅导功课，帮他树立学习信心，帮助他改正不良倾向，最终帮助他顺利地完成了小学六年的学业，并以优异的成绩进入镇中学。

郑渡小学的生活指导教师对工作尽心尽责，他们手中都有一本记事本，记录学生在学校的每一点进步。

教师的记事本往往会带给学生积极的鼓励和无限的温暖。通过记事本，家长和学校也能及时得知学生在校的表现，有力地促进了协同教育。

3. 制度约束，规范管理

制度是提高管理质量的保证。为了进行规范有序的管理，增强住校生的遵纪守法意识，提升管理质量，为实施"自主"式管理奠定坚实的基础，寻求一条适合学校实际的管理模式，郑渡小学制定了一系列的规章制度。

有的学生家庭住址较偏僻，需步行一两个小时才能到家，学生路途中的安全令学校担忧，也给学校的安全管理工作带来诸多问题。因此，郑渡小学除了加强安全教育，提高学生的安全防范意识外，还健全了《住校生宿舍安全制度》，把安全工作延伸到了校外。每周五下午第三节课后，郑渡小学都会将住校生统一集中，由家长与生活指导教师履行交接手续后，才能将学生接走。

为了使安全工作落到实处，郑渡小学还组织力量将"安全条例"编写成"三字歌"，印发给每一位住校生，使每位住校生对"安全条例"都耳熟能详，真正使安全教育落实到了常规管理工作之中。

为了搞好住校生管理工作，提高管理效益，衡量住校生管理工作的优劣，郑渡小学根据县教育局《后勤工作管理规范》制定了《文明宿舍评比制度》，由各宿舍推荐一人组成评比小组对住校生管理工作进行量化评分，每天分早、中、晚三个时段对各宿舍的卫生、纪律、安全等方面进行检查评比，并及时公布评比结果，促进优化循环。在挂"文明宿舍"循环红旗的同时给获奖宿舍成员发放毛巾、牙膏、牙刷等予以鼓励。

除此之外，郑渡小学还根据学校的实际制定了一系列规章制度，如《生活指导教师工作规程》《学校、家长住校生交接制度》《住校生晚自习制度》《点名制度》《卫生工作制度》……这些制度的实施，有效地调动了广大教师参与住校生管理的积极性，更大程度地激发了学生自主管理的内在潜力，对学生学习、行为习惯的养成起到了一定的促进作用。

4. 自主管理，养成习惯

住校生的管理头绪多、任务重，许多初任生活指导职责的教师都望而却步。为了从根本上解决这一问题，郑渡小学一是对生活指导教师进行培训；二是要求生活指导教师在日常管理工作中重点培养学生的自主管理，以求达到标本兼治。

生活指导教师不可能全程跟踪学生，他们重点在于中午、晚上加强对住校生的管理，其他时间须充分发挥"室长"的作用。学校每学期开学初定期对"室长"进行一系列的培训与指导，内容涵盖了宿舍卫生的检查督促、物品的管理、三餐分配……生活指导教师对宿舍的管理要求统一细化，责任到人，大到宿舍管理，小至关灯以及口杯、牙刷的摆放等。宿舍内的每一件物品都设立了"小小管理员"，每日进行检查，发现问题，及时上报，统一处理，形成了"人人有事做，事事有人管"的氛围，既减轻了教师的负担，又培养了学生的管理能力。

郑渡小学的住校生管理质量得到了学生家长的高度赞赏。许多家长说："孩子以前在家只知道饭来张口，衣来伸手，如今他们不但能自理生活，有时还能帮家里做点家务。"

叶圣陶曾指出："教育是什么？简单地说，只需一句话，就是要培养良好的学习习惯。"

近几年来，郑渡小学通过强化管理住校生的管理，不仅使住校生养成了良好的生活习惯和学习习惯，而且也带动其他走读学生养成了良好的学习习惯，校园风气比以前更好了，随时可见学生合作学习的情景，也随处可见学生互帮互助的情景。

更可喜的是，郑渡小学的教育教学、内部管理质量也上了一个新台阶，连续几年在全县同类学校的评比中名列前茅，多次荣获"文明单位""绿色学校""素质教育先进学校"等称号。

（二）严格的管理，贴心的关怀

浙江省台州市健跳镇中心小学（以下简称"健跳中小"）现有26个教学班，1 286名在校生，其中住校生有425人。为了确保让住校生有一个优越的住宿环境，使他们能够安心学习、快乐生活，形成良好的学习、生活习惯，健跳中小主要从以下几个方面着手加强住校生的管理：

1. 领导重视，制度健全

健跳中小领导十分重视有关制度的建立和完善，学校内部建立了德育、行政、教育教学、后勤、安全、教育科研和考核评价7个方面的科学的量化管理体系。

学校由王建勇校长牵头，组成宿舍管理领导小组，具体负责宿舍管理工作；制定门卫职责、宿舍值班教师职责、宿舍安全管理规定、寝室长职责、寝室公约、餐桌考评细则等一系列规章制度；建立例会制，定期召开值班教师会议、住校生会议、寝室长会议，做到对宿舍管理中存在的问题及时发现、及时解决，并根据学校的实际不断完善各项相应的管理规章制度。

学生个人、寝室集体管理都有章可循、有据可依，有效地促进了学生生活秩序的正常化。住校生管理人员、食堂人员、门卫等，责任到人，层层落实，各项工作有条不紊。

2. 建立机制，抓好环节

为了加强对学生良好的生活自理能力、行为规范的训练，保障学生生活基本环节不出问题，健跳中小建立了以为学生服务为核心的健康管理和应急管理机制，包括学生管理时段责任、健康基本信息和反馈等，让学生始终生活在教师的视野内。

为了让学生在学校有事可做，健跳中小建立了以学生快乐为核心的活动管理机制，让教师参与、引导丰富多彩的活动，达到师生共乐。

为了加强住校生的安全防范意识和安全教育，健跳中小每学期入学开始，就对住校生实行半军事化管理，对新生进行入学教育和养成教育；定期分年级召开住校生会议；在宿舍卫生方面要求学生做到环境卫生干净整洁四个面：墙面无污迹、地面无痕迹、床面平整无杂乱、门面无划痕；日常用品摆放整齐四条线：床下鞋子摆放一条线，牙刷、口杯摆放一条线，脸盆摆放一条线，毛巾叠放一条线；个人卫生方面五个勤：勤洗澡、勤换衣、勤剪指甲、勤洗鞋袜、勤理发；饮食卫生方面不吃不买"三无"产品。

健跳中小每月至少一次对学生宿舍进行消毒；每周开设劳动课，由生活指导教师负责帮助住校生学会洗脸、洗脚、叠被晒被、系鞋带、换洗衣服等，提升他们日常生活的自理能力和自我保护能力；教学生如何整理内务、管理财务、与人交往等一些常识。

健跳中小非常重视学生的一日常规教育。生活指导教师严格要求学生按时起床、睡觉，准时就餐、活动，养成守时和遵纪的好习惯，并对住校生的生活进行精心指导，强化训练。

3. 全封闭式管理，全面保障

健跳中小采用的是全封闭式管理，住校生周一上午到校，周五下午离校，每天早操、早自习、上课、就餐、课外活动、晚间活动、就寝，自始至终都在教师的监督指导和悉心呵护下进行。在健跳中小，每一个住校生的安全、健康都能得到充分保障。

（1）饮食

健跳中小聘请专业厨师，并根据学生的年龄特征和身体成长的需求，每周制定菜谱加强营养，以保证每个住校生健康成长；安排专门人员，对学生进行教育、指导，让学生学会排队、取菜、就餐，并注意就餐后规范摆放餐具，培养他们良好的卫生习惯和就餐习惯。同时，学校还安排值日生对学生就餐后的餐桌进行检查评分，进行文明餐桌评比，并与文明班级和文明寝室评比挂钩，做到有检查、有评比。

（2）住宿

健跳中小对住校生先做好基本信息登记，然后根据学生的基本情况分年级、寝室登记造册，并将住校生的姓名、班级、家长电话登记在床位标签上，做到室、床、号三位一体。学校还制定了住校生管理制度、星级寝室评比制度、生活指导教师职责和寝室长职责，加强住校生一日常规管理。

（3）学习

健跳中小根据住校生的年级分布情况，每天早上晨练结束后，值周教师根据具体情况，将学生分配到指定班级进行晨读，并加强巡视检查；晚上安排住校教师分年段对住校生进行有目的、有计划、有步骤的学习辅导，做到学生学有人教，能及时解决学生学习中遇到的各种困难；双休日，学校为留守儿童开设"留守儿童之家"，让他们从中体会到"家"的温馨。

（4）活动

健跳中小以开展综合实践活动课等为载体，以激发兴趣、发展个性、发挥特长、培养能力、提高素质为目标，坚持课堂为基础、课外求发展的原则，使课外活动丰富多彩。如晨训有长短跑、跳高跳远、垒球、羽毛球、踢毽子和呼啦圈等项目；常规的实践活动有绘画、阅读、写作、手抄报、手工制作、棋类等项目；每周进行星级寝室评比和文明餐桌评比活动，并定期对住校生进行叠被、物品摆放等生活常规竞赛。

（5）返家

健跳中小住校生的家一般离学校较远，交通不便。学校根据住校生家庭分布情况绘制了人流分布示意图，确定学生集散和情况联络点，并将住校生按家庭住址编成若干路。选出路队队长来负责监督该路住校生往返学校途中的情况。同时，学校还安排教师进行路口值班，直到全校学生安全返家。

4. 丰富生活，体现人文

不少住校生对一切生活起居都要自己亲自操作很不习惯，生活中稍不如意，便采取各种极端方式进行抵制、反抗，极少数学生甚至有极端自私自利的性格，无法与别人交往、沟通。

针对这种情况，健跳中小以抓学生的养成教育为突破口，大力开展文明寝室、文明餐桌、叠被等评比活动，通过活动来增强学生热爱集体的观念，感受分享劳动成果的喜悦。为了让学生的个性得到充分发展，学校放手让学生自由地去美化自己的寝室、张贴自己寝室的文明标语、自由发挥他们的创造能力和动手能力。这样，不但培养了学生的卫生习惯、自理能力和团结互助的精神，而且使学生学有所长，学有所乐，极大地丰富了住校生的校园文化生活，丰富了德育教育的内涵。

健跳中小充分利用开办家长学校、校讯通等有效形式，加强校内外教育的衔接沟通。学校每学期至少定期开办两次家长学校会议，及时通报学生在校的学习生活情况，虚心听取学生家长的意见和建议，努力做到学校教育与家庭教育的一致性。健跳中小针对知识水平有限，缺乏和孩子正确沟通技巧的家长，设立情感热线，对家长进行指导，使他们科学地和学生沟通，更加密切了学校教育与家庭教育的关系，收到了很好的教育效果。

对父母长期在外的留守儿童，他们建立了阳光父母制度，实行优先帮扶；针对节假日学生特别思念亲人的情况，学校在节假日为学生烹制各种家乡节日小吃，并让他们亲身参与到活动中来。健跳中小还为留守儿童专门开设"留守儿童之家"——包括留守儿童学习室和活动室，让学生在空余时间到学习室去看一些自己喜欢的课外书，丰富自己的知识面，到活动室学弹电子琴、风琴，看电视，下军旗、象棋和跳棋，画画等；或者在老师的带领下，到自己的劳动实践基地去看看自己的劳动成果等。充分让留守儿童感到学校就是家，教师就是爸妈，弥补了学生亲情教育的缺失。

要管理好一所学校，学校领导要在设法提高教育教学质量的同时，注重制定完善的各种配套制度并有效地落实，在注重严格管理的同时也要给予学生周到的服务。

通过多年的探索和实践，健跳中小的学生住宿管理制度和模式逐渐走向成熟和完善，教育教学水平也随之取得了一个又一个新的突破。学校先后获得了"省九年义务教育标准化学校""市红领巾示范学校""市文明单位""县德育先进集体"等荣誉称号。

健跳中小正在创建"三园式学校"和"市语言文字规范化学校"，并满怀信心，与时俱进，为创建具有现代化教育氛围、管理科学的"农村寄宿制窗口学校"而努力奋斗。

（三）管理好住校生的举措

住校生的管理是学校工作的一个重点，探讨住校生管理的方法、找到行之有效的管理途径，对于住校生的健康成长有着非常重要的意义，同时对学校抓好学生管理工作、促进学校的发展也有着重大作用。

那么，我们具体该从哪些方面入手呢？

1. 勤入班级，了解学生情况

班主任与值班教师要勤入班级，了解学生情况。特别是早晚自习，教师都应坚持按时到位。对于一些集体活动，要予以重视，说到做到，尽可能多地让学生感受到教师就在他们身边，并能与他们同甘共苦、荣辱与共、肝胆相照。这样，学生也势必会更严格地要求自己，听从教师的安排，遵守学校的规章制度。

2. 多进寝室，贴近学生生活

亲其师，信其道。教师要多与学生交流，让学生知道教师的所思，同时，教师也要知道学生的所想。

虽然住校生晚上回的是宿舍，但学校仍要给他们一种家的感觉，尤其是让他们从心理上感觉到家的温暖。在宿舍，学生远离了课桌椅，他们的心理也开始放松，往往会和教师能够坦诚交流。因此，班主任要多到他们的"家"去看看，多和他们交流，用一颗坦诚的心去了解每一个住校生，去发现他们更为真实的生活，以便更好地帮助他们、教育他们。

3. 注重细节，爱生如友

如果说教师的人格力量是一种无穷的榜样力量，那么，教师的爱心则是成功教育的原动力。

住校生因远离父母，迫切需要教师对他们的关爱。因此，教师一定要注重细节，发现学生思想出现波动时要及时帮助他们调整；发现他们身体不舒服时，要及时指导他们就医，并关注病情的发展变化，让他们感受到有人在像朋友、像亲人一样关心着自己。同时，老师还要经常向学生宣传安全知识，增强学生的自我防范意识，比如，妥善保管物品，贵重东西要寄存在班主任或生活教师处，现金要及时存入银行卡或寄存在班主任和生活教师处；离开宿舍和睡觉时要关好门窗，钥匙要随身携带等。

4. 组织活动，陶冶学生情操

现在的学生个性和自我表现意识极强，如果教师一味说教，反而会激发学生的逆反心理。实践证明，学校多组织活动把习惯培养贯穿到学生的日常生活中，是加强对住校生心理引导的有效办法。

组织课外活动能充实学生的生活，开阔学生的眼界，激发学生的兴趣与爱好，发展学生的个性和特长，培养学生的自主能力、探索意识和创造才能。学校可以组织学生参加各种社团活动，如文学社、剧社、合唱团、画社等，为学生搭建展示他们青春风采的舞台，培养他们的自信心。还可以利用周末的时间组织学生参加各种体育活动，以此激发他们的集体荣誉感，增强班级凝聚力。

5. 家校联合，共同育人

住校生一周只回家一次，与父母的沟通有限，所以学校、家长、学生三方加强交流十分重要。家校联系的方式有很多，如家长会、电话、手机短信、电子邮件、家访等。

学校在单方面关注、教育住校生的同时，也要鼓励家长在繁忙的工作之余尽量抽出时间，到学校找班主任、任课教师和生活教师了解自己子女的具体情况。同时还要淡化家长的权威意识，让他们多倾听学生内心的快乐和烦恼。一旦发现学生有情绪或心理上的微妙起伏，家长也应及时疏导，引导学生选择正确的减压方法。

一个人能否在事业上取得进步，关键的一个因素就是他的习惯。因此，让住校生养成良好的学习和生活习惯，是学校住校生管理的根本任务和最终目标。

应该注意的一点是，培养学生良好的习惯要讲究方法，要抓住学生心理、生理的需求，要体现关爱，要以理服人，以制度管理人。只有这样，学校对学生的管理才能少花点力气，少走一些弯路，取得事半功倍的效果。

二、增强主人翁意识，培养学生爱校的习惯

为了培养学生的爱校行为，学校必须注意发挥学生的主体作用，调动他们的积极性，使他们认识到个人在学校建设中有着不可推卸的责任。学生有了这种责任感，就会产生极强的内驱力，激发出一种自我完善的欲望，由"他律"逐渐变为"自律"，形成良好的行为习惯。

从某种角度上讲，学校是管理者，学生是被管理者，学生和学校是一对矛盾体。在一些学生的眼里，学校总是管束自己，尽管他们大部分时间都生活在学校里，但对学校缺乏认同感和归属感。学生与学校的距离感，往往容易使学生和学校对立起来，使学校的管理制度难以得到执行，学生的管理问题也随之产生。例如，校园卫生难以保持，校园公物随意被破坏等，这些都是学校管理中最让人头疼的问题。

破坏环境卫生、损坏公物可能不是什么大事，但长期这样，学生的行为习惯就会出现问题。作为学校的管理者，要从增强学生行为习惯入手，努力改变他们的不良行为。

某小镇上有位老人，他没有其他爱好，退休后就在自家花园里种种花，以此来消磨时光。

春天一到，偌大的花园繁花似锦，各种鲜花竞相怒放。花园成了小镇上的一景，花也成了老人的至爱。

可是，问题也随之而来。镇上有一群不自觉的孩子，总是趁老人不注意，跨过低矮的栅栏去摘花园里的花，甚至许多含苞欲放的花骨朵也难逃劫难。尽管老人在花园里写了许多如"禁止摘花""摘花可耻"之类的牌子，

然而情况照旧。

看到花被孩子们糟蹋，老人很心疼。

一天，老人把镇上的孩子都召集在一起，问他们："你们喜欢花园里的花吗？"

"喜欢！"孩子们异口同声地回答。

"那好，从今天开始，我把花园里所有的花都送给你们，希望你们好好照顾。"老人说完，当着孩子们的面摘除了园子里的警示牌。

孩子们欢呼着跑开了。

奇怪的是，从那以后，摘花的人再也没有了，有许多孩子还主动帮助老人照顾花园！

故事中的老人是睿智的，他将花"送"给孩子们，让他们做花的主人。对属于自己的东西，孩子们自然就会珍惜。他激发出了孩子们的主人翁意识，孩子们自然就不会再摘花了。

让学生爱护公物，维护好环境，管理者不妨学学故事中的老人，让学生牢固树立起主人翁意识，当学生有了主人翁意识后，对环境的维护就会多一份主动；对学校制度的遵守就会多一份自觉；做事时就会多一份责任心；在困难面前会多一份担当。

（一）建立环境维护责任制，让校园更整洁

增强学生的主人翁意识，在某些方面就要让学生"当家做主"，让他们有种责任感，促使学生养成爱校的行为习惯。鉴于此，贵州凯里一中从实际出发，将学校部分事务交给学生去做，让学生参与其中，以此来激励学生的主人翁精神。

学校里什么事让学生参与进来最合适呢？当初，校长张宝剑为此做了深入思考。张校长发现，校园环境的维护与学生有着直接的关系，它需要学生自觉去清洁和维护，而且与学生生活联系密切。于是，张校长决定，就在校园环境上做文章，以此来激发学生的主人翁意识，培养学生的爱校行为。

贵州凯里一中是这样做的：

1. 设立组织团队

为了激励学生的爱校热情，促进学生的爱校行为，在环境维护方面，学校除了有教工管理团队以外，还充分发动学生，建立学生管理团队，让学生参与到学校的环境管理中来。

（1）学校总体领导

在校长的领导下，学校成立了"绿色学校"领导小组和校园管理工作领导小组，把环境卫生工作纳入全校工作计划，作为学校工作考核、评比的内容之一，并坚持定期研究、部署、指导、检查和总结环境卫生工作。卫生管理员负责全校环境卫生特别是学习环境和生活环境的检查、监督工作，并对在检查中发现的异常突发环境卫生问题，及时上报"绿色学校"领导小组和校园管理工作领导小组。

（2）设立学生管理团队

为了让学生进行自我校园管理，学校有针对性地建立了学生组织。建立学生"环境督察组"，对校园花草树木养护、卫生保持情况进行监督；建立学生"卫生评比组"，对校园卫生的清洁情况进行评分；在各班选举出"建议员"，让他们代表学生对学校管理的不足之处提出意见，学校会按照他们的合理要求及时整改。

学生管理团队由校园管理工作领导小组直接领导。

2. 让学生参与校园美化工作

校园美不美，绿化是重点。学校在这方面采取绿化和管理责任制，让师生共同管理，将花圃和绿化地段的花木分片"包干"给学生。靠学生去管活、管好、管成材。他们具体的做法是：

（1）绿化区班级责任制

学校把校园绿化区按班级分片，一个班级负责一块绿化区。每一个班级可以为绿化区取一个具有班级特色的名字，比如，自从学校实行绿化区班级责任制以后，高一（1）班的"信任园"，高三（1）班的"拼搏林"，一直沿用至今。"信任园""拼搏林"成了高一（1）班和高三（1）班的代名词。

（2）学生领养成长树

在贵州凯里一中，每年都会举办小树认养活动。学生们纷纷认养自己喜欢的小树，把它作为"生日树""成长树"等；学生在自己领养的小树上挂一块精致的小"领养卡"，写上领养人的名字、领养日期，让小树成为自己的伙伴，与它共同长大成才，感受收获的喜悦和激动。

另外，学校还让班级手拉手，一起领养一棵象征彼此友谊的"友谊树"；也可以是几个好伙伴为一组，一起领养一棵"成长树"；同一个月生日的学生在一起，共同领养一棵"生日树"；邀请热心家长一起参加植树活动，领养一棵"家庭树"；邀请校外辅导员或其他领导一起参加，领养一棵"祝福树"……让一株株小树伴随着学生一起成长！

认养后，认养人将会特别关注这些树的成长，平时一有空就为这些树浇浇水、施施肥。这些小树在学生的精心护理下往往会枝繁叶茂。

通过学生领养树木的活动，极大地激发了学生对学校的热爱之情，若干年之后，学生再次回到母校，看到自己亲手养护的树已经成材，心里往往会倍感亲切。

3. 环境卫生承包制

在环境卫生方面，学校根据各年级学生的年龄和学习负担量，将学校教学、生活环境区按班进行分配。

（1）分片包干，责任到班

学校采用了"分片包干，责任到班"的清卫办法。各班的教室各班负责打扫保洁，校园公共区域由各班分片包干；厕所和垃圾箱由专人或值日生每天进行打扫、冲洗或清理。做到校内无杂草、墙壁无灰尘、污染，地面无果皮、纸屑、烟蒂、痰迹，不乱倒垃圾。

（2）班级内部承包制

受到学校启发，各班级也积极行动起来，擦黑板、饮水机的清洁、窗台及地面的卫生、灯的开关……都被学生承包下来。以前尘烟四起的空气、歪扭的桌椅、满地的纸团被清新的空气、整齐的桌案、光洁的地面所代替。

（3）教师以身作则

教师办公室、会议室等由教师、教职工负责打扫保洁。

环境卫生承包制，让学生对卫生维护有了一份责任心，学生看到通过自己的劳动让校园整洁了起来，主人翁情怀就会油然而生。教师的以身作则，让学生感到平等和尊重，对学校的归属感就会更强烈。

4. 文化园地由学生主办

学校里的文化园地是校园文化气息最浓的地方之一。学校让学生负责黑板报、宣传橱窗等园地的布置和内容安排，让学生办出自己喜爱的文化园地。

（1）学生团队负责

学校把文化园地分给不同职能的学生组织，让他们去组织、策划。学生们会根据自己的爱好，拿出丰富多彩的内容来。

（2）各班学生干部协助

学校让各班学生干部协助学生团队做好文化园地的工作，如黑板报的组稿、收集好人好事的宣传材料等。

文化园地由学生主办，内容更贴近学生生活，学生有了属于自己的精神主阵地，对学校就不会出现排斥心理。

5. 建立激励机制

为了落实各班的执行情况，激励先进，鞭策后进，学校还实行一定的激励机制。

（1）定期和不定期地进行检查，强化学生"卫生保洁"意识

"环境督察组"对各班级所负责的每日清扫保洁区，进行定期和不定期的检查、评比，结果每周公布一次。

（2）将卫生工作作为学生评优的重要条件之一

学校教学、生活环境卫生工作做到每周一小评、每月一总评。采用教学环境与生活环境综合评定的方法进行评定。凡经常无故不参加卫生扫除、有乱扔果皮纸屑和有意破坏校园环境行为的学生，不得评为"三好学生"和"优秀学生"等。

（3）建立学生义务卫生劳动档案

对于经常主动承担学校公共场所卫生清扫的班级和个人（包括教师），

学校除公开表彰外，还将其记录在案，作为期末优秀考评的重要依据。

贵州凯里一中通过环境维护责任制，使学生逐步养成了热爱劳动、珍惜劳动成果的良好行为习惯，形成了一股"人人自觉维护校园环境"的好风气。现在，贵州凯里一中校园整洁有序，充满园林特色……如诗如画般的校园环境，让人心旷神怡。

贵州凯里一中实行环境维护责任制，建立了民主、开放、由学生参与管理的新体制。学校的要求较好地内化成了学生自觉的行动，培养了学生的集体主义精神，增强了班集体的凝聚力。更重要的是，他们让学生成为学校管理的主人，学生的自主意识得到了增强，爱校热情也得到了明显提高。

在贵州凯里一中，如果说保持校园干净成为学生在校时的责任，那么绿化校园，就成了学生对学校永远的惦念。一棵花木只栽不养，就不会开出好看的花来；一所校园的绿化，只建不管，也就美丽不起来。绿化校园，就意味着付出劳动，要除草、浇水、施肥、修剪等，而劳动会让学生对自己维护的花草树木充满亲切感，这种感情，会转化成对学校的爱，这种爱往往会贯穿学生的一生。

校园的环境决定学生对学校的态度，没有人不喜欢卫生整洁、绿色、文明、意蕴多姿和人文气息浓厚的校园；而且，当这个校园还是自己亲手创造出来的，学生的成就感、归属感、认同感等就会随之而生，就会像爱自己家一样爱学校。

（二）环境熏陶，让学生爱惜学校的一草一木

泉州市泉港区鸠林中学（以下简称"鸠林中学"）校长陈荣玉认识到环境对学生具有巨大的影响作用，针对学生破坏公物等问题，在思想教育的同时，更多的是运用环境的约束作用来让学生觉醒。

在校园里，人们经常会痛心地看到这样的情景：洁白的墙壁上有一个脏兮兮的鞋印，一棵美丽的花草被拦腰折断，新装的开关又被打碎了，教室的门把手又坏了……很显然，这些往往都是学生有意破坏的结果，既影响了校容校貌，又给学校带来了一定的经济损失，实在让人心痛。

学生对公物的破坏，不完全是道德层面的问题，往往是环境诱导的

结果。

犯罪学家凯琳研究发现，如果有人打坏了一个窗户玻璃，而这扇窗户又没得不到及时维修的话，别人就可能受到某些暗示性的纵容去打碎另外的玻璃。久而久之，这些破窗户就给人造成无序的感觉。其结果是，在这种麻木不仁的氛围中，犯罪就会滋生。这就是凯琳的"破窗理论"。

换句话说，当我们置身于一个异常优雅整洁、地面非常干净的环境中，环境的优美就会给人们一种不自觉的提示：这里不能随便涂鞋印，不能随手摘花……但是，如果有人涂了鞋印，且没有人来及时清洁的话，对于其他人可就能会产生一种暗示：原来这里是可以涂鞋印的，涂得愈多对后来者来说就愈有一种纵容感，接下来的事情就可想而知了。

鸠林中学在学校环境建设中力求提高文化品味，他们科学规划、合理布局，在规范化、标准化建设的基础上，形成自己独特的文化风格，让学生不忍心去破坏学校的一草一木。

那么，鸠林中学是怎样利用环境教化学生的呢？

1. 校园的净化

大力加强学校的卫生保洁工作，全面治理校园内存在的"脏、乱、差"现象，让办公室、教室、实验室等教育场所以及寝室、食堂、厕所等生活设施保持干净，让通知栏、阅报栏和各种宣传橱窗整洁、有序。

2. 校园的绿化

鸠林中学以实用、经济、美观为原则，以绿色植物造景为主，花坛钵花为辅，适当设置景点，做到点面结合、布局合理、搭配协调，营造花草葱荣、绿树成荫、清爽优美、赏心悦目的校园环境。

3. 校园的美化

鸠林中学结合自己的办学特色和现代教育思想归纳、提炼出本校的校风、教风、学风、校训等，充分利用标语、名人名言宣传字画、橱窗、阅报栏、图书室、阅览室、黑板报、手抄报、广播室等思想文化教育阵地，精心布置教室、宿舍、餐厅、厨房、楼梯间、走道等，本着"一砖一石会说话，一草一木能育人"的原则，体现教育的引导和熏陶功能。

4. 校园的"硬化"

鸠林中学合理设计教学区、生活区、操场、绿地、道路、林带、篮（排）球场等，最大限度地"硬化"校园，使学生在干净、宽阔的校园里学习和生活。

5. 校园的语言文字规范化、艺术化

鸠林中学校园内使用文字规范化、艺术化，如校风、校训、标语、警示句等各种提示牌，避免使用"禁止""不准"一类的生硬词句，提倡使用委婉的语言，在提醒学生的同时，注重避免不良语言对学生的刺激作用。

鸠林中学处处充满着人文气息，当学生们徜徉在校园中，不管把视线落在哪里，都能给学生以教益。就是最调皮的学生，也不忍心破坏学校的一草一木。

毫无疑问，环境对人有约束作用。学校环境的好坏，对学生的行为必然会有巨大影响。面对不良环境，一些学生会产生破罐子破摔的思想，对公物就会缺少爱护心理；优美的环境，会使学生受到潜移默化的熏陶，积极地以一个主人翁的姿态维护和爱护学校公物。

鸠林中学注重用优美的环境育人，用环境去感染学生，让学生自觉爱护公物。自从实行校园环境优化后，学生们挪动桌椅会小心翼翼；开门开窗会轻手轻脚；雪白墙壁会不留痕迹；随手关灯知道节约用电；冲洗厕所能节约用水；不踩草地，不摘花朵……

（三）让学生爱校如家的举措

增强主人翁意识，让学生爱校如家，主要是把学生放到一定的高度，尊重学生的心理需求。

让学生养成爱校的行为习惯，必须培养学生的主人翁意识，注意发挥学生的主体作用，调动他们的积极性，使他们认识到个人在学校建设中有着不可推卸的责任。学生有了这种责任感，就会产生极强的内驱力，激发一种自

我完善的欲望，由"他律"逐渐变为"自律"，形成良好的行为习惯。

1. 在活动中培养学生的主人翁意识

集体活动是学生个体为实现一定的目标而参加的共同活动，活动本身有着极强的目的性，它是培养学生主人翁意识的重要途径。

集体活动为学生提供了表现自己的机会，使他们的聪明才智得以发挥，特长得以展示，使他们的表现欲望得到满足，他们的人格会受到尊重，参与意识、主人翁精神也将会大大加强。

2. 建立平等融洽的师生关系

学生管理应适应学生身心发展的特点，确定以人为本的教育思想。教师要关心爱护每一个学生，尊重学生的人格，平等对待每一个学生，营造一种融洽和谐的校园气氛，让每个学生真正从心里感到集体是温暖的。

这种和谐健康的气氛会使学生得到潜移默化的影响。心理学研究证明：友谊的深浅，感情的好坏，对交流思想有极其重要的影响。由此可见，良好的学校气氛以及和谐的师生关系对学生思想、校风的形成起着相当大的作用。

3. 发挥学生自我教育功能，让学生实现自我管理

传统的学校管理，主要以教条式的制度来制约学生，校长是管理的核心，学校对学生进行"超级保姆式"的全方位监护。学生的天性是活泼好动的，调皮、捣蛋的背后可能蕴藏着智慧和创造力，可是在学校严密的监管下，学生对学校只能俯首帖耳、循规蹈矩，这自然会引起学生反感，他们的爱校行为就难以培养。

学校要建立一种自我管理的模式，采用多种方法来管理学生。在管理中，学校要发挥引导作用，不能简单粗暴而要因势利导，要给学生自我管理和自我教育的自由空间，这样不仅能在学生心中树立学校的良好形象，更能促使学生主动改正缺点，调整错误行为和不良习惯。

贵州凯里一中和鸠林中学就是让学生在良好的环境中熏陶心灵，让学生因为爱学校从而改变自己的不良行为的。

三、加强节俭教育，培养学生的节俭习惯

节俭是一种美德，是一种智慧，学校要加强节俭教育，引导学生合理消费，让学生树立节俭的观念，促使他们养成良好的节俭习惯。

每年的 10 月 31 日，是联合国确定的"世界勤俭日"。而一直将勤俭节约奉为传统美德的我国，不乏对学生进行勤俭节约教育的内容。《小学生守则》规定："生活俭朴，爱惜粮食，不挑吃穿，不乱花钱。"《中学生守则》规定："生活俭朴，讲究卫生，不吸烟，不喝酒，不随地吐痰。"

随着人们生活水平的提高，学生的节俭观念却变得淡薄了。种种浪费行为，不得不引起学校教育工作者的深思。

素质教育要求学校要教会学生做人，要使他们从小养成良好的行为习惯。学生正处于人生观、价值观形成的重要时期，加强节俭教育，引导学生合理消费，让学生从小树立节俭的观念，促使他们养成良好的节俭习惯是学校的一项重要任务！

(一) 勤俭节约，共创和谐

广东省高州市第一中学（以下简称"高州一中"）自建校以来就非常注重对学生进行养成教育，力求让每一位学生都形成良好的行为习惯。

高州一中认为，目前我国正处在社会主义现代化建设承前启后、继往开来的重要时期，教育引导学生树立节俭意识、倡导节俭文化，培养学生勤俭节约、艰苦奋斗的道德品质，组织动员广大学生积极投身到资源节约和环境友好型社会的建设中来，对构建和谐社会、提升学生素质具有重要的现实意义。

为贯彻落实国家主席胡锦涛关于"要进一步增强节俭意识，始终发扬艰

苦奋斗的精神，团结带领广大群众不断夺取改革开放和社会主义现代化建设的新胜利"的重要讲话精神，在全校师生中大兴勤俭节约之风，动员广大师生为构建和谐校园做出积极贡献，高州一中在全校范围内开展了以"勤俭节约，共创和谐"为主题的教育实践活动。

1. 开展宣传教育活动

高州一中在全校范围内展开了形式多样的国情资源宣传教育活动，牢固树立学生"艰苦奋斗、勤俭节约"的观念。

学校通过开展口号征集、宣誓签名、知识竞赛等主题教育活动和专家咨询、主题展览、专题论坛等宣传普及活动，使学生加深对勤俭节约重要意义的认识，让学生深入了解基本国情，不断增强忧患意识；以"小手拉大手"为主题，组织全校少先队员开展"养成道德好习惯、勤俭节约我能行"系列活动，充分发挥学生"小宣传员""小监督员"的作用，广泛带动家庭、社区积极参与节约型社会建设；组织学生深入城市社区和乡村开展宣传实践活动，宣传普及节约资源知识，大力倡导文明绿色消费，传播节约文化，大兴节约之风，推动全社会形成珍惜资源、节约资源的良好风尚。

此外，高州一中每年在 4 月 22 日"世界地球日"前后，都会以"善待地球——从节约资源做起"为主题，开展资源环境的基本知识、基本国情以及保护环境实现人与自然和谐相处的国家政策和科普知识宣传活动，使学生树立善待地球人人有责，节约资源从身边做起、从自身做起的意识。

2. 开展节约资源"四个一"主题实践活动

高州一中不定期广泛开展以"节约一滴水、节约一度电、节约一张纸、节约一粒米"为主要内容的节约资源主题实践活动。活动提倡循环用水，提倡使用节能产品，提倡使用可再生材料，提倡使用公共交通工具，提倡俭朴的生活方式和适度消费。教育引导学生从身边做起，从点滴小事做起，牢固树立"节约资源，人人有责"的意识，培养节约型消费观，养成节约资源、爱护环境的意识和良好的行为习惯，争做节约资源的先锋。

3. 开展科技创新活动

高州一中以提高资源利用效率为核心，以节能、节水、节材、资源综合利用为重点，发挥学生勇于创造、善于创新的积极作用，引导学生投身节约的科技创造，争做节能降耗的创造能手。

高州一中积极组织学生开展小革新、小发明、小创造等科技创新活动，通过技术攻关、技术革新、科技发明，不断推动资源的循环利用，提高资源利用率，为发展循环经济作贡献。学校还在全校教师范围内大力开展如"立足岗位，节能降耗"等活动，要求教师带头引导学生推广应用节约资源的新技术、新工艺、新设备和新材料，从工作中的点滴节约做起，不断提高工作效率，节约能源，降低消耗。

4. 开展节俭型机关创建活动

为了在全校范围内形成节俭氛围，使学生深切感受到节俭作风及其带来的好处，高州一中每学期都要开展节俭型机关创建活动，并要求全校各级单位在开展工作和活动中要力戒形式主义，反对铺张浪费、大手大脚，形成勤俭节约的氛围和机制；各基层负责人要在各项工作中贯彻勤俭节约的原则，大力发扬艰苦奋斗的精神，自觉倡导良好的生活作风和健康的生活情趣，拒绝奢华，不图享受，以身作则，率先垂范，真正把勤俭节约的意识和艰苦奋斗的优良作风转化为自己的自觉行动，贯彻到各项工作中去，为实现学校"三大规划"和创建全国一流中学的目标做出应有的贡献。

5. 开展生态环境保护和建设活动

高州一中每年都会定期集中开展"绿色和谐，你我同行"的生态环保宣传实践活动，引导青少年学生参与生态环境保护和建设，争做绿色生态的维护者。

学校大力倡导以"珍爱生灵、节约资源、抵制污染、植绿护绿"为主要内容的青少年生态道德培育，弘扬生态文化，不断增强青少年学生的生态环保意识。

学校还通过周末环保行等社会实践活动，引导学生进行垃圾分类、拒绝使用一次性消耗品和不易降解塑料袋等，让学生从小养成保护生态环境、节约资源的良好习惯，从而推动环保事业的发展。

高州一中在各级领导、各基层团委的引导和带头作用下，学生们都积极投身于"勤俭节约，共创和谐"的主题教育实践活动中，用自己的行动诠释着勤俭；用自己的质朴展现着节俭。勤俭教育取得了一系列成果，校园风气大为改观：食堂泔桶里的乘饭剩菜越来越少了，身着名牌的现象也逐渐减少了，"长明灯""长流水"也不见了……校园里处处展现出节约的好风气。

高州一中还因此获得了众多的集体荣誉：被评为"高州市德育先进学校"，学校团委被评为"广东省五四红旗团委"和"全国五四红旗团委先进创建单位"。

（二）合理消费，厉行节俭

提起刚刚经历的春游活动，四川省成都市锦官新城小学（以下简称"新城小学"）的学生们兴奋不已。学生们不仅在春游中亲历了大自然的阳光雨露，放松了心情，而且春游前的"10元购物课"，更让他们学会了合作，懂得了节俭，体验了"当家做主"的乐趣。

以往春游，学校按每名学生10元的午餐经费发给各班，每8人1组。小组先讨论需要购买的东西，意见不统一时就举手表决，少数服从多数，定下购物清单，再集体到超市购买。活动结束后，各班还要进行总结，评出"最有合作意识""最有计划性""最会安排生活""最有社会公德"等优秀活动小组。

讨论购物清单时，学生们都抢着说自己喜欢吃的东西，常常争执不下，弄得面红耳赤。好不容易为自己争取到了食品选择权，但他们一进商场就蒙了：不知道买多少合适，往往不是买多了就是买少了，而且不会搭配，买回的几乎全是膨化食品或口香糖，造成浪费不说，还不能很好满足小组成员的需求。

对此，学校要求班主任有针对性地开展"认识自己""包容别人"等内容的主题班会，引导学生多替别人考虑、关心同学。并且在学生采购食品的时候，由班主任或其他教师随同，一方面让学生买到既营养又实惠的食品；另一方面提醒和指导学生进行计价，以防超支。

渐渐地，学生之间因购物引起的争执越来越少了，教师随同的次数也越来越少了。

现在，讨论购物清单时，学生们常常互相提醒：别忘了谁爱吃鸡腿、谁爱吃雪饼……进入超市购物，他们也都是边买东西，边查阅购物计划表，还不时拿出纸笔或计算器写写算算，看哪个牌子更划算，或比较大包和小包哪个更合适，那货比三家精打细算的认真劲儿，让一同购物的大人们都钦佩不已。"不能超支，清单上没有的东西绝不买。"四年级（3）班的学生小朱说，"本来我们想买筷子，但后来我们决定从家里带，既可以节约经费，还环保。"

经过"购物课"的磨炼，新城小学学生不仅学会了合理消费、厉行节约，而且他们的生活能力也得到了很大提高。

新城小学每年两次的"10元购物课"已开展近10年了，如果要问它收到了什么样的效果，新城小学李校长给了大家一个满意的答案，她说："现在的学生家庭条件都比较好，大都以自我为中心，很少替别人着想。开展'10元购物课'的初衷是想让他们在实践中学会合作，培养团队意识，懂得'节俭'的含义。"

"10元购物课"对学生引起的变化，家长体会更深。

六年级（3）班小琪的妈妈说："刚开始，我们还担心10元钱不够孩子花，结果他们不仅吃得饱、吃得高兴，还变得懂事了。节假日跟朋友出去玩也学会了节俭，再不像以前那样想买什么就买个够了。"

四年级（2）班小飞的妈妈想给他买身衣服，他坚决不同意，说两套校服够穿了，爸爸妈妈挣钱不容易，应该珍惜。

五年级（4）班的小晗还学会了理财，她拉着妈妈走遍了学校周围的银行，最后选了一家不收年费的银行，将几十元零花钱存了进去。她说："把钱存到银行就可以管住自己不乱花钱了。"

（三）教育学生节俭的举措

"历览前贤国与家，成由勤俭败由奢。"无论我们生活水平怎样提高，节俭的优良传统任何时候都不能丢。特别是在我们这样一个人口众多、资源相对匮乏的国家，开源节流、勤俭建国更是让国家长盛不衰的法宝。

节俭不仅是一种美德，而且是一种生活方式，反映在生活、工作的方方面面，关系到人生事业的成败。作为 21 世纪的青少年学生，担负着建设祖国未来的重任，他们是否具有节俭的品质，直接关系到他们的未来，关系到国家的未来。

如何培养学生的节俭品德，让他们从小养成节俭的良好习惯呢？

1. 提高学生对节俭的认识

进行节俭教育必须从提高学生的认识开始。学校可以开展主题班会或座谈会，使学生认识到，节俭的真谛是精确地运用口袋里的每一分钱和重视任何物品的最后一滴利用价值，而不是吝啬、小气，也不是要放弃现有的优越条件而一味地去忆苦思甜。

教师可以针对学生实际，在班上组织如"算一算，想一想"等主题讨论会，让每个学生都来算一算，全国 13 亿人，如果每人每月节约一升水，那么一年加起来就会节约多少水？如果每人每天节约一度电，一年下来又可以节约多少？庞大的计算结具必然会让学生意识到，一粒米、一度电、一滴水、一张纸、一双一次性筷子，对个人来说也许不算什么，但是以全国 13 亿人口为基数来计算，那将是一个非常惊人的数据。

2. 充分发挥榜样示范作用

教师要经常利用班会课或其他机会向学生讲解我国历史上名人志士生活节俭的故事，对中小学生来说，故事的吸引力比任何说教效果都强。

教师也可以列举学生身边的典型事例，比如，校园里的勤俭之星或者生活俭朴、兢兢业业的教师等；也可以举一些反面的例子。这些活生生的事例可以让学生领悟到节俭是美德，能培养人高尚的情操，从而引导他们逐渐养成节俭的习惯。

3. 通过集体活动，营造节俭氛围

心理学认为，使学生获得行为经验光靠个人经验是不够的，只有使整个学生集体获得经验，才能使个别学生更加信赖自己的经验，从而增强道德信念。

节俭教育也是如此，集体活动是形成节俭风气的有效途径。学校可以在

全校范围内或者以班级为单位开展"节俭从我做起，从小事做起""争做小小节俭员""每天节约一分钱"等活动，营造一种节俭氛围。

4. 通过体验，让学生学会节俭

教师平时要让学生深入生活，了解生活，教学生学会一些生活中节俭的典型做法，从而学会节俭。

5. 家校合力，巩固节俭行为习惯

家庭是学生成长的摇篮，父母是学生的第一任教师，学生的作风与习惯在一定程度上深受家长的影响。因此，学校应与家长联手对学生进行节俭教育。

一方面要让学生家长配合学校的教育工作，从思想和行动上指导学生学会消费，学会花钱；另一方面，我们还要让家长以身作则，学会节俭，合理消费，为孩子做好示范。有了家长的支持、配合和指导，学校的教育才会更有成效。

身为教育工作者，教师必须认识到：做节俭模范，培养学生的节俭习惯是我们的使命；今天我们培养学生节俭的习惯，是为了明天他们能够持之以恒地贯彻下去，为创造节约型社会奠定基础。

四、因势利导，培养学生合理使用网络的习惯

> 网络作为无法回避的现代技术，是时代进步的标志，它对于学生来讲是一把双刃剑。学校应该正确地引导学生，合理地使用网络，并且要用耐心和爱心挽救"网虫"学生。

21 世纪是网络的时代、信息的时代。青年学生在网络大潮的冲击下，思想和生活方式正在发生着深刻的变化。目前，随着互联网的普及和应用，上网已经成为许多学生消磨课余时间的主要方式之一。这汹涌的学生上网潮，给学校管理带来了前所未有的机遇和挑战。

网络有助于学生思想教育手段和方法的创新。利用网络进行教育，教育者可以以网友的身份和学生在网上"毫无顾忌"地进行真实心态的平等交流，这对于学生管理者摸清、摸准学生的思想，并开展正面引导和全方位沟通提供了便捷的方法。

由于网络信息独有的传播特点，学生可以同时和多个教育者或多条教育信息保持快速互动，从而提高思想互动的频率，提高教育效果；由于网络信息具有可下载性、可储存性等延时性特点，可延长教育者和受教育者思想互动的时间，为学生提供"全天候"的思想引导和教育。

网络也能为学生提供求知学习的新渠道。目前在我国教育资源尚不能完全满足学生需求的情况下，网络提供了广阔天地。利用网络，学习者可以在任何时间、任何地点都能接受教育。这对于广大学生来说，无疑提供了极大的便利。

网络能开拓学生的视野，提高学生综合素质。但网络是一枝带刺的玫瑰花，它的某些负面影响对学生的健康发展形成了极大的威胁。

首先，学生正处于身心发展期，他们的思想很容易受网络不良信息的污

染。据有关专家调查发现，网络信息中的47%与色情有关，六成左右的青少年会在网上无意接触到该类信息。还有一些非法组织和个人在网上发布黑色信息，蛊惑青少年。这些信息垃圾将严重弱化学生的思想道德意识，污染青少年的心灵。

其次，一些学生的网瘾问题已成为一个不容忽视的社会问题。特别是一些学生长期沉迷于网络而导致的一系列负面问题，如孤独、抑郁、网恋、游戏狂、旷课、成绩下滑、偷盗抢等，严重影响着学生的学习情况和身心健康。

如何发挥网络的正面效益，消除其负面影响是学校学生管理工作中不可回避的问题。学校应该注重开发网络的正面功能，让学生懂得如何利用好网络工具，从网络中获得自己成长所需要的东西，让学生既能享受现代通讯技术带来的便利，又能免受其不良影响。

(一) 正确引导，让学生健康上网

铜陵一中是一所百年名校，在教育界，她犹如一颗璀璨的明珠镶嵌在长江南岸。与许多学校一样，网络的发展同样也给铜陵一中带来了管理问题，不同的是，他们总是善于解决问题，在一个个问题的解决中发展、壮大。

早在2000年左右，方晓顺校长就意识到网络的普及已是大势所趋，给学生带来的负面影响也逐渐显现，加强对学生的网络管理已经势在必行。

当初，学校就有教师建议对学生采取明令禁止的办法，对上网的学生严惩不贷。而方校长认为，网络的普及是时代进步的必然，能否让学生用好这一现代信息技术才是解决问题的关键。于是，他为这方面的学生管理定下了"趋利避害，正确引导"的八字方针。

1. 做好学生的思想工作

铜陵一中为防患于未然，向学生正面宣讲了网络会带来的诸多负面影响，使学生尽量避免染上网瘾；加强了对学生进行科学的世界观、人生观、价值观和道德观的教育，培养他们健全的人格和高尚的道德情操，使学生能够自觉地抵制诱惑。

学校还让学生多参与各种道德实践活动，让学生能在面对网络中存在的各种道德问题时做出正确的判断，使道德判断力在实践中不断提高。

2. 建立校园网络空间

铜陵一中投入大量资金，在学校内部建立网络系统，占领网络阵地，为引导学生正确上网打下物质基础。学校根据学生的兴趣、爱好，提供给他们所需要的信息，设置他们喜爱的栏目，用声、光、色、画等多种现代化手段，以高雅的文化、优秀的寓教于乐的内容，引导学生远离不良网络，促进他们健康成长。

铜陵一中通过建立自己的校园网络，不仅为学生学习课外知识提供了平台，而且还为学生提供了学习、交流和娱乐的空间。

3. 家校联合

方校长发现网络在家庭中也越来越普及，同时也看到很多家长对网络的危害性认识不够，对孩子上网不加以监管。在这种情况下，学校组织家长学习网络知识，向家长们宣传网络对孩子的负面影响，通过提高家长素质的办法，提升家长对孩子上网的监管能力。

4. 培养正确的上网意识

铜陵一中的教师，会时常关注学生在校内、校外或是家中上网时的兴趣取向，他们常常会传授学生一些上网的经验和知识，让学生知道网络上哪些是可取的，哪些是不应该沉迷的，从而使学生正确认识网络，积极主动地学习和使用网络中对自身有帮助的信息。

5. 采用制度引导

2000 年，方校长及时制定了适合本学校的《互联网道德规范》，要求学生"善于网上学习，不浏览不健康信息，诚实友好交流，不侮辱、欺骗他人；增强自我保护意识，不随意约会网友；自觉维护网络安全，不破坏网络秩序；上网要有益身心健康，不沉溺于虚拟时空"，依靠制度来约束学生自觉地履行互联网规范。

6. 丰富学生的业余活动

对正处于身心发育阶段的青少年来说，建立多彩的业余生活，对于防止网络痴迷有极大的好处。铜陵一中将网上育人与网下教育有机结合，一方面大力加强学生社团活动阵地建设，如建立戏曲协会、铜陵文学社等；另一方面引导学生开展丰富多彩的实践活动，如歌咏比赛、去敬老院做义工等。学校利用多彩的业余活动占据学生的闲暇时间，防止学生沉溺于网络。

7. 净化校园周边环境

在铜陵一中周边，极少数"网吧"无视国家的有关法规，违规经营，传播有害信息。面对这种现状，学校会同有关部门对周边环境进行经常性的整治。及时要求公安、工商和文化管理部门加强对网吧的管理，严格执法，严厉查处黑心网吧业主。

铜陵一中以开放的心态对待网络，面对网络给学生道德带来的负面作用，学校不是简单粗暴地切断学生与互联网的联系，而是依靠学校、社会、家庭三方面的综合力量，加强对学生的引导，让学生健康上网。

(二) 耐心加爱心，让学生远离网瘾

自从网络普及以后，江西玉山一中每年总要面对一些"网虫"。

对于这些"网虫"的转化，成为江西玉山一中教师的必修课。学校也特别重视对这些学生的管理，在新生入学之初，便会对新生进行排查，发现沉溺于网络而不能自拔的学生，就督促相关人员做好他们的转化工作。

"出现问题，就会有解决问题的办法。"这是江西玉山一中的名言。在这所全国知名的学校，转化有网瘾的学生已经不再是什么难事，很多教师已经成为这方面的高手。郑雨老师就是其中的一个。

在郑雨老师的班级里，有一个叫小斌的学生，他经常去网吧打游戏，而且瘾特别大，甚至经常不上课、玩通宵。他的父亲为此经常责骂他，但都无济于事。

按照以往的经验，郑老师很快对小斌确定了纠正方案：

1. 实施谈话辅导，正确引导

与小斌推心置腹地交谈，是郑雨老师转化工作的第一步。

在第一次与小斌交流时，郑老师并没有全盘否定他的上网行为，郑老师与他聊了互联网，聊了比尔·盖茨，充分肯定了他通过上网学习电脑技术与知识的积极性。

看到郑老师很坦诚地对待自己，小斌也说出了自己的心里话："郑老师，互联网对我吸引力太大了。在网上我同网友无话不说，总觉得他们都很友善，很真诚，但回到现实，同学之间的有些言行总让我有种失落感。因此，我喜欢上网。"

交谈中郑老师发现，内向、寡言的小斌在现实生活中的交往需要没有得到满足，而网络世界却能满足他的这种需求，这是导致他沉溺于网络的心理原因。此外，由于在家上网受到父母的限制，小斌便千方百计地投入到外面的网络世界中去。

可以说，第一次交谈，郑老师就发现了小斌沉溺于网络的原因。郑老师知道，网络已经成为小斌赶走孤独的唯一途径。

郑老师没有完全否定小斌这种情感寄托的方式，他耐心地向小斌讲解，上网并非是一件坏事，只要把握得当，还是会对学习带来好处的。同时，也诚恳地向他分析了沉溺于网络的危害，并一再告诉他，有想法一定要与父母、老师多交流。

在第一次交谈后没几天，郑老师和小斌又进行了第二次交谈。

这一次，郑老师找了些反面的事例来教育小斌正确对待互联网。郑老师列举了大量因相信网络而上当受骗的事例，告诉他网上的朋友并不一定都是好的。这是虚拟世界，不应过分沉溺。

如果说第一次谈话让小斌敞开了心扉，那么第二次谈话让小斌开始对网络产生了正确的认识。

紧接着，郑老师和小斌开始了第三次谈话……

也不知道和小斌谈了多少次，话题也逐渐移到了网络之外，在交谈中，郑老师还掌握了小斌的爱好、特长等，也拉近了彼此之间的距离，这为下一步的工作打下了坚实的基础。

2. 耐心激励，培养自信

为了帮助小斌从虚拟世界回归到现实生活，满足他的交往需求，郑老师按照小斌的爱好，采取了一系列措施：

（1）集体活动

让他多参加集体活动，在集体活动中实现与同学的交流。例如与体育教师协调，让他当体育小组长，促使他与同组学生进行交流，建立互信关系，也帮他树立自信。

（2）因势利导

针对小斌喜欢电脑的特点，让他参加学校组织的动画制作兴趣小组。通过计算机教师的正确引导，他对计算机知识有了更深的认识，成为班上的电脑动画制作高手。

（3）积极鼓励

利用多种机会表扬小斌，并与他交朋友，缩短师生之间的距离。

3. 实施假日辅导，转移兴趣

一般来说，在双休日，学生上网或上网时间长一点都是允许的，但对于一个正在戒除网瘾的学生来说是不利的，这会让网瘾复发。郑老师的做法是，让小斌在双休日有上网以外的选择，比如，和小斌一道郊游、一起做社会实践等，尽量"占用"小斌的双休日，让他没有时间去沉溺于网络。但这一系列的活动都要让小斌感到快乐，使小斌觉得原来还有比上网更快乐的事，这样逐渐淡化了小斌对网络的依赖。

4. 实施家庭辅导，改变家长观念

郑老师发现，小斌网瘾的形成最直接原因是家长没有好好引导，而是采用了放任或粗暴干涉的方法，要较好解决这个问题，还需要提高家长的教育水平。

郑老师告诉小斌家长，家长对待孩子的态度有3种：

第一种是过分许可。孩子在家庭中占优势地位，父母对孩子的态度是强调忍耐、谅解和许可。小斌刚刚接触电脑时家长正是这种态度，没有给予及时制止和引导，导致了他在电脑上的"废寝忘食"。

第二种态度是过分严厉，强调孩子无条件服从。当小斌沉溺于网络中不能自拔时，父亲便采用"高压政策"，强迫其完全按照自己的愿望和要求行

事。这种专制教育严重抑制了小斌的心理发展，导致了小斌道德行为的偏差，缺乏自我尊重感。

第三种是民主和谐，严宽结合。父母要能创造一个相对民主的环境，尊重孩子的个性发展，又对他们进行严格的要求。

郑老师建议小斌家长应该对小斌采取"民主和谐，严宽结合"的教育方式。

在和小斌家长谈了这些问题后，小斌家长也认识到了自己的问题，一再表示要改变以往的家庭教育方式。

有人说，郑老师和小斌在课堂上是师生，在谈话时像朋友，在双休日像父子。在长达半年的时间里，他们总是在密切地交流、交往，并在交流、交往中改变着小斌。半年后，小斌逐渐脱离了网络的束缚，渐渐变成一个活泼、自信、乐观、向上的学生，精神面貌大为改观。

为什么郑老师能将小斌成功转化呢？答案是耐心加爱心。

魏书生指出："不能奢望在学生的心田里撒几粒种子，淌几滴汗水，就能收获丰硕的自我教育的果实。只有日日夜夜、点点滴滴地坚持你的爱心，学生自我教育的步子才会越走越坚实。"

教师戒除学生网瘾时一定要有耐心，要把戒除学生网瘾当做一项长期的工程来抓。上网学生一旦成瘾，进行一两次的教育是不能彻底解决问题的，在这个过程中或许还会出现反复。假如在这个过程中，教师没有耐心，很可能就会前功尽弃，劳而无获。

教师戒除学生网瘾时还要有爱心。对上网成瘾的学生而言，他们最大的共同特征就是沉溺于虚拟世界，在现实世界中，他们比较孤独，很少有成就感；加之他们的学业成绩一般都不太理想，孤独的、被忽视的现实世界迫使他们一走进虚拟世界之后就不能自拔。而没有爱的教师很难将上网成瘾的学生转化过来。爱是医治学生网瘾的一剂良药。

（三）让学生合理使用网络的举措

加强对学生的上网管理，只依靠某一个方面的力量是不够的，应该由学校、家庭和社会相结合，形成三方面齐抓共管的局面，为广大学生的健康上网营造良好环境。

1. 加强学校教育

学校要在课堂教学中，如信息技术和思想政治学科的教学中渗透网络道德教育，使他们在掌握知识的同时，懂得运用相关的道德规范来约束自己的行为。尤其是对网络聊天、网络游戏、网络黑客及色情网站等，学校要加强对学生的思想教育，提高学生辨别是非的能力；另外，要提倡网络文明用语，引导学生正确合理使用互联网。

对于有条件的学校，要努力构建适合学生身心发展的网站，用主旋律和喜闻乐见、深入浅出的内容吸引、凝聚学生，让生活在信息高速路上的他们茁壮、健康地成长。

2. 重视家庭教育

学校应要求家长对孩子上网进行正确引导，配合学校培养他们正确的娱乐观念、娱乐方式和良好兴趣。让家长经常了解孩子的上网情况，掌握孩子上网浏览的内容，控制好孩子在网络中所花费的时间，帮助孩子处理好学习和上网的关系。同时要求父母加大对孩子的网络安全教育，加强与学校的信息沟通，避免学生在家登录不良网站，以免其受到网络侵害或引发违法犯罪行为。

3. 携手社会，齐抓共管

学校要同公安、文化和工商等相关部门协调配合，加大对网吧的管理与查处力度，坚决取缔违规操作的"黑"吧。

网络社会已经悄然而至，学校既不能因为它对学生发展有巨大正面作用而忽视它所带来的种种问题，也不能因为它的负面作用而因噎废食。学校应该加强对学生上网的研究，探索新情况、创造新方法、解决新问题，增强对学生上网的正确引导，真正让网络发挥其积极的作用。

五、疏堵结合，培养学生正确使用电子产品的习惯

> 电子产品在校园中得到越来越广泛的使用，学校一方面要采取措施防止学生误用、滥用，另一方面要主动引导学生合理使用，做到疏堵结合。

随着时代的发展，社会经济也发生了日新月异的变化，快捷的通信工具、电子产品已经走进了千家万户。在学校里学生拥有手机、MP3、学习机等电子产品已是司空见惯。

仅以手机为例，西部某贫困县一所中学拥有手机的学生人数占到了在校学生的32.4％，有的班甚至达到了50％。贫困县都尚且如此，说明中学生使用手机等电子产品在一定程度上已相当普遍。

虽然这些电子产品在一定程度上给学生的学习带来了便利，但有超过70％的学生已经不把手机、学习机当成与人通信、便利学习的工具，而是用它们玩游戏、听歌曲等。

对于学生使用手机等电子产品的情况，许多学校起初是不提倡也不限制，听之任之的态度，但随着电子产品在校园越来越泛滥的使用，已经引起了学校、家长、社会等各方面的注意。

在信息化时代的今天，学校的管理者应该重视这个问题，积极做好深入细致的工作，采取有力措施，引领学生正确、健康地使用电子产品，真正让它们成为便利学生学习和生活的工具。

（一）控制使用，防止电子产品误用、滥用

浙江金华中学是一所地处较发达地区的中学，校长张启发发现学生使用的手机越来越高档，加之陆续有教师反映有学生在课堂上使用手机发短消

息、听MP3时，他就敏锐地意识到电子产品在校园里的流行已成为一个趋势。针对这些现象，张校长并没有严令禁止，而是采取积极引导的办法，他召集各年级组长、班主任讨论应对措施，并把解决这一问题当做长期的任务和目标。他们的做法是：

1. 让学生认清电子产品的负面作用，自觉减少使用

（1）德育渗透

在思想政治或德育课堂上，学校要求教师举办"学生使用电子产品利与弊"的辩论会，让学生积极参与到辩论中去，在辩论中认识到电子产品的利与弊。

此举的目的不是让学生放弃使用电子产品，而是让学生意识到任何事物都具有两面性，电子产品也不例外，不当使用电子产品对他们来说肯定是有负面作用的。

（2）科学分析

在物理课堂上，学校要求物理教师在介绍电子产品的工作原理时，要让学生明白所有的电子产品在使用时都对人体有辐射，这种辐射会对人体产生危害。青少年的免疫系统比成人要脆弱，所以更容易受辐射影响。例如，会对青少年脑部神经造成损害，引起头痛，导致记忆力减退和睡眠失调。通过这些介绍，让学生明白，过度使用电子产品会对他们造成伤害，从而让他们自觉减少使用电子产品。

（3）安全教育

在安全教育课上，学校要求教师向学生说明由于电子产品的品牌众多，质量良莠不齐，消费者难以辨别，再加上使用不当（如雷雨天使用、长时间使用等），电子产品爆炸伤人的事件时有发生。学校利用这样的警示，防止学生不当使用电子产品。

学校通过上述课程设置，让学生充分了解到过度使用电子产品的负面作用，起到了一定的警戒作用。

2. 加强管理，制定公约

光提高认识还不够，对于部分自制力差的学生，必须在制度上加以约

束。对此，张校长召集学生代表和教师代表共同探讨如何来制定符合本校实际的规章制度，为校园电子产品戴上"紧箍咒"。在充分尊重学生意见的基础上，他们制定了《校园使用手机、学习机等电子产品公约》（以下简称《公约》）。《公约》规定：

第一条　上课期间（包括体育课、自习课）、考试期间学生一律关闭手机，禁止使用，如发现以下情形之一即可收缴手机：

拨打、接听电话；

用手机收发短信息；

玩手机（如游戏等）。

第二条　凡用手机编辑、传播黄色内容的，均被视为违法行为，立即收缴手机。情节严重的，可移交公安机关处理。

第三条　对用手机发送考试作弊内容的，立即收缴手机；对用手机联系校内外人员组织打架斗殴或其他非法活动的，除收缴手机外，情节严重的，可移交公安机关处理。

第四条　上课期间，严禁在走廊大声接听电话或播放音乐，一经发现，一概没收。

第五条　在正常上课期间，未经教师允许，一律不准使用电子产品，一经发现，一概没收。

第六条　不允许私自乱接电源，一经发现，没收相关设备。引发火灾事故的，要追究相应责任。

第七条　学校不提倡在校学生使用手机。学生违规使用手机，当场由教师收缴，然后交到治安室集中处理（主动配合上交手机的，可减轻处理；拒不交手机的，要严肃处理）。

第八条　对收缴的电子产品的处理程序：

收缴一个月之后，由个人提出申请，班主任给出建议，经学校同意后，方可由学生家长来校领取。

3. 多管齐下

张校长认为，控制电子产品在学校的使用，靠简单的约束未必能做好，需要运用多种办法对学生进行管控。

（1）家校协作

学校利用家长学校、家长会议、教师家访等多种形式向家长宣传手机、MP3 等电子产品使用的利与弊，让家长与学校共同监管学生对电子产品的使用。例如，控制手机的话费，在家禁止学生利用手机、学习机来打游戏；向学生家长公布班主任的电话号码方便家长与教师联系，等等。

（2）设立替代品

在学校设立 IC 卡公用电话亭方便学生使用；在班主任办公室设立"亲情电话"方便学生、教师与家长之间的联系。

（3）将违规使用电子产品的行为纳入德育考核中

在《公约》实施之后，绝大多数学生都能够遵守《公约》，不违规使用手机等电子产品，但也有极少数的学生不能够自觉遵守。针对这一状况，学校管理者把学生在校园使用电子产品的管理纳入到班级的平时管理之中，充分相信学生，让学生之间互相监督。他们把每个班级分成若干个小组，小组成员之间互相监督，小组与小组之间互相监督。若某一个学生违反了使用电子产品的规定，不但小组要被扣德育考核分，而且每一个小组成员也要被扣相应的德育考核分，这样极大调动了学生互相监督的积极性和责任感。

手机、学习机、MP3 等电子产品进入校园是一种必然的趋势，而针对这方面又没有明确的相关规定，一些学校在实施管理的时候感到很茫然。浙江金华中学的管理者不是听之任之，而是积极地去面对、去寻找解决的办法。他们采取的管理策略是先教育学生，使学生意识到过度使用电子产品的负面作用，引导他们正确使用电子产品，尽量减少使用电子产品；另外，学校及时出台了管理措施和硬性规定，防止学生过度和违规使用电子产品。

事实证明这种方法取得了明显的效果，课堂上接听手机、听 MP3 的情形不见了；校园里互相攀比手机、学习机的现象也消失了；学生沉溺于电子游戏的人数也减少了……

（二）引导使用，不让学生沉迷其中

对电子产品在校园的普及，南昌第一中学校长刘信阳提出了一个"种地理论"：一块地，要是不对它耕耘，就会长满杂草；要是种满庄稼，就会收获粮食。

面对学生普遍使用电子产品的现象，刘校长没有对学生进行强行"清洗"，也没有听之任之，而是顺应潮流，引导学生正确使用这些电子产品，利用这些电子产品为学生学习和成长服务。刘校长对学生是如何"耕种"的呢？

1. 引控结合，善用短信交流

在师生交往中，有一些学生因为性格内向而不愿与教师正常交流，教师也因为不能够了解学生的内心世界而一筹莫展。学校就号召学生利用手机短信的方式与教师进行交流，为此学校与电信部门协商，为学校建立校园局域网，方便学生用手机与教师交流。

为了防止学生短信交流过多、过滥，学校发出倡议：号召学生每天短信交流量在5条左右，控制短信交流的数量。其中最好有一条是和班主任或授课教师进行交流；拒绝接受和传播不文明、不健康的短信；节假日用短信向长辈、教师问候；自觉接受家长和教师的检查、监督等。这一系列的倡议得到了学生的一致同意和拥护。

小芳是高二（4）班的一位女学生，平时性格内向，学习认真刻苦，但成绩就是提高不上来，家长和她本人为此感到十分苦恼。究其原因是平时很少与同学、教师交流，学习上遇到疑难问题时不敢问同学，怕同学笑话；也不敢问教师，怕教师责备。这样长期下来，在学习上积累的问题就越来越多，成绩也就很难提高上去了。自从学校鼓励学生利用短信交流平台与教师交流后，遇到疑难问题她就给教师发短信，教师或及时回复短信解答；或主动让她到教师办公室当面解答；或在课堂上做针对性解答。小芳的难题解决了，成绩也自然提高了很多。

2. 突出学习功能，淡化游戏功能

学习机功能越来越强，不但可以浏览图片，而且可以播放音视频文件等。使用学习机的初衷是用它来方便学习的，可是相当一部分学生却用它来听流行音乐、看电影，既辜负了家长的一片苦心，也耽误了学习，影响了身心健康。既然学习机是用来学习的，南昌第一中学就在学习上想办法，来扭

转学生把学习机当做娱乐机的局面。例如，在英语学科的教学中，他们是这样做的：

（1）强化使用：比发音

为了让学生把学习机使用在学习上，英语教研组在刘校长的建议下，在课堂上长期开展英语"听、说"训练，其中一项重要的要求就是让学生充分使用学习机，并要求学生统一使用学习机来参加学习活动。比如，教师抽查学生是否在家练习口语发音时，就可以调听学生学习机中的语音记录。

英语教研组还在学校里组织了"比发音"的竞赛活动。活动的内容是让学生朗读课文中的英语对话或英语短文，在课外把自己的发音录入学习机，然后在班上播放，让学生和教师来共同评价，看谁朗读得最好，看谁的发音最标准。最后，每个班级选出3位选手代表本班级参加校级比赛，再由学校的评审组评出优胜者和等次，并给予表彰。

高三（3）班有位学生叫小亮，他的母亲在家长会议中特别谈到了他的变化：以前回家作业一做完，就拿出学习机来打游戏，家长也无可奈何。现在有事没事就拿着英语课本、学习机进行"听、读"训练。

通过这样的活动，南昌第一中学让学生的学习机得到了充分应用，突出了学习机的学习功能，让学生真正把学习机当做了学习工具。

（2）优化使用：比配音

刘校长认为，学生对某种活动的兴趣维持时间是有限的，活动不能够保持一成不变，而应该把活动推向深入，这样才能持续激发学生的求知欲。学校在"比发音"活动开展的同时还适时推出了新活动"比配音"。此活动的内容是教师从网络上下载一些经典的英文动画片，删去原音，让学生为动画片配音，然后比一比，看谁或哪个班级配音配得最好。在给动画片配音的过程中，需要反复多次地修改、校正，而学习机的编辑、剪辑功能正好满足了这些需求，确实成了学生提高英语成绩的好帮手。

南昌第一中学通过实施刘校长的"种地理论"，开展"比发音""比配音"等活动，有效地分散了学生对电子产品的不良依赖，不但把学生从电子游戏中拉了出来，降低了手机、学习机等电子产品对学生产生的负面影响，还让电子产品真正成为学生学习的好帮手。

（三）教育学生正确使用电子用品的举措

从浙江金华中学和南昌第一中学对学生使用电子产品的管理中我们发现，学校的管理者只有开动脑筋，找到科学有效的管理办法，才能让学生正确使用电子产品。

1. 充分发挥教师的示范作用

"正人先正己。"良好的教育首先要从教师做起，例如，在上课期间教师要做到不开手机或不带手机进教室，不散发内容不健康的短信等。

2. 制定相应规章制度，靠制度管理

学校要制定相应规章制度，为"校园手机族""电玩族"戴上"紧箍咒"。让制度约束学生，做到有章可循，对屡教不改者要采取一些处罚措施。

3. 要求家长慎重给学生购买电子产品

现在手机、电子辞典、CD、MP3 等电子产品已成为大部分学生的必备之物，这些都是中学生的必需品吗？它们能给学生的学习带来多大帮助呢？家长对此可能了解得并不多。因此，学校要提醒家长，要让家长慎重给孩子购买这些电子产品。

4. 家校配合，共同监管

通过调查发现，一些家长对手机等电子产品的辐射危害知之甚少，对学生利用电子产品进行娱乐和游戏也没有引起足够重视。因此，学校和教师要通过一些活动让家长充分认识到上述问题的严重性，主动配合学校做好学生的思想工作，及时发现问题，与学校经常保持联系，从而形成家长、学校联动的管理体系。

手机、学习机等电子产品走入校园是大势所趋，家长、学校、社会要高度重视这一现实问题，实施相互联动、相互配合，积极主动地采取措施，消除电子产品给学生带来的负面影响，为学生的成长提供一个健康的环境。

《名师工程》系列丛书

征 稿 启 事

　　《名师工程》系列丛书是西南师范大学出版社策划、组织出版的大型系列教育丛书。丛书以新课程下的新教学为背景，以促进施教者的教育能力为落脚点，以提高教育质量、提升教师水平为宗旨。

　　丛书首批推出的"名师讲述""教学提升""教学新突破""高中新课程""教师成长""大师讲坛""教育细节""创新语文教学""教育管理力""教师修炼"等系列，共60余个品种，其余系列也将陆续出版。为了让广大教师有一个交流、借鉴的机会，同时也为了给广大教师提供更多、更好的图书，《名师工程》系列丛书编辑出版委员会特向全国教育工作者征集稿件。

稿件要求：

1.主题鲜明、新颖，有独创性。

2.主题以提升教育能力为主，也可适当外延。

3.主题要有一定规模、有典型案例支撑。

4.案例要贴近教育实际，操作性强。

5.文章、书稿结构清晰，语言精彩。

　　书稿作者在选题确定之后，请及时与我们做好沟通，具体事宜确定好之后再进行创作；也欢迎用已经完稿的稿件投稿。一线教师如希望参与图书案例的创作，可联系我社策划机构，由策划机构备案，在适合的图书中参与创作。

　　真诚欢迎各位教师踊跃投稿。

联系方式：

西南师范大学出版社高教分社

电话：023-68254356　　E-mail：zcj@swu.cn

西南师范大学出版社高教分社北京策划部

电话：010-68403096

E-mail：guodejun1973@163.com

西南师范大学出版社
《名师工程》系列丛书目录

系列	序号	书　　　名	主编	定价
教育管理力系列	1	《名校长核心教育力》	陶继新	30.00
	2	《名校长高绩效领导力》	周辉兵	30.00
	3	《名校行政管理细节力》	杨少春	30.00
	4	《名校教学管理提升力》	张　韬　戴诗银	30.00
	5	《名校学生管理教导力》	田福安	30.00
	6	《名校校园文化构建力》	岳春峰	30.00
创新语文教学系列	7	《小学语文：享受对话教学》	孙建锋	30.00
	8	《小学语文：名师教学目标落实艺术》	刘海涛　王林发	30.00
	9	《小学语文：名师魅力教学设计艺术》	刘海涛　王林发	30.00
	10	《小学语文：名师魅力课堂激趣艺术》	刘海涛　王林发	30.00
	11	《小学语文：单元整体教学构建艺术》	李怀源	30.00
	12	《小学作文：名师情趣课堂创设艺术》	张化万	30.00
教师修炼系列	13	《班主任行为八项修炼》	杨连山	30.00
	14	《教师健康心理六项修炼》	李慧生	30.00
	15	《教师专业化五项修炼》	田福安　杨连山	30.00
	16	《课堂教学素养六项修炼》	刘金生	30.00
	17	《教师新师德六项修炼》	王毓珣　王　颖	30.00
教育细节系列	18	《名师最具渲染力的口才细节》	高万祥	30.00
	19	《名师最有效的沟通细节》	李　燕　徐　波	30.00
	20	《名师最有效的激励细节》	张　利　李　波	30.00
	21	《名师培养学生好习惯的高效细节》	李文娟　郭香萍	30.00
	22	《名师人格教育的经典细节》	齐　欣	30.00
	23	《名师营造课堂氛围的经典细节》	高　帆　李秀华	30.00
	24	《名师最有效的赏识教育细节》	李慧军	30.00
	25	《名师最有效的批评细节》	沈　旎	30.00
大师讲坛系列	26	《大师谈教育心理》	肖　川	30.00
	27	《大师谈教育激励》	肖　川	30.00
	28	《大师谈教育沟通》	王斌兴　吴杰明	30.00
	29	《大师谈启蒙教育》	周　宏	30.00
	30	《大师谈教育管理》	樊　雁	30.00
	31	《大师谈儿童人格塑造》	齐　欣	30.00
	32	《大师谈儿童习惯培养》	唐西胜	30.00
	33	《大师谈儿童能力培养》	张启福	30.00
	34	《大师谈早恋与性教育》	闵乐夫	30.00
	35	《大师谈儿童情感教育》	张光林　张　静	30.00

系列	序号	书　　　名	主编	定价
教师成长系列	36	《学学名师那些事》	孙志毅	30.00
	37	《每天学点教育心理学》	石国兴　白晋荣	30.00
	38	《给新教师的建议》	李镇西	30.00
	39	《教师心灵读本：成为有思想的教师》	肖　川	30.00
	40	《教师心灵读本：教师，做反思的实践者》	肖　川	30.00
高中新课程系列	41	《高中新课程：教师角色转变细节》	缪水娟	30.00
	42	《高中新课程：班主任新兵法细节》	李国汉　杨连山	30.00
	43	《高中新课程：教学管理创新细节》	陈　文	30.00
	44	《高中新课程：更有效的评价细节》	李淑华	30.00
通用识书	45	《好心态成就好学生——学生心理问题剖析与对症教育》	李韦遴	30.00
	46	《教育，诗意地栖居》	朱华忠	30.00
	47	《好班规打造好班级》	赵　凯	30.00
教学新突破系列	48	《把教学目标落实到位——名师优质课堂的效率管理》	冯增俊	30.00
	49	《拿什么调动学生——名师生态课堂的情绪管理》	胡　涛	30.00
	50	《零距离施教——名师和谐师生关系的构建艺术》	贺　斌	30.00
	51	《一个都不能落——名师提升学困生的针对教学》	侯一波	30.00
	52	《让学习变得更轻松——名师最能吸引学生的情境设计》	施建平	30.00
	53	《让知识变得更易学——名师改造难学知识的优化艺术》	周维强	30.00
教学提升系列	54	《方法总比问题多——名师转变棘手学生的施教艺术》	杨志军	30.00
	55	《用特色吸引学生——名师最受欢迎的特色教学艺术》	卞金祥	30.00
	56	《让学生爱上课堂——名师高效课堂的引导艺术》	邓　涛	30.00
	57	《拿什么打开思路——名师最吸引学生的课堂切入点》	马友文	30.00
	58	《没有记不牢的知识——名师最能提升学生记忆效果的秘诀》	谢定兰	30.00
	59	《让学生的思维活起来——名师最激发潜能的课堂提问艺术》	严永金	30.00
名师讲述系列	60	《施教先施爱——名师讲述班主任的核心教导力》	杨连山　魏永田	30.00
	61	《在欢乐中成长——名师讲述最具活力的课堂愉快教学》	王斌兴	30.00
	62	《让学生做自己的老师 　　——名师讲述如何提升学生自主学习能力》	徐学福　房　慧	30.00
	63	《引领学生高效学习 　　——名师讲述如何提高学生课堂学习效率》	刘世斌	30.00
	64	《教育从心灵开始——名师讲述最能感动学生的心灵教育》	张文质	30.00

图书在版编目（CIP）数据

名校学生管理教导力/田福安主编. —重庆：西南师范大学出版社，2009.11

（名师工程系列丛书）

ISBN 978-7-5621-4796-1

Ⅰ. 名… Ⅱ. 田… Ⅲ. 中小学－学生－学校管理 Ⅳ. G635.5

中国版本图书馆 CIP 数据核字（2009）第 211762 号

名师工程系列丛书

编委会主任：马　立　宋乃庆
总策划：周安平
策　划：李远毅　卢　旭　郑持军　郭德军

名校学生管理教导力
主编　田福安

责任编辑：杨光明
封面设计：大象设计
出版发行：西南师范大学出版社
　　　　　地址：重庆市北碚区天生路 1 号
　　　　　邮编：400715　市场营销部电话：023-68868624
　　　　　http://www.xscbs.com
经　　销：新华书店
印　　刷：九洲财鑫印刷有限公司
开　　本：787mm×1092mm　1/16
印　　张：17.25
字　　数：265 千字
版　　次：2009 年 11 月　第 1 版
印　　次：2009 年 11 月　第 1 次印刷
书　　号：ISBN 978-7-5621-4796-1
定　　价：30.00 元